【佛山古籍文献丛书】

佛山历史文献版本目录

佛山市图书馆　主编
刘淑萍　邓雅琴　编

南方传媒　广东人民出版社

·广州·

图书在版编目（CIP）数据

佛山历史文献版本目录/佛山市图书馆主编；刘淑萍，邓雅琴编. —广州：广东人民出版社，2022.12
（佛山古籍文献丛书）
ISBN 978-7-218-15680-4

Ⅰ. ①佛… Ⅱ. ①佛… ②刘… ③邓… Ⅲ. ①地方文献—版本—专题目录—佛山 Ⅳ. ①Z88：K29

中国版本图书馆 CIP 数据核字（2022）第 016732 号

FOSHAN LISHI WENXIAN BANBEN MULU
佛 山 历 史 文 献 版 本 目 录
佛山市图书馆 主编 刘淑萍 邓雅琴 编

出 版 人：肖风华

责任编辑：周惊涛
装帧设计：瀚文设计
责任技编：周星奎

出版发行：广东人民出版社
地　　址：广州市越秀区大沙头四马路 10 号（邮政编码：510199）
电　　话：(020) 85716809（总编室）
传　　真：(020) 83289585
网　　址：http://www.gdpph.com
印　　刷：广东鹏腾宇文化创新有限公司
开　　本：787mm×1092mm　1/16
印　　张：21.25　字　数：440 千
版　　次：2022 年 12 月第 1 版
印　　次：2022 年 12 月第 1 次印刷
定　　价：68.00 元

如发现印装质量问题，影响阅读，请与出版社（020—85716849）联系调换。
售书热线：020—85716833

佛山古籍文献丛书
编委会

序

　　佛山乃岭海名邦，被誉为中国古代"天下四大镇"和"天下四聚"之一，不但工商繁荣，且人文郁盛，著述厚储。清道光《佛山忠义乡志》称佛山"不特商贾辐辏，货物甲于东南，且人物之盛，名贤巨公相继而起，又岂徒科甲文章跨于各乡已哉"。民国《佛山忠义乡志》云"吾乡代有人文，著录亦富"。关于佛山的历代著述，远者可见之于明嘉靖黄佐纂修《广东通志·艺文志》，清道光阮元修《广东通志·艺文略》，及广州府和南海、顺德、佛山、三水、高明诸县、乡的方志艺文志、艺文略等；近者则可见之于《广东文献书目知见录》《广东文献综录》《岭南文献综录》《广州文献书目提要》《广州大典总目》等。然而，以上诸目或因时间的先后，或因地域的参差，所录佛山历代书目远非齐备。故编纂一部系统、完整的佛山历代书目，既为学界所殷盼，也乃图书馆人之责任。

　　2007 年国务院办公厅颁发《关于进一步加强古籍保护工作的意见》，正式启动"中华古籍保护计划"，在全国开展古籍普查工作。佛山市图书馆汇集精干团队，历五年之功，完成本馆古籍普查任务。在此基础上，又扩大收录范围，厘订编辑体例，校勘版本内容，补前人之未逮，耗时六年，完成《佛山历史文献版本目录》，为独具特色的佛山历史文化研究新成果。该目录有三大特点：

　　一、搜罗宏富。该书目以今佛山市所辖之禅城、南海、顺德、三水、高明为地域范围，从历代方志、族谱、古今书目、公藏机构和私人藏家藏书目录、海内外古籍书目数据库、学术论著引文出处等，广泛地搜集古代至 1949 年间刊刻出版、编纂抄录之佛山人著述和记载佛山之文献共 2346 种，比较系统完备地反映了佛山历代的著述成果和人文脉络。其收录之规模，远超近年出版的相关书目。如《岭南文献综录》是目前收录广东文献最全面的书目，其中收录清以前的佛山文献 915 种，而该目录收录清以前的文献则达 1459 种；柯愈春所著《清人诗文集总目提要》，对现存清人诗文集进行全面梳理，代表迄今为止该领域学术研究的最高成就，据查核，《佛山历史文献版本目录》中就有 80 种别集为是书所失收；又该目录收录有近 400 种清代以前的佛山文献为《广州大典》所未收，除去部分不符《广州大典》收录范围的文献，本目录可补《广州大典》

1

的文献数量应不在少数。由上可见，该目录编者用力之勤，采集之广，远逾前人，堪称佛山古籍地方文献书目之集大成者。

二、著录编排规范。本目录按照《汉文古籍著录规则》《汉文古籍目录分类款目组织规则》《中华古籍总目编目手册》，详细准确地著录所录文献的书名、卷数、著者及其朝代和籍贯（佛山著者）、版本时间、出版者、出版地、版本类型、丛书名、批校题跋，以及现存各种版本，并按经、史、子、集、类丛和新学六部分类编排。自清末民国以来，综合性古籍版本目录历有面世，有代表性的早期有邵懿辰的《四库简明目录标注》、傅增湘的《藏园群书经眼录》等，近期的有《中国古籍总目》《岭南文献综录》等，这些书目均标注所录各书的不同版本，以反映其版本之间的渊源递嬗关系。本目录踵效前贤的做法，既尽力标注出佛山原生古籍存世的所有版本，又标注出各种新版的影印本、点校本、注释本等衍生古籍的版本，以突出该书目作为版本书目的特色，为读者了解本目录所载文献的内容、著者、版本和整理研究动态提供了极大的便利。

三、挖掘出许多新书目。在编撰本目录的过程中，编者不但关注诸如中国国家图书馆网站、广东省立中山图书馆网站、全国古籍普查平台、全国高校古文献资源库等大型的图书馆和数据库，还利用地缘之便，遍搜佛山本地的图书馆、博物馆馆藏，发现一批或各方志艺文志中未见有著录，或各大藏书机构均未见收藏，且富地方特色的古籍文献。如佛山市图书馆藏的清顺德胡廷梁的《广东古今名媛诗选》二卷、清南海曾钊的《学海堂诗学》三种三卷、清南海潘镜波的《乐善草堂诗钞》六卷、清南海张荫桓的《铁画楼诗续钞》二卷、清顺德龙吟苧的《蕉雨轩稿》一卷、清南海何守愚的《科名佳话》四卷和《善与人同录》四卷、清佛山冯雨田的《佛山竹枝词》二卷等，大多为稀见本，甚至是孤本，具有特殊的文献价值。如清胡廷梁选辑的《广东古今名媛诗选》二卷，清乾隆年间刻本。是书分二卷，辑录自公元三世纪至清乾隆年间近 1500 年广东 90 位名媛的诗作 337 首，并列每位作者小传，写明籍贯、父亲或者夫婿、生平事迹、所留著作。在中国男权社会里，闺阁名媛所留下的文献寥寥，这部书给我们留下丰富的广东女诗人史料，殊属难得。又如清佛山冯雨田撰《佛山竹枝词》二卷，清光绪年间刻本。是书共收入 194 首自撰的竹枝词，内容涉及佛山的社会民俗、古迹旧址、人情世态。记载古迹的有佛山八景、通济桥、沙口、琼花会馆、祖庙、筷子路、王借冈、莺冈、万善堂等；记录民俗的有行通济、秋色、舞龙、争买筷子、食姜醋、唱龙舟等；描写市井百态的有替人补衣的村妇、富家小姐、佛山忠义二十二老、叫卖的疍家女、路边的醉鬼；反映佛山工商业的有铸铁业、三墟六市、公正升平街的繁华、缫丝业、鹰沙的米市等。全书语言生动活泼，描写景物栩栩如生，宛如一幅充满生活气息的清末佛山市井图。

清代学者王鸣盛在《十七史商榷》中称："目录之学，学中第一紧要事，必从此问途，方能得其门而入。"近代学者余嘉锡在《目录学发微》中说："治学之士，无不先窥目录以为津逮，较其他学术，尤为重要。"《佛山历史文献版本目录》的编辑出版，无疑为学界探窥佛山历代著述提供便捷之津梁，于赓续乡土文脉，研究佛山历史，建设文化强市，功莫大焉。

倪俊明

2022 年 10 月

前　言

《佛山历史文献版本目录》是一部以佛山历史人物著述和佛山相关文献的版本情况为内容的工具书。

一地之文献目录可以衡量一地之文化、科学、学术发展水平。为了全面地掌握佛山历史文献的存世情况，佛山市图书馆从2014年开始搜集整理佛山书目信息。历时八年，基本摸清了佛山历史文献的存世和出版情况。

本书以著者姓名、书目为经，以版本为纬，通过各种信息渠道，获取佛山历史文献的存世情况。通过历代《广东通志》、《广州府志》、各种佛山地区县乡志、大型丛书（包括《四库全书》《四库全书存目丛书》《四库禁毁书丛刊》《续修四库全书》《民国丛书》《广州大典》《清代稿钞本》）、大型区域书目（《岭南文献综录》《广东历代著者要录》《岭南族谱撷录》《广州文献书目提要》等）、近现代广东书目以及国内外各公藏单位的藏书目录、国内外各大型古籍网站等，对佛山书目进行信息核查，通过考据学等方法，互相参订，分析比较，分辨书目的真伪与对错，尽量客观详细地著录出书目信息。

本书汇辑历史上佛山现行政区内人物著述和佛山相关文献2346种，共收录1088名佛山籍著者。集中反映佛山地区的著者以及著述情况，是目前收录佛山历史文献最为丰富的专业性工具书，为佛山历史文化研究和佛山历史文献影印出版奠定了坚实的基础。

敬以本书纪念几百年来生于斯、长于斯的文人志士。

由于编者才疏学浅，有的书无法目验原书，错漏自不待言，敬请各位专家、学者及广大读者批评指正。

佛山市图书馆

2022 年 11 月

凡　例

一、目的和宗旨：

该书的主要目的是揭示佛山历史文献所存数量和种类，阐明其现存版本，彰显佛山历史文化之根本，为开展佛山历史文化研究打好坚实的基础。

二、收录范围：

本书共收录 2300 余种历史文献，它们包括：

1. 佛山人著述：指祖籍为佛山者，他们是佛山文化的创造者，也是佛山历史的记录者，是本书的主体。

2. 记载佛山的文献：包括其他地区人士记录佛山的著作。

3. 时间范围：所收文献的底本刻印在 1949 年以前的存世历史文献。已经佚失的文献，不在此次著录范围内。文献的再版印本出版时间在 2018 年以前，极个别书目著录再版时间到 2020 年。

4. 地域范围：包括佛山市现五个辖区，即禅城、南海、顺德、三水、高明。南海在古代还包括现广州的部分地区，该目录经考证，未收祖籍为现广州人士的著述。

三、著录规则：

本书目著录规则遵循全国古籍普查所使用的《汉文古籍著录规则》：

1. 著录内容包括：题名项（包括书名、卷数），著者项（包括主要责任者、其他责任者及其时代、姓名及著作方式），出版项（包括出版年、出版者、出版地、版本类别、丛书名、批校题跋等）。有些出版年不详，缺省该项。

2. 为便于读者阅读，正文以规范简体字据实著录，字库中缺字，以黑方格替代并加说明。

3. 题名中"［］"号为编者自加的内容，作为对题名的补充说明；"（）"号表示该书的另外题名。

4. 丛书只著种数，不计总卷数；子目卷数著录于子目书名之后。

5. 清及以前的著者前加朝代名称，民国及以后的著者不著朝代；著者不明，著录为"（□）□□撰"；非佛山著者不著籍贯。属现禅城的著者依古代名称，籍贯著录为"佛山"或者"南海"。

6. 该书目著录的重点是每一种书的版本项。一般著录该书现存的所有版本，以便研究者查阅；个别著作版本较多，如吴趼人、康有为的著作，则选择重要的版本著录；因未见到原书，无法判断其印刷方式的，著录为"印本"；中华人民共和国成立后采用的现代印刷技术制成的印本，则不再注印刷方式。

7. 丛书均以整套为一条著录，并详列子目；如子目有单行本的，则单独著录；丛书按《中国丛书综录》著录，如未收，则以编者可以查到的子目为准。

四、条目组织排序：

按《汉文古籍目录分类款目组织规则》：

1. 原生古籍排序在前，衍生古籍（注释、研究）排序在后。

2. 著者生卒年之先后原则：著者生（或卒）年早者排序在前，著者生（或卒）年晚者排序在后。

3. 版本产生之时间先后原则：先行世者排序在前，后行世者排序在后。

4. 地方志按地区代码排序。

5. 家谱按地区代码，再按姓氏笔画，笔画相同者，再以《汉字笔画顺序表》先后排列。

五、分类编排：

全书参照《中华古籍总目编目手册》，分为经、史、子、集、丛、新学六类。分至二级类目，如该类目较多书，分至三级类目，如史部传记类、子部艺术类、集部总集类、别集类。

六、本书收载的文献信息主要来源于广东、佛山各种历史方志、家谱，全国各个公共、大学、社科系统的图书馆，各种广东书目类的公私专著以及各旧书网站等。

七、正文后附有书名索引和著者名索引，以便读者查检利用。

目　录

经　部

丛编类

面城楼丛刊三种

（清）南海曾钊校增

清道光刻本

2015 年广州出版社影印《广州大典》本

子目

字林七卷首一卷

周易虞氏义笺九卷

诗毛郑异同辨二卷

五经味根录五种

（清）南海关蔚煌辑

清光绪十四年（1888）同文书局石印本

清光绪十八年（1892）凌云阁石印本

2015 年广州出版社影印《广州大典》本

子目

周易四卷首一卷

书经六卷首一卷

诗经四卷首一卷

春秋十四卷首一卷

礼记十卷首一卷

马氏经学丛刊八种

（清）顺德马贞榆撰

清刻朱印本

2015 年广州出版社影印《广州大典》本

子目

今古文尚书授受源流一卷

尚书要旨一卷

尚书课程二卷

春秋经传日月考一卷　　（清）南海邹

　　伯奇撰

读左传法五卷

左传口义三卷

经学文钞一卷

地理学课程三卷

读书堂丛刻四种

顺德简朝亮撰

清光绪至民国刻本

子目

尚书集注三十二卷首一卷末二卷附答

　　问一卷

论语集注补正述疏十卷首一卷附答问

　　一卷

孝经集注述疏一卷附答问一卷

礼记子思子言郑注补正四卷

易类

郑氏易谱十二卷

（明）顺德郑旒撰　（清）顺德郑时达

　　等重辑

清乾隆十八年（1753）郑时达刻本

清道光六年（1826）刻本

2000 年北京出版社影印《四库未收书

　　辑刊》本

2010 年台北大元书局影印《命理丛书》本

2015 年广州出版社影印《广州大典》本

1

周易略解八卷

（清）南海冯经撰

清嘉庆十八年（1813）枛堂刻本

清道光三十年（1850）南海伍氏粤雅堂文字欢娱室刻《岭南遗书》本

民国二十六年（1937）上海商务印书馆铅印《丛书集成初编》本

1985年中华书局影印《丛书集成初编》本

1996年上海古籍出版社影印《续修四库全书》本

2015年广州出版社影印《广州大典》本

鉴史注易不分卷

（清）南海明离照撰

清道光十八年（1838）刻本

周易虞氏义笺九卷

（清）南海曾钊撰

清道光七年（1827）面城楼刻本

1996年上海古籍出版社影印《续修四库全书》本

2009年台中文听阁图书有限公司影印《民国时期经学丛书》本

2015年广州出版社影印《广州大典》本

易学理数纂要四卷附一卷

（清）顺德吴昭良撰

清光绪三年（1877）吴氏学易本

2013年台中文听阁图书有限公司影印《晚清四部丛刊》本

2015年广州出版社影印《广州大典》本

易学史镜八卷

（清）南海曹为霖撰

清同治十二年（1873）木笔花馆刻本

2015年广州出版社影印《广州大典》本

读易易知三卷

（清）南海黄寅阶著

清同治十一年（1872）刻本

2011年台中文听阁图书有限公司影印《晚清四部丛刊》本

玩易四道十四卷

（清）南海黄寅阶著

清同治十二年（1873）刻本

2011年台中文听阁图书有限公司影印《晚清四部丛刊》本

周易象义补考五卷

（清）南海刘寿康辑

清抄本

2015年广州出版社影印《广州大典》本

大易附厨镜不分卷

（清）南海奇浒陆八子辑

清雍正四年（1726）抄本

2010年广东人民出版社影印《三编清代稿钞本》本

2015年广州出版社影印《广州大典》本

读易口义四卷

（清）顺德杨一夔撰

清咸丰二年（1852）南雪山房刻本

2015年广州出版社影印《广州大典》本

书类

书绛一卷

（清）南海廖翱撰

清同治至光绪广州富文斋刻《守约篇丛书》本

2015年广州出版社影印《广州大典》本

虞书命义和章解一卷

（清）南海曾钊撰

清道光十二年（1832）伍氏粤雅堂刻
《岭南遗书》本

1960 年商务印书馆铅印《丛书集成初
编》本

1996 年上海古籍出版社影印《续修四
库全书》本

2015 年广州出版社影印《广州大典》本

禹贡水道论图说一卷

（清）南海关远光撰

清道光四年（1824）粤东九经阁刻本

清道光八年（1828）关氏家塾刻本

2015 年广州出版社影印《广州大典》本

胡明经禹贡图不分卷

（清）胡渭述（清）李恒春（清）南
海邹伯奇校勘

清同治十年（1871）刻本

周官六联说附表一卷

（清）南海廖廷相撰

清稿本

2017 年广东人民出版社影印《八编清
代稿钞本》本

**尚书集注述疏三十二卷首一卷末二卷附
读书堂答问一卷**

顺德简朝亮撰

清光绪三十三年（1907）读书堂刻本

民国刻本

1996 年上海古籍出版社影印《续修四
库全书》本

2015 年广州出版社影印《广州大典》本

广州俗话书经解义五卷

南海麦仕治撰

清末广州十八甫文宝阁铅印本

2015 年广州出版社影印《广州大典》本

诗类

学海堂诗学三种

（清）南海曾钊等撰

清光绪刻《学海堂丛刻》本

子目

诗毛郑异同辨二卷（清）南海曾钊撰

毛诗草木鸟兽虫鱼疏考证一卷（清）
陶福祥撰

诗地理续考一卷（清）南海潘继李撰

诗经庭训便览五卷

（清）南海潘炳纲辑

清乾隆五十九年（1794）养正家塾刻本

清光绪九年（1883）刻本

2015 年广州出版社影印《广州大典》本

晦亭先生论诗各札不分卷

（清）顺德吴维彰撰（清）顺德梁廷
枏编校

清嘉庆二十五年（1820）顺德梁廷枏
刻本

2015 年广州出版社影印《广州大典》本

诗绎二卷

（清）南海廖翱撰

清同治至光绪广州富文斋刻《守约篇
丛书》本

2015 年广州出版社影印《广州大典》本

诗经集句类联四卷

（清）南海罗文俊辑

清光绪十二年（1886）石印本

诗毛郑异同辨二卷

（清）南海曾钊撰

清嘉庆至道光南海曾氏面城楼刻本

1996 年上海古籍出版社影印《续修四库全书》本

2015 年广州出版社影印《广州大典》本

诗经串义五卷

（清）南海康国熺撰

清同治五年（1866）刻本

清光绪十七年（1891）粤东文经堂刻本

2015 年广州出版社影印《广州大典》本

诗经绎参四卷

（清）南海邓翔撰

清同治六年（1867）南海孔氏刻朱墨套印本

2010 年台中文听阁图书有限公司影印《晚清四部丛刊》本

2015 年广州出版社影印《广州大典》本

诗辑一卷

（清）南海李应鸿撰　南海李宗颢辑

清稿本

毛诗学一卷

（清）顺德马贞榆撰

清末刻本

毛诗说习传一卷

顺德简朝亮撰

清同治十年（1871）读书堂刻本

民国二十年（1931）刻本

2013 年台中文听阁图书有限公司影印《民国时期经学丛书》本

广州俗语诗经解义不分卷

南海麦仕治撰

民国文宝阁刻本

诗学讲习所讲义录不分卷

顺德黄节辑

清宣统二年（1910）粤东编译公司铅印本

2015 年广州出版社影印《广州大典》本

变雅一卷

顺德黄节撰

民国北京大学出版部铅印本

2008 年中华书局点校本

毛诗纂辞五卷

顺德黄节撰

民国北京大学出版部铅印本

诗序非卫宏所作说一卷

顺德黄节撰

民国十九年（1930）国立清华大学铅印本

诗旨纂辞五卷

顺德黄节撰

民国北京大学出版部铅印本

2008 年中华书局点校本

2008 年台中文听阁图书有限公司影印《民国时期经学丛书》本

2008 年齐鲁书社影印《历代诗经版本丛刊》本

监本诗经读本二十卷

顺德梁康桐校字

民国广州市第七甫醉经堂影印本

周礼类

周礼正文三卷周礼奇字一卷

（清）顺德伍兆芳音释（清）谭昭臣增订

清道光八年（1828）奎璧堂刻本

周礼提纲辑注一卷

（清）南海林组撰

清乾隆四十三年（1778）刻本

2015 年广州出版社影印《广州大典》本

周礼注疏小笺五卷

（清）南海曾钊撰

清光绪十二年（1886）广州学海堂刻《学海堂丛刻》本

清光绪十四年（1888）南菁书院刻本

清光绪十五年（1889）上海蜚英馆石印本

1996 年上海古籍出版社影印《续修四库全书》本

2015 年广州出版社影印《广州大典》本

仪礼类

连珠汇抄不分卷仪礼萃精不分卷

南海李宗颢辑

稿本

抄本

礼记类

礼记庭训十二卷

（清）南海潘炳纲辑稿

清梁觉亭刻本

2015 年广州出版社影印《广州大典》本

礼记子思子言郑注补正三卷附录一卷

顺德简朝亮撰

清末至民国刻本

1996 年上海古籍出版社影印《续修四库全书》本

2013 年台中文听阁图书有限公司影印《民国时期经学丛书》本

南海先生礼运注稿不分卷

南海康有为撰

稿本

1976 年台北宏业书局影印《康南海先生遗著汇刊》本

2015 年广州出版社影印《广州大典》本

礼记正义校勘记二卷

南海潘宗周撰

民国十七年(1928)南海潘氏宝礼堂刻本

1986 年江苏广陵古籍刻印社影印本

三礼总义类

经办祀典事迹册一卷

（清）顺德梁廷枏撰

清嘉庆二十五年（1820）刻本

清道光刻本

2015 年广州出版社影印《广州大典》本

文庙上丁礼乐备考四卷

（清）南海吴祖昌撰

清同治九年（1870）江右乙藜斋刻本

2012 年国家图书馆出版社影印《历代文庙资料汇编》本

丧制便览一卷

（清）南海张大翎撰

清嘉庆抄本

2010 年广东人民出版社影印《三编清代稿钞本》本

2015 年广州出版社影印《广州大典》本

增订从宜集二卷

（清）顺德杨廷科辑

民国二十四年（1935）抄本

乐类

敦和录二卷
（清）南海何梦瑶撰
清刻本
2015 年广州出版社影印《广州大典》本

赓和录二卷
（清）南海何梦瑶撰
清道光三十年（1850）南海伍氏粤雅
堂文字欢娱室刻《岭南遗书》本
1985 年中华书局影印《丛书集成初编》本
2014 年广西师范大学出版社影印《西
樵历史文化文献丛书》本
2015 年广州出版社影印《广州大典》本

律名正义述要二卷
（清）南海何梦瑶撰
清刻本

春秋左传类

春秋左传补注六卷
（清）惠栋撰（清）戴震校（清）顺
德张锦芳覆校
清乾隆三十九年（1774）潮阳县衙刻本

春秋经传日月考一卷
（清）南海邹伯奇撰
清光绪二十七年（1901）两湖书院正
学堂刻朱印本
1996 年上海古籍出版社影印《续修四
库全书》本
2015 年广州出版社影印《广州大典》本

读左传法一卷春秋舆图一卷
（清）顺德马贞榆撰

清刻朱印本
2013 年台中文听阁图书有限公司影印
《晚清四部丛刊》本
2015 年广州出版社影印《广州大典》本

左传史记补注不分卷
（清）顺德马贞榆撰
民国油印本

左传口义三卷
（清）顺德马贞榆撰
清光绪二十七年（1901）两湖书院刻
朱印本
2015 年广州出版社影印《广州大典》本

春秋发微左传论说一卷
佛山谭灌成著
民国佛山兴华印务所铅印本

春秋总义类

春秋国都爵姓考一卷附补一卷
（清）陈鹏撰（清）南海曾钊补
清道光至光绪刻《粤雅堂丛书》本
2015 年广州出版社影印《广州大典》本

春秋日官志四卷
（清）顺德梁僧宝撰
清光绪二十四年（1898）王氏家塾刻本

**春秋经传日月考一卷春秋列国表一卷读
左传法一卷春秋略系列国年表一卷**
（清）南海邹伯奇（清）顺德马贞榆撰
清光绪二十八年（1902）两湖书院刻
朱印本

春秋笔削大义微言考十一卷发凡一卷
南海康有为撰
清稿本

民国六年（1917）刻《万木草堂丛书》朱印本

2015 年广州出版社影印《广州大典》本

2015 年国家图书馆出版社影印《中国古籍珍本丛刊·广东省立中山图书馆卷》本

春秋董氏学八卷传一卷

南海康有为撰

清光绪十九年（1893）刻本

清光绪二十四年（1898）上海大同译书局刻《万木草堂丛书》本

民国刻《万木草堂丛书》朱印本

1990 年中华书局整理《康有为学术著作选》本

2015 年广州出版社影印《广州大典》本

孝经类

孝经约解二卷附刻五种

（清）顺德温汝能纂辑

清听松阁刻本

2015 年广州出版社影印《广州大典》本

子目

孝经古文宋本一卷

孝经古文一卷

孝经刊误本一卷

孝经题辞一卷

孝经古今文考一卷

言文对照孝经读本不分卷

顺德张铁任语译

民国石印本

孝经集注述疏一卷附读书堂答问一卷

顺德简朝亮撰

民国读书堂刻本

2000 年北京出版社影印《四库未收书辑刊》本

2008 年台中文听阁图书有限公司影印《民国时期经学丛书》本

2011 年华东师范大学出版社影印《清人经解丛编》本

孝经实践录一卷

南海冯愿撰

清稿本

清广州学古堂抄本

2012 年广东人民出版社影印《四编清代稿钞本》本

2015 年广州出版社影印《广州大典》本

四书类

增订论语外篇四卷

（明）南海梁子璠辑

明天启五年（1625）刻本

1995 年齐鲁书社影印《四库全书存目丛书》本

2013 年国家图书馆出版社影印《原国立北平图书馆甲库善本丛书》本

2015 年广州出版社影印《广州大典》本

区子四书翼六卷

（明）高明区大伦撰

明天启刻本

明崇祯四年（1631）刻本

清末刻本

四书解二十卷

（清）顺德苏珥撰

清嘉庆十九年（1814）广东顺德种德堂刻本

2015 年广州出版社影印《广州大典》本

四书讲义自得录十卷续一卷

（清）南海何如漋撰

清乾隆二十六年（1761）刻本

2015 年广州出版社影印《广州大典》本

四书本注择粹十九卷

（清）南海劳潼编

清嘉庆二年（1797）荷经堂刻本

2015 年广州出版社影印《广州大典》本

校正四书逸笺六卷

（清）程大中撰（清）南海曾钊注

清伍氏刻《粤雅堂丛书》本

清光绪十七年（1891）三余草堂刻本

1959 年商务印书馆铅印《丛书集成初
　编》本

1965 年台北华联出版社影印《粤雅堂
　丛书》本

1985 年中华书局影印《丛书集成初编》本

2015 年广州出版社影印《广州大典》本

四书明辨三卷

（清）顺德罗礼琼撰

清嘉庆二十二年（1817）经籛楼刻本

2015 年广州出版社影印《广州大典》本

大学古本说故一卷

（清）南海劳光泰撰

清咸丰元年（1851）刻本

2015 年广州出版社影印《广州大典》本

四书讲义不分卷

（清）南海何文绮撰

清末聚文堂刻本

2014 年台北经学文化事业有限公司影
　印《稀见清代四部辑刊》本

2015 年广州出版社影印《广州大典》本

大学章句疏义一卷

（清）南海劳光泰撰

清咸丰刻本

2015 年广州出版社影印《广州大典》本

四书义启蒙一卷

（清）南海李枚撰

清光绪二十四年（1898）刻本

清光绪二十七年（1901）刻本

2015 年广州出版社影印《广州大典》本

论语乡党篇订疑四卷

（清）南海霍礼运辑

清道光二十一年（1841）刻本

清咸丰六年（1856）刻本

2015 年广州出版社影印《广州大典》本

乡党全解不分卷

（清）南海何聘珍撰

清光绪元年（1875）刻本

2015 年广州出版社影印《广州大典》本

学庸理镜二卷

（清）顺德梁有成辑

清光绪十年（1884）羊城海墨楼石印本

朱子论语集注训诂考二卷

（清）南海潘衍桐撰

清光绪十七年（1891）浙江书局刻本

1996 年上海古籍出版社影印《续修四
　库全书》本

2015 年广州出版社影印《广州大典》本

四书互证录一卷中庸脉胳一卷

（清）南海苏梯云撰

清刻本

2015 年广州出版社影印《广州大典》本

四书字音录一卷

（清）南海钟上选撰

清监菘堂刻本

2015 年广州出版社影印《广州大典》本

四书白话旁训四种

顺德张铁任注释

民国六年（1917）新会林泽丰影印本

论语集注补正述疏十卷首一卷附读书堂答问一卷

顺德简朝亮撰

民国刻本

2007 年北京图书馆出版社影印本

2008 年国家图书馆出版社影印《四书传注会要》本

2009 年台中文听阁图书有限公司影印《民国时期经学丛书》本

2013 年华东师范大学出版社影印《清人经解丛编》本

朱子大学章句释疑一卷

顺德简岸读书堂同人萃编

民国顺德读书堂刻本

2013 年台中文听阁图书有限公司影印《民国时期经学丛书》本

论语注二十卷

南海康有为撰

稿本

民国六年（1917）南海康氏刻《万木草堂丛书》本

1976 年台北宏业书局影印《康南海先生遗著汇刊》本

1984 年中华书局整理《康有为学术著作选》本

2012 年中华书局重印《康有为学术著作选》本

孟子微不分卷

南海康有为撰

稿本

1976 年台北宏业书局影印《康南海先生遗著汇刊》本

2014 年大象出版社影印《康有为手稿》本

2015 年广州出版社影印《广州大典》本

南海先生论语注稿不分卷

南海康有为撰

稿本

2014 年大象出版社影印《康有为手稿》本

2015 年广州出版社影印《广州大典》本

中庸注一卷

南海康有为撰

清光绪二十七年（1901）铅印本

民国五年（1916）上海广智书局铅印本

2015 年广州出版社影印《广州大典》本

大学古本一卷附中庸浅言一卷

佛山谭灌成编

民国佛山兴华印务所铅印本

群经总义类

鼎刻柱史阁佘仑山先生惧史大书增补经书阐义六卷

（清）顺德佘云祚撰

清康熙赤文堂刻本

2000 年北京出版社影印《四库未收书辑刊》本

无邪堂答问五卷

（清）南海劳植楠等编

清光绪二十一年（1895）广州广雅书院刻本

民国九年（1920）番禺符氏广雅书局刻本

经传字音考正四卷

（清）顺德冯肩辑

清道光二十六年（1846）刻本

清光绪二年（1876）刻本

2015 年广州出版社影印《广州大典》本

群经互解一卷

（清）南海冯经撰

清道光南海伍氏粤雅堂文字欢娱室刻本

1991 年中华书局影印《丛书集成初编》本

经学一卷

（清）南海劳植楠撰

清末高等学堂铅印本

2015 年广州出版社影印《广州大典》本

伪经考答问一卷读书要论一卷

（清）顺德谭济骞辑

清光绪二十四年（1898）上海大同译书局石印本

2013 年台中文听阁图书有限公司影印《晚清四部丛刊》本

2015 年广州出版社影印《广州大典》本

浙士解经录四卷

（清）南海潘衍桐录

清再到亭刻本

2000 年北京出版社影印《四库未收书辑刊》本

经学源流大义一卷

南海梁绍熙撰

清末铅印本

2015 年广州出版社影印《广州大典》本

新学伪经考十四卷

南海康有为撰

清光绪十年（1884）广州康氏万木草堂刻本

清光绪十七年（1891）武林望云楼石印本

民国七年（1918）万木草堂刻本

1996 年上海古籍出版社影印《续修四库全书》本

2012 年中华书局整理《康有为学术著作选》本

2015 年广州出版社影印《广州大典》本

经学通论一卷

顺德胡熊锷撰

民国印本

2009 年台中文听阁图书有限公司影印《民国时期经学丛书》本

经学通论一卷

顺德伍宪子撰

民国二十五年（1936）上海东方文化出版社印本

2008 年台中文听阁图书有限公司影印《民国时期经学丛书》本

2012 年北京中献拓方科技发展有限公司影印《民国籍粹》本

小学类

字林七卷首一卷

（晋）吕忱撰（清）南海曾钊增订

清嘉庆二十四年（1819）南海曾氏面城楼刻本

2015 年广州出版社影印《广州大典》本

二十一部古韵二卷

（清）南海曾钊撰

清稿本

2015 年广州出版社影印《广州大典》本

四声韵谱九卷首一卷

（清）顺德梁僧宝撰

清光绪十六年（1890）梁氏家塾刻本

1955 年北京古籍出版社影印本

1993 年国际文化出版公司影印《字典

汇编》本

1996 年上海古籍出版社影印《续修四库全书》本

2015 年广州出版社影印《广州大典》本

切韵求蒙一卷

（清）顺德梁僧宝撰

清光绪十六年（1890）梁氏家塾刻本

1955 年北京古籍出版社影印本

1996 年上海古籍出版社影印《续修四库全书》本

1999 年天津古籍出版社影印《中国古代工具书丛编》本

2015 年广州出版社影印《广州大典》本

正音撮要四卷

（清）南海高静亭撰

清同治六年（1867）刻本

清光绪三十三年(1907)广州福芸楼刻本

2015 年广州出版社影印《广州大典》本

说文部首不分卷

（清）顺德李文田书

清光绪三十一年（1905）石印本

尔雅正郭三卷

（清）南海潘衍桐撰

清光绪十七年（1891）刻本

1996 年上海古籍出版社影印《续修四库全书》本

2015 年广州出版社影印《广州大典》本

字音通晓一卷

（清）南海罗崧骏撰

清光绪二十二年（1896）羊城思范轩刻本

2015 年广州出版社影印《广州大典》本

增辑字音分韵撮要四卷

（清）南海伍殿纶撰

清光绪十一年（1885）右镜斋刻本

2015 年广州出版社影印《广州大典》本

字义约记二卷

（清）高明区辅臣撰

清光绪三十一年（1905）广州石经堂书局石印本

清浊声类五卷

（清）南海曾昆泉撰

清光绪十年（1884）诒燕书室刻本

2013 年台中文听阁图书有限公司影印《晚清四部丛刊》本

2015 年广州出版社影印《广州大典》本

养正韵对二卷

（清）顺德何介禧辑

民国佛山丰胜街陈永泰铅印本

韵联详注诗学津梁四卷

（清）顺德欧达彻纂辑（清）李天淇注

清末至民国东莞萃英楼刻本

经义初阶一卷

南海何炳堃著

清宣统二年（1910）广州翰元楼刻本

曼倩余谈不分卷

南海何功选著

民国十六年（1927）古京华文商报铅印本

"回回"一词之语原一卷

顺德岑仲勉著

民国三十一年（1942）四川南溪印本

史　部

纪传类

旧唐书逸文辨不分卷
顺德岑仲勉著

民国二十一年（1932）国立中央研究
院历史语言研究所本

补辽史艺文志一卷
南海黄任恒辑

清光绪三十一年（1905）刻本

民国十四年（1925）广州聚珍印务局
铅印本

2012 年清华大学出版社影印《二十五
史艺文经籍志考补萃编》本

元史地名考三卷目录一卷
（清）顺德李文田撰

清抄本

1996 年上海古籍出版社影印《续修四
库全书》本

2015 年广州出版社影印《广州大典》本

元史地名考不分卷
（清）顺德李文田撰

清稿本

2010 年广东人民出版社影印《清代稿钞
本》本

2015 年广州出版社影印《广州大典》本

明史杂咏笺注四卷
（清）严遂成撰（清）严兆元笺注

（清）叶梦龙（清）顺德何太青校刊

清道光七年（1827）刻本

1997 年齐鲁书社影印《四库全书存目
丛书》本

编年类

东华录注十六卷
（清）蒋良骐撰（清）顺德李文田注

清刻李文田校本

2015 年广州出版社影印《广州大典》本

便蒙通鉴八卷
（清）南海孔宪祐撰

清宣统二年（1910）抄本

2010 年广东人民出版社影印《三编清
代稿钞本》本

2015 年广州出版社影印《广州大典》本

酌加毕氏续资治通鉴论八卷
顺德简朝亮撰

民国元年（1912）刻本

民国二十五年（1936）读书堂刻本

隋书州郡牧守编年表不分卷
顺德岑仲勉著

民国二十五年（1936）广州中山大学
印本

大清德宗实录一卷
顺德温肃撰

清稿本

12

2010 年广东人民出版社影印《三编清
　代稿钞本》本

2015 年广州出版社影印《广州大典》本

纪事本末类

中俄伊犁交涉始末一卷

顺德罗惇曧撰

民国成都昌福公司铅印《满清野史续
　编》本

中法兵事本末一卷

顺德罗惇曧撰

民国成都昌福公司铅印《满清野史初
　编》本

2004 年山东画报出版社整理本

中日兵事本末一卷

顺德罗惇曧撰

民国成都昌福公司铅印《满清野史初
　编》本

2010 年中国三峡出版社整理本

2012 年线装书局影印《中国边疆研究
　资料文库》本

杂史类

春秋中国夷狄辨三卷

三水徐勤撰

清末上海大同书局石印本

清光绪上海点石斋书局石印本

2015 年广州出版社影印《广州大典》本

南汉丛录二卷

（清）顺德梁廷枏撰

清道光十年（1830）顺德梁氏刻《藤
　花亭十种》本

1996 年上海古籍出版社影印《续修四
　库全书》本

2010 年广东人民出版社整理《广州史
　志丛书》本

2015 年广州出版社影印《广州大典》本

南汉书考异十八卷

（清）顺德梁廷枏撰

清道光十年（1830）顺德梁氏刻《藤
　花亭十种》本

1981 年广东人民出版社点校本

1996 年上海古籍出版社影印《续修四
　库全书》本

2011 年广东人民出版社点校《岭南史
　志三种》本

2015 年广州出版社影印《广州大典》本

庆历稿不分卷

（明）南海曾仕鉴撰

清康熙四十四年（1705）刻本

2020 年广东人民出版社影印《广东省
　文史馆藏岭南珍稀古籍丛刊》本

登西台恸哭记一卷

（宋）谢翱撰 （清）南海谢兰生辑注

清同治活字印本

大金吊伐录二卷

（清）顺德李文田校并跋

清顺德李文田抄本

元朝秘史注十五卷

（清）顺德李文田撰

清光绪二十二年（1896）通隐堂刻本

清光绪二十九年（1903）上海文瑞楼
　石印巾箱本

1996 年上海古籍出版社影印《续修四
　库全书》本

2011 年中国书店影印本

2015 年广州出版社影印《广州大典》本

明良集六种

（明）南海霍韬辑

明嘉靖十二年（1533）刻本

1996 年齐鲁书社影印《四库全书存目
丛书》本

2015 年广州出版社影印《广州大典》本

子目

洪武圣政记一卷（明）宋濂撰

北征前录一卷后录一卷（明）金幼孜撰

三朝圣谕录三卷（明）杨士奇撰

北征记一卷（明）杨荣撰

天顺日录一卷（明）李贤撰

燕对录一卷（明）李东阳撰

胜朝遗事初编六卷二编八卷

（清）南海吴弥光辑

清道光二十二年（1842）楚香书屋刻本

清光绪九年（1883）宋泽元忏华庵刻本

2009 年国家图书馆出版社影印《明清
史料丛书续编》本

2015 年广州出版社影印《广州大典》本

启祯野乘二集八卷

（清）邹漪撰（清）顺德李文田校

清康熙十八年（1679）书林存堂素政
堂刻顺德李文田校本

菽堂分田录一卷

（清）顺德李晚芳撰

清乾隆五十二年（1787）顺德梁氏谧
园刻本

民国二十六年（1937）至德周氏师古
堂影印《李菉猗女史全书》本

夷氛闻记五卷

（清）顺德梁廷枏撰

清刻本

1959 年中华书局点校《清代史料笔记
丛刊》本

1996 年上海古籍出版社影印《续修四
库全书》本

2013 年香港蝠池书院出版有限公司影印
《中国古代海岛文献地图史料汇编》本

2015 年广州出版社影印《广州大典》本

2018 年学苑出版社影印《海上丝绸之
路文献汇编》本

夷氛闻记四卷

（清）顺德梁廷枏撰

民国二十八年（1939）吴县丁氏铅印
《崦庐丛书》本

劫灰录一卷

（清）珠江寓舫撰　顺德邓实校录

清光绪三十二年（1906）上海国学保
存会铅印《国粹丛书》本

2011 年百花洲文艺出版社影印《晚清
言情艳情小说》本

2015 年广州出版社影印《广州大典》本

历代灾祥录不分卷

（清）南海邓清安纂

民国二十二年（1933）广州真平印务
局刻本

顺德马齐陈氏被害录不分卷

（清）□□撰

清同治十一年（1872）陈国棣抄本

2012 年广东人民出版社影印《四编清
代稿钞本》本

2015 年广州出版社影印《广州大典》本

满洲叹不分卷

三水胡礼垣撰

清宣统三年（1911）天津大公报馆铅
印本

湖隐外史一卷

（明）叶绍袁纂　顺德邓实校录

清光绪三十三年（1907）上海国学保
存会铅印《国粹丛书》本

永兴县公余录不分卷

佛山冼宝干撰

民国四年（1915）刻本

谤书逆案一卷

南海李宗颢辑抄

民国李宗颢辑抄本

近世中国秘史一二编

三水徐勤撰

清光绪三十年（1904）上海广智书局
铅印本

1994 年江苏广陵古籍刻印社影印本

藏事纪略一卷

顺德罗惇曧撰

民国印本

1995 年中国藏学出版社影印《西藏学
文献丛书别辑》本

德宗承统私记一卷

顺德罗惇曧撰

民国成都昌福公司铅印《满清野史续
编》本

割台记一卷

顺德罗惇曧撰

民国成都昌福公司铅印《满清野史初
编》本

庚子国变记不分卷

顺德罗惇曧撰

民国成都昌福公司铅印《满清野史初
编》本

民国三十五年（1946）上海神州国光
社铅印本

1966 年台北广文书局影印本

教匪林清变记一卷

顺德罗惇曧撰

民国五年（1916）上海文明书局石印本

拳变余闻一卷

顺德罗惇曧撰

民国成都昌福公司铅印《满清野史初
编》本

太平天国战纪一卷

顺德罗惇曧撰

民国抄本

民国成都昌福公司铅印《满清野史四
编》本

1998 年重庆出版社影印《清末稗史精
选丛书》本

2010 年中国三峡出版社整理本

止汤坑械斗说不分卷

（清）南海烟桥生撰

清光绪二十七年（1901）广东潮城王
存文楼石印本

万木草堂始末记不分卷

张伯桢著

民国印本

二十年来生计界巨变论一卷

［日］田尻稻次郎撰　顺德陈国镛译述

清光绪二十八年（1902）上海广智书
局铅印本

南海先生退化史不分卷

　　□□撰

　　民国印本

革命逸史不分卷

　　南海冯自由撰

　　民国二十八年（1939）上海商务印书
　　　馆铅印本

　　1965 年台湾商务印书馆本

　　1981 年中华书局本

　　2011 年东方出版社影印《民国名人回
　　　忆录》本

　　2012 年华文出版社插图注释本

　　2014 年金城出版社本

　　2016 年新星出版社本

华侨革命开国史不分卷

　　南海冯自由撰

　　民国三十五年（1946）刻本

　　1975 年台湾商务印书馆印本

　　2012 年北京中献拓方科技发展有限公
　　　司影印《民国籍粹》本

中国革命运动二十六年组织史不分卷

　　南海冯自由撰

　　民国三十七年（1948）上海商务印书
　　　馆本

　　1990 年上海书店影印《民国丛书》本

　　2012 年北京瀚文典藏文化有限公司影
　　　印《民国籍粹》本

　　2014 年上海三联书店影印本

中华民国开国前革命史不分卷

　　南海冯自由撰

　　民国十九年（1930）上海革命史编辑
　　　社印本

　　1990 年上海书店影印《民国丛书》本

2011 年广西师范大学出版社影印《辛
　亥记忆》本

英国庚款问题不分卷

　　南海关赓麟撰

　　民国十五年（1926）铅印本

攘夷录一卷

　　三水邓慕韩编

　　抄本

劫灰鸿爪录五卷

　　南海崔龙文著

　　民国三十六年（1947）南海崔氏澄怀
　　　书屋铅印本

革命史谭不分卷

　　三水陆丹林编著

　　民国三十四年（1945）重庆独立出版
　　　社印本

　　1959 年中华书局点校《近代笔记史料
　　　丛刊》本

　　1981 年台北文海出版社影印《近代中
　　　国史料丛刊》本

战后中日关系大事纪不分卷

　　顺德冯节编

　　民国二十年（1931）民众丛书社印本

中国空军抗战史画不分卷

　　顺德梁又铭编绘

　　民国三十六年（1947）上海正气出版
　　　社印本

　　2012 年北京中献拓方科技发展有限公
　　　司影印《民国籍粹》本

日本侵略中国史画不分卷

　　顺德梁又铭撰

　　民国二十二年（1933）上海通俗画集

编辑社印本

上海政艺通报社石印《政艺丛书》本

史表类

国史大事表不分卷

南海罗慕陶　陈大经合编

民国二十六年（1937）飞亚公司铅印本

国史表汇不分卷

顺德蔡延暄著

民国二十三年（1934）广州知用中学
铅印本

史抄类

顺德李文诚公杂钞五种不分卷

（清）顺德李文田辑

清稿本

2015 年广州出版社影印《广州大典》本

子目

元地理钞一卷

北征录二卷后北征录一卷

纪录汇编第一百六一卷

元朝秘史十三至十五卷

昭代丛书合刻目录一卷

时务丛抄二卷

南海何启　三水胡礼垣撰

清光绪二十一年（1895）上海赐书堂
凌云阁铅印本

清光绪二十一年(1895)上海书局石印本

皇朝政治文钞一卷

顺德邓实辑

清光绪二十九年（1903）上洋书局铅
印《政艺丛书》本

清光绪二十八至三十二年(1902—1906)

史评类

兀厓西汉书议十二卷

（明）南海霍韬撰（明）张邦奇增修

明抄本

1995 年齐鲁书社影印《四库全书存目
丛书》本

2015 年广州出版社影印《广州大典》本

新镌屠仪部编纂皇明捷录十四卷

（明）屠隆纂（明）顺德欧大任参订

明末金陵杨闽斋刻本

读史管见三卷

（清）顺德李晚芳撰

清乾隆五十二年（1787）顺德梁氏谧
园刻本

日本安政三年（1856）群玉堂刻本

民国二十六年（1937）至德周氏师古
堂影印《李菉猗女史全书》本

2016 年商务印书馆整理《〈史记〉选
本丛书》本

明史论四卷

（清）谷应泰论正（清）南海陶文锦
（清）南海陶文辉校

清南海陶氏刻本

史学开通一卷

（清）南海谭经裕撰

清抄本

二十四史论赞七十八卷

（清）南海陈阐辑

清光绪二十年（1894）长生书屋刻本

清光绪二十三年（1897）上海文渊山

房石印本

2015 年广州出版社影印《广州大典》本

史论初阶一卷

（清）南海李枚撰

清光绪二十四年（1898）羊城明道堂刻本

2015 年广州出版社影印《广州大典》本

中国宜改革新议论不分卷

南海何启　三水胡礼垣编

清光绪二十一年（1895）香港铅印本

粤东学术源流史一卷

顺德黄节编

民国抄本

商君评传九章

顺德麦孟华撰

民国二十四年（1935）上海世界书局国学整理社影印《诸子集成》本

1996 年团结出版社影印《中华传世经典》本

1996 年岳麓书社影印《诸子集成》本

1999 年浙江古籍出版社影印《诸子集成》本

中国六大政治家不分卷

梁启超　顺德麦孟华等著

清宣统元年（1909）上海广智书局铅印本

民国三十年（1941）重庆拔提书店铅印本

民国三十六年（1947）铅印本

1970 年台北正中书局本

2014 年中华书局影印《中国文化丛书》本

政治通论内外篇二卷

顺德邓实撰

清光绪二十九年（1903）上洋书局铅印《政艺丛书》本

史学通论一卷

顺德邓实撰

清光绪二十九年（1903）上洋书局铅印《政艺丛书》本

社会主义与中国不分卷

南海冯自由撰

民国九年（1920）香港大光报印本

朱九江先生论史口说二卷

（清）南海朱次琦撰

清光绪二十六年（1900）粤东宝经阁刻本

民国广州时敏学堂刻本

2015 年广州出版社影印《广州大典》本

王安石新法论不分卷

［日］高桥作卫撰（清）南海陈超译

清光绪二十八年（1902）上海广智书局铅印本

传记类
总传之属

南越五主传三卷南越丛录二卷

（清）顺德梁廷枏撰

清道光十三年（1833）刻本

民国二十三年（1934）顺德龙氏中和园铅印本

1982 年广东人民出版社校点《广东地方文献丛书》本

2011 年广东人民出版社点校《岭南文库》本

2015 年广州出版社影印《广州大典》本

百越先贤志四卷

（明）顺德欧大任撰

清道光十一年（1831）刻《岭南遗书》本

民国二十六年（1937）铅印《丛书集成初编》本

1985 年中华书局影印《丛书集成初编》本

2008 年北京燕山出版社影印《中国古代地方人物传记汇编》本

2010 年北京出版社影印《四库提要著录丛书》本

2015 年广州出版社影印《广州大典》本

［岭南］唐乡贤祠全书一卷

（清）南海唐德新纂修

清光绪二十九年（1903）刻本

元和姓纂四校记十卷

顺德岑仲勉著

民国三十七年（1948）上海商务印书馆铅印本

1994 年中华书局印本

2012 年北京中献拓方科技发展有限公司影印《民国籍粹》本

补唐代翰林两记目录不分卷

顺德岑仲勉编

民国三十一年（1942）抽印本

濂洛关闽六先生传一卷

（清）顺德罗惇衍编

清道光二十七年（1847）刻本

2015 年广州出版社影印《广州大典》本

曾大父列郡名贤录一卷

（清）顺德罗良会撰

清嘉庆二十一年（1816）春晖堂刻本

清同治二年（1863）春晖堂刻本重印本

石头录八卷首一卷

（明）佛山霍与瑕编辑（明）佛山霍尚守注

清同治元年（1862）南海石头书院刻本

2006 年北京图书馆出版社影印《明代名人年谱》本

2015 年广州出版社影印《广州大典》本

东林籍贯一卷

（清）顺德李文田注

清顺德李文田家抄本

1996 年齐鲁书社影印《四库全书存目丛书》本

2015 年广州出版社影印《广州大典》本

伙坏封疆录一卷

（明）魏应嘉撰（清）顺德李文田抄

清顺德李文田家抄本

1996 年齐鲁书社影印《四库全书存目丛书》本

东林党籍考不分卷

顺德李棪撰

民国稿本

1957 年人民出版社印本

盗柄东林伙一卷

（清）顺德李文田注

清顺德李文田家抄本

1996 年齐鲁书社影印《四库全书存目丛书》本

2015 年广州出版社影印《广州大典》本

天鉴录一卷

（清）顺德李文田注

清顺德李文田家抄本

1996 年齐鲁书社影印《四库全书存目丛书》本

2015 年广州出版社影印《广州大典》本

科名佳话四卷

（清）南海何守愚辑

清末刻本

中国名相传二卷

（清）南海潘博著

清光绪三十四年（1908）上海广智书局铅印本

民国十三年（1924）广智新记书局铅印本

1992年黄山书社影印本

2015年广州出版社影印《广州大典》本

历代名人年谱不分卷

（清）南海吴荣光撰

清稿本

2015年广州出版社影印《广州大典》本

历代名人年谱十卷存疑及生卒年月无考一卷

（清）南海吴荣光撰　南海李宗颢补遗

清稿本

清咸丰二年（1852）北京刻本

清光绪二年（1876）京都宝经书坊刻本

民国二十四年（1935）上海商务印书馆影印《国学基本丛书》本

1989年上海书店点校本

2002年北京图书馆出版社点校本

2015年广州出版社影印《广州大典》本

羊城庐江书院全谱不分卷

（清）南海何文绮等纂修

清光绪二十年（1894）羊城富文斋刻本

本朝从祀三先生传一卷

（清）顺德罗惇衍编

清抄本

2015年广州出版社影印《广州大典》本

2017年广东人民出版社影印《八编清代稿钞本》本

［光绪］**顺天府人物志稿不分卷**

（清）南海廖廷相撰

清稿本

莲峰书院景贤堂二十先生列传汇钞一卷

（清）佛山蔡尚鋆辑

清光绪二十六年（1900）莲峰书院刻本

2015年广州出版社影印《广州大典》本

钦加员外郎衔兵部主事何朴园［文绮］先生崇祀乡贤录一卷

（清）南海何增庆编

清光绪刻本

2015年广州出版社影印《广州大典》本

文庙新辑二卷

（清）南海刘寿康辑

清光绪九年（1883）刻本

2012年国家图书馆出版社影印《历代文庙研究资料汇编》本

2015年广州出版社影印《广州大典》本

［南海］**武功书院世谱三卷**

（清）南海苏廷鉴等纂修

清光绪二十六年（1900）德有邻堂刻本

［岭南］**区氏林石公祖祠谱一卷**

（清）顺德区作霖撰

清光绪十三年（1887）刻本

2003年番禺石壁区氏修谱委员会印本

广州人物传（顺德）不分卷

□□辑

清稿本

2017年广东人民出版社影印《八编清代稿钞本》本

广东文献辑览不分卷

南海黄梓林选辑

民国二十一年（1932）黄立德堂铅印本

议案录不分卷

顺德蔡永锡堂族务常务会纂修

民国三十年（1941）抄本

康有为与梁启超不分卷

吴泽著

1949 年上海华夏书店印本

[广州] 河南九老会同谱录不分卷

顺德黄泽森辑

民国八年（1919）广州东华铅印本

玉岑词人悼感录一卷

三水陆丹林编

民国二十四年（1935）谢梦鲤铅印本

珠玑巷：民族班本不分卷

三水欧博明撰

民国元年（1912）羊城日报铅印本

黄埔二梁传状不分卷

顺德温肃撰

民国刻本

南海氏族不分卷

□□纂　南海梁士蔼增补题跋

清刻本

2014 年佛山市人民政府地方志办公室
　影印《佛山地区旧族（家）谱汇辑》本

2015 年广州出版社影印《广州大典》本

阮氏寻复二世祖考妣坟墓记不分卷

南海阮耀垣撰

清光绪阮耀常抄本

2010 年广东人民出版社影印《三编清
　代稿钞本》本

2014 年佛山市人民政府地方志办公室影
　印《佛山地区旧族（家）谱汇辑》本

2015 年广州出版社影印《广州大典》本

**[梁序镛　招敬常　易佩绅　李文田] 四
　君行状不分卷**

（清）何若瑶等撰

清刻本

**礼部郎中贵州学政冯潜斋先生文林郎国子
　监学正劳莪野先生师弟乡贤录一卷**

（清）李贻光等辑

清广州西湖街聚珍堂刻本

2015 年广州出版社影印《广州大典》本

寒山诗钟社姓名地址录不分卷

南海关赓麟等辑

民国四年（1915）北京正蒙书局石印本

2013 年国家图书馆出版社影印《清末
　民国旧体诗结社文献汇编》本

广东高等师范学校同学录不分卷

顺德胡熊锷等编

民国元年（1912）印本

广东现代画人传不分卷

三水李健儿撰

民国二十九年（1940）铅印本

2012 年北京中献拓方科技发展有限公
　司影印《民国籍粹》本

当代人物志不分卷

三水陆丹林著

民国三十六年（1947）上海世界书局
　印本

2009 年大象出版社影印《民国史料丛
　刊》本

谱牒之属

[广东] 区氏林石家塾征信录不分卷

（清）顺德区作霖纂修

21

清光绪十七年（1891）区氏林石家塾
刻本

［广东］**甘氏祠谱不分卷**
甘熙庭重编
民国十三年（1924）广州市拱日门东
华铅印厂铅印本

［广东］**邝氏祠谱不分卷**
□□纂修
民国三十七年（1948）广州正行印刷
厂铅印本

［广东］**广东伍氏合族总谱不分卷**
伍铨萃　伍勋蕃纂修
民国十七年（1928）铅印本

［广东］**伍氏合族总谱十卷首二卷**
伍瑶光　伍润三编纂
民国二十二年（1933）石印本

［广东］**麦氏族谱不分卷**
□□纂修
清光绪二十七年（1901）抄本

［广东］**麦氏族谱叙不分卷**
麦瑄琪辑
民国十年（1921）咫严学塾红格纸抄本

［广东］**余绍贤堂族谱三十卷**
（清）余振新等编
清光绪二十五年（1899）刻本
民国元年（1912）获海绍贤堂石印本

［广东］**陆氏世德记六卷**
（清）南海陆师彦（清）顺德陆宗瓒
纂修
清同治十二年（1873）刻本
清光绪元年（1875）刻本
清光绪元年（1875）广州心简斋刻民

国二十年（1931）增补铅印本

简明罗氏家谱世系钞一卷
□□纂修　罗锦云抄
民国十七年（1928）抄本

［广东］**岭南冼氏宗谱九卷首一卷末一卷**
佛山冼宝干总纂
清宣统二年（1910）刻本
民国二年（1913）广州墨宝楼刻本

［广东］**冼氏族谱五卷**
冼大魁编
稿本

［广东］**赵氏玉牒家谱不分卷**
（清）赵古祯纂修
清抄本

［广东］**千乘侯祠全书不分卷**
梁鼎芬纂修
民国九年（1920）广州九曜坊正文堂
刻本

［广东］**粤东简氏大同谱十三卷首一卷**
简宾侯总理
民国十七年（1928）铅印本
2000年国家图书馆出版社影印《北京
图书馆藏家谱丛刊》本

［广东］**蔡氏族谱不分卷**
□□纂修
清抄本

佛山栅下区氏谱不分卷
佛山区灌轵总纂
民国十八年（1929）香港冠兴印务局
印本

［佛山南庄］**南海罗格孔氏家谱六卷**
（清）南海孔毓灵等纂修

清道光元年（1821）刻本

[佛山南庄] 南海罗格孔氏家谱□□卷
（清）南海孔广镛修
清刻本

**[佛山南庄] 南海罗格孔氏家谱十四卷首
一卷**
南海孔昭度重修
清同治四年（1865）诗礼堂刻本

**[佛山南庄] 南海罗格孔氏家谱十四卷首
一卷世系图一卷**
南海孔昭度纂修
民国十八年（1929）南海公安局惩教
场铅印本

**[佛山南庄] 南海吉利下桥关树德堂家谱
二十四卷首一卷末一卷**
（清）南海关蔚煌（清）南海关官梅
（清）南海关蔚雄纂修
清光绪刻本
2000 年北京图书馆出版社影印《北京
图书馆藏家谱丛刊》本

[佛山叠滘] 麦氏族谱不分卷
佛山麦祝时纂
民国十九年（1930）佛山丰胜街陈永
泰铅印本

[佛山] 李氏族谱十卷
（明）佛山李待问纂修
明崇祯刻本

佛山大树堂吴氏族谱不分卷
□□纂修
抄本

**[佛山] 吴氏房谱二卷（南海延陵吴氏
族谱）**
佛山吴荃选纂修

民国十九年（1930）南海官山智文号
铅印本

[佛山纲华] 陈氏族谱不分卷
（清）佛山陈祖南纂修
清同治六年（1867）刻本
清抄本

[佛山] 陈余庆堂家谱不分卷
□□纂修
民国二十三年（1934）文蔚抄本

**[佛山澜石] 黎涌乡陈氏族谱二十七卷首
一卷**
（清）佛山陈邦荣续修
抄本

**[佛山南庄] 重修 [招] 文振祖族谱总
系图不分卷**
□□纂修
抄本

[佛山] 张槎下朗招明礼堂旧族谱不分卷
□□纂修
抄本

[佛山张槎]古灶西祠招作述堂族谱不分卷
□□纂修
抄本

**[佛山张槎] 朗边乡北房招敦本堂重修族
谱不分卷**
（清）佛山招佐臣修
抄本

[佛山堡涌边房] [黄氏族谱] 不分卷
（清）佛山黄庆云纂
清咸丰四年（1854）黄庆云抄本

[佛山石湾] 莘墟裕德堂梁氏家谱不分卷
（清）佛山梁廷光（清）佛山梁司衡

重修

清同治三年（1864）抄本

［佛山］ **梁氏家谱不分卷**

（清）佛山梁礼昭纂修

清光绪十一年（1885）梁文锦抄本

［佛山石湾］**南海石湾坝头梁氏族谱不分卷**

佛山梁德瑛纂修

民国二十三年（1934）孝友堂铅印本

［佛山］ **傅氏族谱不分卷**

佛山傅锦培修纂

1949 年抄本

［佛山］ **谭怡怡堂祠谱不分卷**

佛山谭鹤坡纂修

民国四年（1915）大良笔街昌兴印务局铅印本

［佛山］ **南海佛山霍氏族谱十一卷**

（清）佛山霍承恩纂修

清道光二十八年（1848）南海世睦堂刻本

［佛山石湾］ **太原霍氏族谱八卷**

（清）佛山霍永振 （清）佛山霍正衍

（清）佛山霍毅亭纂修

清道光抄本

［佛山］ **霍氏家谱不分卷**

□□纂修

民国南海霍氏抄本

［佛山］ **绍礼堂［戴氏］族谱不分卷**

佛山戴鸿惠纂修

民国抄本

［南海］ **区氏族谱不分卷**

□□纂修

民国十二年（1923）抄本

［南海］ **方氏家谱不分卷**

（清）南海方菁莪纂修

清光绪十六年（1890）刻本

2014 年广西师范大学出版社影印《西樵历史文化文献丛书》本

［南海丹桂］ **方谱不分卷**

南海方德培等修纂

民国十五年（1926）刻本

南海叠滘孔氏家谱六卷

（清）南海孔广心纂修

清咸丰十年（1860）刻本

［南海］ **孔氏族谱不分卷**

南海孔毓臣等修

民国十九年（1930）佛山同文堂书局铅印本

［南海叠滘］ **孔氏族谱不分卷**

南海孔昭汉编订

民国十九年（1930）佛山福禄路同文堂书局铅印本

［南海狮山］**南海华平孔氏家谱八卷首一卷**

民国十九年（1930）抄本

［南海］ **西村古氏家乘不分卷**

（清）南海古硕元纂修

抄本

［南海］ **重修龙氏族谱十卷**

（清）南海龙生文等修

民国十一年（1922）南海思成堂刻本

［南海］ **卢氏家谱不分卷**

□□纂修

浣雪斋抄本

［南海］ **沙头水南卢氏家谱不分卷**

□□纂修

抄本

［南海］叶氏家谱不分卷

南海叶灏明纂辑

民国二年（1913）铅印本

［南海］叶氏家谱三卷

（清）南海叶绌兰编　南海叶官谦重修

民国十三年（1924）铅印本

［南海］叶氏家谱不分卷

南海叶兰泉纂修

民国十七年（1928）铅印本

［南海］叶光大堂世守书不分卷

南海叶弼俊编辑

民国二十八年（1939）刻本

［南海］白沙湖元道房叶氏宗谱一卷

□□纂修

民国三十六年（1947）稿本

［南海］叶氏和顺房家谱不分卷

□□纂修

民国三十六年（1947）稿本

［南海］白冈房叶氏族谱一卷

□□纂修

民国稿本

［南海］邝氏族谱不分卷

□□纂修

清同治十年（1871）邝宇宽抄本

［南海］冯氏家谱不分卷

（清）南海冯文轩编

民国十一年（1922）抄本

2014年佛山市人民政府地方志办公室影印《佛山地区旧族（家）谱汇辑》本

2015年广东人民出版社影印《七编清代稿钞本》本

［南海］冯氏族谱不分卷

□□纂修

清抄本

［南海高村］冯氏家乘不分卷

南海冯炽衔重辑

民国二十一年（1932）昌盛板冯绍祥铅印本

［南海西隆堡］吕氏家谱不分卷

□□纂修

清光绪二十二年（1896）抄本

［南海九江］朱氏家谱十二卷首一卷

（清）南海朱次琦（清）南海朱宗琦纂修

清同治八年（1869）刻本

2000年国家图书馆出版社影印《北京图书馆藏家谱丛刊》本

2006年北京燕山出版社影印《清代民国名人家谱选》本

［南海九江］朱氏家谱序例不分卷

（清）南海朱次琦撰

清末朱丝栏抄本

［南海九江］南海烟桥何氏家谱九卷首一卷末一卷

□□纂修

民国十三年（1924）刻本

南海朱泽信祖派下子孙族谱第二辑不分卷

南海朱寿添　南海朱寿海编纂

民国三十七年（1948）广州文明印务局铅印本

2014年佛山市人民政府地方志办公室影印《佛山地区旧族（家)谱汇辑》本

［南海］刘氏族谱不分卷

（清）南海刘廷鉴纂修

清咸丰十年（1860）抄本

2015 年广东人民出版社影印《七编清
代稿钞本》本

[南海瑶玑] 关敦睦堂墓志不分卷

（清）南海关富明辑

清同治十年（1871）抄本

清光绪三十一年（1905）抄本

2015 年广东人民出版社影印《七编清
代稿钞本》本

[南海九江] 驼骹关氏族谱不分卷

（清）南海关秉方等修纂

清光绪十六年（1890）活字印本

[南海九江] 关氏族谱不分卷

（清）南海关氏修

清光绪十五年（1889）翰元楼刻本

2000 年北京图书馆出版社影印《北京
图书馆藏家谱丛刊》本

[南海九江] 关树德堂家谱二十卷首一卷

（清）南海关照熙纂修

清光绪二十三年（1897）刻本

[南海关边] 关氏族谱一卷

南海关棣辉纂修

民国抄本

南海江村江氏族谱不分卷

□□纂修

抄本

[南海蠔冈] 劳氏族谱四卷首一卷

（明）南海劳献琦等编（清）南海劳
鸿勋重修

清同治七年（1868）孝思堂刻本

[南海] 苏氏族谱十卷

（清）南海苏廷鉴等纂修

清光绪二十五年（1899）刻本

[南海李边乡西华村] 李申及堂族谱不分卷

（清）南海李应年重修

清同治八年（1869）李富琛抄本

2015 年广东人民出版社影印《七编清
代稿钞本》本

[南海] 李氏族谱不分卷

□□纂修

清光绪十五年（1889）李全恩抄本

[南海] 李文庄公家乘四十六卷

（清）南海李萼荣修纂

清光绪二十八年（1902）刻本

[南海华平] 李氏族谱不分卷

（清）南海李佐卿纂修

清南海李锡廉抄本

[南海] 李氏仁本堂家谱不分卷

（清）南海李达三修纂

清抄本

[南海] 盐步房吴姓族谱不分卷

（清）南海吴德华修纂

清咸丰十一年（1861）抄本

[南海驼骹] 吴氏族谱不分卷

（清）南海吴秉方修纂

清光绪十六年（1890）刻本

[南海丹灶] 何氏聚顺堂族谱不分卷

□□纂修

清光绪二十五年（1899）刻本

[南海烟桥] 何氏家谱九卷首一卷

南海何炜监修　南海何毓桢　南海何
绍庄续修

民国十三年（1924）刻本

南海县荷溪乡何垂裕堂族规族谱合刊不
分卷

何巨钊等编

民国十八年（1929）广州兴隆印务局
铅印本

［南海］何氏家谱不分卷

（清）南海何文绮修

民国二十三年（1934）刻本

［南海大范］张氏家谱不分卷

□□纂修

民国十四年（1925）广州光利印务局
铅印本

［南海奇槎仇边］南海城西堡张氏家谱不
分卷

南海张屏纂修

民国十九年（1930）广州市龙藏街大
昌支店铅印本

南海沙冈张氏族谱不分卷

南海张炎均总纂

民国八年（1919）铅印本

南海盐步陆边陆氏族谱不分卷

□□纂修

清抄本

［南海金鱼堂］陈氏族谱十卷

（清）南海陈其晖纂修

清光绪二十三年（1897）刻本

［南海九江］始迁祖泽埜陈氏家谱不分卷

□□纂修

清光绪十九年（1893）陈昭敬抄本

南海鹤园陈氏族谱四卷

陈万豫等纂

民国八年（1919）南海陈氏贻燕堂刻本

2000年北京图书馆出版社影印《北京图
书馆藏家谱丛刊·闽粤（侨乡）卷》本

南海盐步泗沥陈氏家乘不分卷

（明）南海陈接誉纂修　南海陈焕生重修

民国十五年（1926）抄本

［南海三山］邵氏族谱不分卷

□□纂修

清抄本

［南海邵边］邵氏家乘不分卷

□□纂修

清抄本

［南海邵边］邵氏族谱不分卷

□□纂修

清抄本

［南海罗村］南海招边招氏族谱不分卷

□□纂修

清抄本

［南海］林昭兹堂族谱不分卷

（明）南海林元侯编（清）南海林建
侯重修

清康熙十一年（1672）抄本

［南海］［林氏］昭兹堂族谱不分卷

□□纂修

清乾隆抄本

［南海雅瑶罗城］［林氏］昭兹堂族谱不
分卷

（明）南海林高编（清）南海林梁重修

清道光二十二年（1842）抄本

2015年广东人民出版社影印《七编清
代稿钞本》本

［南海罗城］林罗岗祖族谱不分卷

□□纂修

清抄本

［南海沙涌］林敬德堂家谱不分卷

　　□□纂修

　　林达三抄本

［南海］欧氏族谱不分卷

　　□□纂修

　　民国十二年（1923）区舜常抄本

［南海紫洞三华里］罗氏家谱不分卷

　　□□纂修

　　清刻本

［南海］罗氏族谱不分卷

　　罗仲让编修

　　民国抄本

南海罗氏家谱不分卷

　　南海罗锦銮纂

　　民国十六年（1927）抄本

［南海丹灶］简明罗氏家谱世系钞不分卷

　　□□纂修

　　民国十五年（1926）罗景云抄本

［南海大沥横岗］周孝思堂族谱不分卷

　　（清）南海周铨英重修

　　清光绪十一年（1885）抄本

［南海官窑永和鹧鸪坑西园里周氏族谱］
**　　不分卷**

　　（清）南海周瑞光修

　　抄本

［南海澜石奇搓］周氏家谱不分卷

　　□□纂修

　　清光绪十三年（1887）重修本

［南海罗村镇沙坑村］［沙堤周氏族谱］
**　　不分卷**

　　南海周显初辑

抄本

广东南海沙坑周氏族谱不分卷

　　□□纂修

　　抄本

［南海沙坑歧岗］歧阳［周氏］续谱不
**　　分卷**

　　□□纂修

　　抄本

［南海涌表］周氏家谱不分卷

　　□□纂修

　　民国抄本

［南海鹤园］冼氏家谱九卷首一卷末一卷

　　(明)南海冼桂奇纂修　佛山冼宝干续修

　　清宣统二年（1910）冼氏家祠刻本

　　2014 年佛山市人民政府地方志办公室
　　　　影印《佛山地区旧族（家）谱汇辑》本

［南海］庞氏族谱十二卷

　　（清）南海庞越樵等编纂

　　清同治十一年（1872）庞氏诒思堂重
　　　　刻本

　　2015 年广西师范大学出版社影印《西
　　　　樵历史文化文献丛书》本

［南海弼塘］庞氏族谱十六卷

　　南海庞永钊　南海庞紫云等编纂

　　民国二十一年（1932）广州龙藏街大
　　　　昌支店铅印本

［南海］胡氏族谱不分卷

　　□□纂修

　　清光绪二十年（1894）胡品泰抄本

［南海］龙涌胡贻谋堂族谱九卷

　　（清）南海胡持谦（清）南海胡调德
　　　　纂修

民国十三年（1924）九江钱行街广安
栈铅印本

［南海大沥］扶南钟氏族谱三卷
（清）南海钟顺时重修
清咸丰元年（1851）刻本

［南海］桥东钟氏谱不分卷
（清）南海钟才超纂修
清光绪四年（1878）抄本

南海大沥龙腹乡钟氏家谱七卷
南海钟相彦　南海钟兆麟纂修
民国十年（1921）广州市第八甫艺通
印务局铅印本

［南海亨田乡］侯氏族谱不分卷
南海侯恒钟纂修
民国二十二年（1933）抄本

［南海］聂氏家谱不分卷
（清）南海聂绰彝编辑
民国抄本
2015 年广东人民出版社影印《七编清
代稿钞本》本

［南海沙头］［莫氏］巨鹿显承堂重修家
谱不分卷
（清）南海莫燮理纂修
清同治十二年（1873）刻本

［南海］徐氏谱略不分卷
（清）南海徐公可纂修
清光绪抄本
2015 年广东人民出版社影印《七编清
代稿钞本》本

［南海大同］郭氏家谱不分卷
（清）南海郭梜蒲纂修
清宣统元年（1909）抄本

2015 年广东人民出版社影印《七编清
代稿钞本》本

［南海林岳］郭氏族谱不分卷
□□纂修
抄本

［南海］黄氏族谱不分卷
（清）南海黄庆云重辑
清咸丰四年（1854）抄本
2015 年广东人民出版社影印《七编清
代稿钞本》本

［南海］黄氏家谱三卷
（清）南海黄云红编纂
清光绪二十五年（1899）务滋堂刻本

南海学正黄氏家谱十二卷首一卷末一卷
南海黄任恒修纂
清宣统三年（1911）宝粹堂刻本
2000 年北京图书馆出版社影印《北京图
书馆藏家谱丛刊·闽粤（侨乡）卷》本

［南海］黄氏怗德录一卷
南海黄任恒编
民国八年（1919）南海保粹堂刻本

南海平地黄氏族谱十五卷
南海黄溥沣总纂
民国十四年（1925）远东印务局铅印本

［南海］黄氏族谱不分卷
南海黄敏儿修纂
抄本

［南海平地］联安坎头黄氏族谱不分卷
□□纂修
明抄本

［南海沁冲都平地堡］小桥黄氏族谱不分卷
（清）南海黄韶钟纂修

清光绪二十五年（1899）黄沃根抄本

南海西瑶黄氏族谱不分卷

□□纂修

民国十二年（1923）重订黄启升公抄本

[南海沙头] 崔氏永思堂家谱十卷

（清）南海崔泗荣修纂

清光绪刻本

[南海沙头] 崔氏族谱十卷

（清）南海崔维亮等修纂

清光绪二十三年（1897）刻本

南海西樵梁氏家谱四卷外集三卷

（清）南海梁颖酥总纂

清光绪二十二年（1896）刻本

[南海] 梁氏家谱四卷

（清）南海张彬文（清）南海张秀之
等撰

清光绪二十六年（1900）刻本

南海芦排梁氏家谱四卷

（清）南海梁纶纂修

清宣统三年（1911）广州金壁斋刻本

[南海] 梁氏家谱四卷

（清）南海梁文选等编

清宣统三年（1911）刻本

[南海西樵] 梁氏家谱六卷外集三卷

南海梁乐章纂修

民国十三年（1924）广州东华印务局
印本

[南海石扶村头] 梁姓族谱不分卷

南海梁智镛编辑

民国十四年（1925）刻本

[南海盐步] 新桂房九世祖心泉公家谱不
分卷

（清）南海梁钟瑗修纂

民国十七年（1928）抄本

[南海泮塘] 梁衣德堂族谱不分卷

南海梁当年纂修

民国十八年（1929）广州近安印务局
铅印本

[南海石湾坝头] 梁氏族谱不分卷

南海梁德瑛纂修

民国二十三年（1934）孝友堂铅印本

2014年佛山市人民政府地方志办公室
影印《佛山地区旧族（家）谱汇辑》本

[南海盐步新桂] 新桂梁氏族谱不分卷

南海梁日新重修

民国十八年（1929）铅印本

[南海滘边] [梁氏] 海洲大地堂大巷房
族谱不分卷

（清）南海梁明昭纂修 □□续修

清光绪十八年（1892）梁明昭抄本

[南海梁边] 高塽梁氏族谱不分卷

□□纂修

抄本

[南海桂城] 梁氏秩斯堂始祖五世祖谱系
不分卷

□□纂修

清抄本

[南海大同] 程氏族谱六卷

（清）南海程瑜章重修（清）南海程
广章增辑

清抄本

[南海大同] 程氏族谱六卷

□□纂修

孙用章抄本

［南海］曾氏家谱不分卷

（清）南海曾梦鸿等纂修

清光绪三年（1877）抄本

［南海］曾氏族谱不分卷

（清）南海曾毓郏重修

清光绪五年（1879）刻本

［南海九江］武城曾氏重修族谱不分卷

□□纂修

清光绪刻朱印本

［南海丹桂堡丹灶］丹山谢氏世谱五卷

（清）南海谢瀚中等纂修

清光绪二十年（1894）刻本

［南海丹山］谢氏族谱不分卷

（清）南海谢琨良（清）南海谢锡璜
等编

清光绪二十年（1894）刻本

［南海］谢康裕堂家谱草本不分卷

南海谢诗荣重修

民国元年（1912）抄本

［南海丹灶］丹山谢氏世谱五卷

南海谢煜礼等重辑

民国十七年（1928）广州启明公司铅
印本

［南海甘蕉］蒲氏家谱不分卷

（清）南海蒲群昭等总修

清光绪三十三年（1907）刻本

民国二年（1913）刻本

1984年广东省民族研究所复印本

1987年天津古籍出版社整理本

2008年宁夏人民出版社影印《回族典
藏全书》本

2012年新华出版社蒲皆禧校点本

2015年佛山市人民政府地方志办公室影
印《佛山地区旧族（家）谱汇辑》本

［南海］蔡氏家谱不分卷

南海蔡施敏修纂

抄本

南海深村蔡氏家谱二十二卷首一卷

（明）南海蔡铉纂修（清）南海蔡文
鹓等续修

清光绪元年（1875）蔡肃雍堂刻本

清光绪二十五年（1899）增刻本

［南海西樵］南海廖维则堂家谱十二卷

（清）南海廖灼（清）南海廖衡平
（清）南海廖松纂修 南海廖昇照
南海廖景曾续修

民国十九年（1930）廖维则堂刻本

［南海西樵］黎氏家谱不分卷

（清）南海黎斯允纂修

清宣统三年（1911）黎敦恕堂抄本

2015年广东人民出版社影印《七编清
代稿钞本》本

［南海］黎氏族谱不分卷

南海黎秉志 南海黎兆球重修

民国二十一年（1932）抄本

［南海罗芳］黎氏家乘行实录不分卷

□□纂修

民国抄本

［南海西樵］黎氏族谱不分卷

□□纂修

民国抄本

［南海］颜氏宗谱四卷

（清）南海颜叙锘重修

清同治十三年（1874）刻本

［南海］ **重修颜氏迁粤家谱四卷**
（清）南海颜叙锴纂修
清同治十三年（1874）刻光绪十三年
（1887）增刻本

［南海］ **颜氏宗谱不分卷**
（明）南海颜端齐纂修
清抄本
2015 年广东人民出版社影印《七编清
代稿钞本》本

［南海颜村］ **南海蟾步房颜氏家谱不分卷**
□□纂修
清颜克复堂抄本

［南海］ **潘式典堂族谱六卷**
（清）南海潘继李（清）南海潘桂森
纂修（清）南海潘耀华续纂
清同治六年（1867）刻民国十三年（1924）
续刻本

［南海］ **潘氏家乘三卷**
（清）南海潘斯濂（清）南海潘斯澜辑
清光绪四年至六年（1878—1880）南
海潘氏刻本
2015 年广西师范大学出版社影印《西樵
历史文化文献丛书》本

［南海］ **潘氏族谱不分卷**
南海潘建安编辑
民国抄本

［南海］ **霍氏崇本堂族谱九卷**
□□纂修
清康熙六十一年（1722）刻本

［南海大岸］ **太原霍氏崇本堂族谱九卷**
（清）南海霍永振（清）南海霍正衍

等纂修
清道光十一年（1831）抄本

［南海］ **霍氏族谱□□卷**
（清）南海霍志雄修
清同治六年（1867）抄本

［南海上园］ **霍氏族谱八卷**
（明）南海霍化鸾编（清）南海霍启
均等重修
清同治七年（1868）南海霍氏刻本

［南海］ **石头霍氏族谱十三卷**
（清）南海霍绍远（清）南海霍熙纂修
清光绪二十八年（1902）南海睦敬堂
刻本
2015 年广西师范大学出版社影印《西
樵历史文化文献丛书》本

［南海］ **霍氏家谱不分卷**
□□修
清稿本
2015 年广东人民出版社影印《七编清
代稿钞本》本

［南海］ **霍氏族谱□□卷**
（清）南海霍儁撰
清刻本

［南海西樵］ **江浦戴氏宗谱四卷**
南海戴鸿宪等纂修
民国抄本

［顺德］ **马氏宗谱不分卷**
□□纂修
民国稿本

顺德杨滘马氏宗谱不分卷
□□纂修
民国稿本

［顺德］区氏家乘不分卷

　　□□纂

　　清稿本

　　2015 年广东人民出版社影印《七编清
　　　　代稿钞本》本

［顺德］区氏族谱不分卷

　　（清）□□纂修

　　清抄本

［顺德］尹氏家谱不分卷

　　顺德尹文杰编辑

　　1949 年抄本

［顺德龙江］尹氏统宗世系图不分卷

　　□□纂修

　　1949 年抄本

［顺德龙江］尹氏一本源流世界不分卷

　　（清）顺德尹权修纂

　　清抄本

［顺德龙江］尹氏族谱不分卷

　　□□纂修

　　抄本

［顺德龙山］邓氏族谱不分卷

　　（清）顺德邓林等纂修

　　清道光七年（1827）稿本

［顺德龙山］邓华熙世系及乡试硃卷册不
　　分卷

　　（清）顺德邓华熙纂

　　清咸丰元年（1851）龙山螺墟英文堂
　　　　刻本

　　2014 年佛山市人民政府地方志办公室
　　　　影印《佛山地区旧族（家）谱汇辑》本

　　2015 年广州出版社影印《广州大典》本

顺德邓氏景望房家谱不分卷

　　（清）顺德邓林等纂修

　　清光绪二十年（1894）抄本

　　2014 年佛山市人民政府地方志办公室
　　　　影印《佛山地区旧族（家）谱汇辑》本

　　2015 年广东人民出版社影印《七编清
　　　　代稿钞本》本

［顺德］邓氏家谱不分卷

　　（清）□□纂修

　　清末抄本

［顺德］龙山乡邓氏族谱不分卷

　　（清）顺德邓隆翔等纂修

　　清末抄本

　　2014 年佛山市人民政府地方志办公室
　　　　影印《佛山地区旧族（家）谱汇辑》本

　　2015 年广东人民出版社影印《七编清
　　　　代稿钞本》本

［顺德］水藤隔塘邓氏家谱不分卷

　　□□纂修

　　民国八年（1919）抄本

［顺德水滕］邓永锡堂族谱五卷

　　顺德邓廷梅编辑

　　民国十四年（1925）铅印本

　　2014 年佛山市人民政府地方志办公室
　　　　影印《佛山地区旧族（家）谱汇辑》本

［顺德］龙氏族谱十二卷

　　（清）□□纂修

　　清康熙九年（1670）刻本

　　清咸丰至同治刻本

　　2014 年佛山市人民政府地方志办公室
　　　　影印《佛山地区旧族（家）谱汇辑》本

［顺德］龙氏族谱十二卷

　　（清）顺德龙廷梓纂修

清咸丰三年（1853）顺德龙氏刻本

[顺德大良] **龙氏族谱十七卷**

顺德龙景恺等纂修

民国十一年（1922）敦厚堂刻本

[顺德碧江] **重修龙氏族谱九卷**

（清）顺德龙开泰（清）顺德龙畴修纂

民国刻本

[顺德] **卢氏族谱不分卷**

（清）□□纂修

清光绪二十三年（1897）禅和会抄本

2014 年佛山市人民政府地方志办公室
影印《佛山地区旧族（家）谱汇辑》本

2015 年广东人民出版社影印《七编清
代稿钞本》本

[顺德小湾堡背岗乡古楼堡]　[卢氏族
谱] 不分卷

□□纂修

民国抄本

[顺德] **卢氏族谱不分卷**

（清）□□纂修

清抄本

2015 年广东人民出版社影印《七编清
代稿钞本》本

顺德大良竹园冯氏族谱十卷

（清）顺德冯氏合族纂修

清光绪十三年（1887）翰墨斋刻本

[顺德] **重订仕版伍氏族谱不分卷**

（清）顺德伍廷珍（清）顺德伍贤成
合修

清抄本

2015 年广东人民出版社影印《七编清
代稿钞本》本

[顺德古朗] **伍氏族谱不分卷**

（清）顺德伍桂山（清）顺德伍维柄
等纂修

清末据道光五年（1825）刻本抄本

2015 年广东人民出版社影印《七编清
代稿钞本》本

[顺德古朗] **伍肇基堂族谱十卷**

（清）顺德伍景尧纂修

清光绪九年（1883）刻本

2014 年佛山市人民政府地方志办公室
影印《佛山地区旧族（家）谱汇辑》本

[顺德杏坛古朗] **伍氏九族家谱不分卷**

（清）顺德伍民则纂修

清末抄本

[顺德] **刘铨宏公家谱不分卷**

顺德刘兆铿纂修

民国二十三年（1934）广州文华美术
图书印刷公司铅印本

[顺德] **逢简南乡刘追远堂族谱不分卷**

□□纂修

清光绪抄本

[顺德容奇] **关世泽堂家谱三卷**

顺德关文纲编辑

民国十六年（1927）顺德大良笔街昌
兴印务局铅印本

2014 年佛山市人民政府地方志办公室
影印《佛山地区旧族（家）谱汇辑》本

[顺德麦村] **麦氏族谱及舆图不分卷**

（清）顺德麦秉钧撰

清同治二年（1863）抄本

2015 年广东人民出版社影印《七编清
代稿钞本》本

［顺德］李氏族谱一卷

（清）顺德李龙榜（清）顺德李配英

纂修

清同治九年（1870）抄本

2015 年广东人民出版社影印《七编清

代稿钞本》本

［顺德桂洲］李氏族谱不分卷

（清）顺德李纯英重修

清同治九年（1870）稿本

［顺德乐从水藤］西房吴述德堂家谱不分卷

民国铅印本

［顺德］何氏瓜瓞图不分卷

□□纂修

民国刻本

［顺德］何氏事略不分卷

顺德水藤沙边何厚本堂

民国十二年（1923）广州兴隆中精华

印务局铅印本

［顺德］何氏族谱不分卷

顺德何灿权修纂

民国抄本

［顺德沙滘］［何氏］聚顺堂世德录不分卷

□□纂修

民国抄本

［顺德大墩］何氏族谱部不分卷

□□纂修

民国抄本

［顺德水藤堡沙边］何氏族谱五卷

顺德水藤堡沙边乡何厚本堂修

民国十二年（1923）广州兴隆中精华

印务局铅印本

［顺德龙江］水部张氏族谱不分卷

（清）顺德张嘉复编

清康熙二十七年（1688）抄本

［顺德］张氏族谱不分卷

（清）顺德张杰孙编

清抄本

顺德龙江水部张氏族谱不分卷

□□纂修

清抄本

［顺德］水部张氏族谱不分卷

□□纂修

清稿本

2017 年广东人民出版社影印《八编清

代稿钞本》本

［顺德］水部张氏族谱不分卷

（清）顺德张汝龄编

清稿本

2015 年广东人民出版社影印《七编清

代稿钞本》本

［顺德］宜兰张氏族谱不分卷

□□纂修

民国抄本

［顺德］陈氏族谱不分卷

（清）□□纂修

清道光二十八年（1848）抄本

2015 年广东人民出版社影印《七编清

代稿钞本》本

［顺德马齐］陈氏族谱不分卷

（清）顺德陈绍熊等修纂

清光绪二十一年（1895）刻本

［顺德沙滘］陈氏族谱不分卷

□□纂修

清抄本

[顺德熹涌] **陈氏紫光堂族谱四卷**
顺德陈淡泉纂修
民国三年（1914）紫光堂刻本

[顺德沙滘（沙澂）] **重修[陈氏]楚旺房家谱不分卷**
顺德陈懋谦总纂
民国六年（1917）广州第八甫艺通印务局铅印本

顺德陈氏族谱二十四卷
顺德陈炽南总纂
民国十一年（1922）刻本

[顺德] **颖川陈氏族谱二十四卷**
顺德陈迺珍纂修
民国十八年（1929）刻本

[顺德沙滘] **陈氏族谱不分卷**
顺德陈翕如等编
1949年铅印本

[顺德] **陈姓族谱不分卷**
顺德陈桓显纂修
民国稿本

[顺德文海] **林氏家谱五卷**
（清）顺德林萃芳纂修
清同治七年（1868）广州酌雅斋刻本

顺德北门罗氏族谱不分卷
（清）顺德罗启贤纂修
清光绪八年（1882）刻本

顺德南门罗氏族谱□□卷
（清）顺德罗佐勤编
清光绪二十二年（1896）顺德世德堂刻本

[顺德大良][罗氏] **祚昌长房家谱不分卷**
（清）顺德罗云舫纂修
民国二十三年（1934）罗云舫稿本

[顺德伦教] **黎村东街周氏族谱不分卷**
□□纂修
明洪武十年（1377）抄本

[顺德][北滘周氏郎官祠家谱] **不分卷**
□□纂修
民国抄本

[顺德北滘][周崇德堂宗枝部] **不分卷**
□□纂修
抄本

顺德北滘周氏族谱不分卷
□□纂修
抄本

广东顺德陈村赤花房周氏族谱不分卷
顺德周万养纂修
抄本

[顺德均安][顺德江尾福岸堡周氏应新公族谱] **不分卷**
□□纂修
抄本

[顺德均安] **周氏族谱礼房系列不分卷**
□□纂修
抄本

[顺德桂州] **胡氏六房谱不分卷**
（清）顺德胡琛纂修
清光绪二十五年（1899）序思堂刻本

[顺德] **胡氏四房谱八卷**
（清）顺德胡寿荣等纂修
清光绪二十六年（1900）述德堂刻本
2014年佛山市人民政府地方志办公室

影印《佛山地区旧族（家）谱汇辑》本

［顺德］**胡富春堂家谱不分卷**

顺德胡吉甫纂修

民国二十六（1937）铅印本

［顺德大良］**施氏族谱不分卷**

（清）顺德施显扬纂修

清光绪抄本

2015 年广东人民出版社影印《七编清代稿钞本》本

［顺德］**翁氏家谱不分卷**

（清）顺德翁荫田修

清抄本

［顺德东涌］**翁氏族谱十六卷**

（清）顺德翁张宪（清）顺德翁兴元纂修

清刻本

［顺德］**贻谷堂凌氏族谱不分卷**

顺德凌子云重修

民国三十七年（1948）广州有声印务局铅印本

［顺德右滩］**黄氏全谱不分卷**

（清）顺德黄步圣纂修

清嘉庆二十五年（1820）刻本

［顺德］**黄氏族谱四卷**

（清）顺德黄文之修

清光绪十七年（1891）崇始堂刻本

［顺德］**黄氏族谱不分卷**

（清）顺德黄观锡编（清）顺德黄廷畅重修

清光绪二十三年（1897）抄本

2014 年佛山人民政府地方志办公室影印《佛山地区旧族（家）谱汇辑》本

2015 年广东人民出版社影印《七编清代稿钞本》本

［顺德龙江］［黄氏］**梅月房谱不分卷**

（清）顺德黄肇阳修

清光绪二十三年（1897）抄本

［顺德］**黄氏族谱不分卷**

□□纂修

抄本

［佛山顺德杏坛右滩村］**黄垂宪堂族谱不分卷**

（清）顺德黄步圣纂修

民国刻本

［顺德上直］**唐基坊族谱一卷**

□□纂修

民国抄本

［顺德］**萧氏族谱不分卷**

□□纂修

民国抄本

［顺德龙江］**文献萧氏友房家谱不分卷**

□□纂修

民国稿本

［顺德龙山］**梅氏家谱不分卷**

□□纂修

清光绪十四年（1888）抄本

［顺德龙山］**梅氏家谱不分卷**

顺德梅峒鼎等辑

民国八年（1919）抄本

［顺德江尾碧湾］**梁氏家谱不分卷**

（清）顺德梁焕章（清）顺德梁启元纂修

清道光二十二年（1842）绎德堂刻本

［顺德］梁氏支谱六卷首一卷

（清）顺德梁九图纂修

清咸丰五年（1855）刻本

［顺德］弼教乡梁氏族谱二卷

（清）顺德梁瑞廷纂修

清同治三年（1864）德馨堂刻本

［顺德］梁耀枢谱系不分卷

□□纂修

清同治十年（1871）刻本

［顺德］上滶乡梁氏族谱

（清）顺德梁瑞廷等编

清光绪十三年（1887）永馨堂刻本

［顺德］梁氏族谱十卷

（清）顺德梁锡蓉纂修

清光绪二十二年（1896）广州宝珍楼
刻本

［顺德］安定郡梁氏家谱不分卷

□□纂修

清宣统抄本

［顺德简岸］简氏家谱五卷首一卷

顺德简朝亮纂修

民国十七年（1928）铅印本

2000年北京图书馆出版社影印《北京图
书馆藏家谱丛刊·闽粤（侨乡）卷》本

［顺德龙江］简氏家乘不分卷

□□纂修

民国二十一年（1932）铅印本

［顺德龙江］蔡氏房谱渊源录不分卷

（清）顺德蔡为鑫纂修

清光绪十四年（1888）怡和堂抄本

2015年佛山市人民政府地方志办公室影
印《佛山地区旧族（家）谱汇辑》本

2015年广东人民出版社影印《七编清
代稿钞本》本

［顺德］黎氏族谱不分卷

（清）顺德黎景义纂修

民国抄本

［顺德］西岸黎桂泽堂宗支图不分卷

（清）顺德黎超明纂修

清同治十一年（1872）刻光绪二十三
年（1897）重刻本

顺德大罗黎氏家谱四卷

（清）顺德黎镇纂修

清宣统二年（1910）顺德昌后堂刻本

［三水白坭］邓氏族谱不分卷

（清）三水邓达珩纂修

清光绪十四年（1888）三水西南翰元
楼刻本

三水白坭邓氏族谱不分卷

三水邓维岳等纂修

民国八年（1919）省城西湖街宝珍楼
刻本暨广州大马站大昌号铅印本

［三水西南］吴氏家谱不分卷

（清）三水吴海智纂修

清光绪二十五年（1899）刻本

［三水白坭清塘］周积善堂家谱不分卷

□□纂修

清光绪三十三年（1907）抄本

［三水胥江］黄佩泽公家谱不分卷

三水黄荣康纂修

清光绪三十四年（1908）抄本

2015年广东人民出版社影印《七编清
代稿钞本》本

［三水］梁氏家谱不分卷

　　□□纂修

　　抄本

［三水］潘氏家谱不分卷

　　（清）南海潘斯澜纂修

　　清光绪六年（1880）刻本

［高明木田村］高明幕田房叶氏族谱不分

　　卷

　　□□纂修

　　民国三十六年（1947）抄本

［高明云良］高明［叶氏］大猷房族谱

　　不分卷

　　□□纂修

　　抄本

高明世唐美刘氏族谱十八卷

　　高明刘柱国纂修

　　民国二十一年（1932）广州拱日中东

　　　华铅印本

［高明］杨氏族谱二十一卷首一卷

　　（清）高明杨进修编辑（清）高明杨

　　　宜秋重修

　　清光绪二十年（1894）刻本

［高明］罗氏族谱不分卷

　　高明罗晓枫纂修

　　民国二十一年（1932）广州铅印本

　　2014 年佛山市人民政府地方志办公室

　　　影印《佛山地区旧族（家）谱汇辑》本

［高明孔堂］高明罗氏家谱十八卷

　　高明罗锦垣纂修

　　民国二十二年（1933）广州光华商店

　　　铅印本

高明罗氏族谱十八卷

　　（清）高明罗高清等纂修

清光绪三十年（1904）粤省老城宾青

　　阁铅印本

［高明青玉冈］重修高明三玉谭氏族谱十

　　八卷

　　□□纂修

　　民国二十一年（1932）广州民生印刷

　　　所铅印本

［新会］廖氏家谱二卷

　　（清）南海廖文峰纂修

　　清嘉庆十一年（1806）石湾积芳堂抄本

　　2015 年广东人民出版社影印《七编清

　　　代稿钞本》本

［鹤山］黎桂泽堂族谱不分卷

　　（清）顺德黎超民编

　　清光绪二十三年（1897）刻本

别传之属

玉溪生［李商隐］年谱会笺平质不分卷

　　顺德岑仲勉著

　　民国三十一年（1942）国立中央研究

　　　院历史语言研究所抽印本

东坡事类二十二卷

　　（清）顺德梁廷枬撰

　　清道光十年（1830）刻本

　　清光绪五年（1879）刻本

　　1992 年暨南大学出版社点校本

　　2015 年广州出版社影印《广州大典》本

广陵储王赵朱景蒋曾桑朱宗列传一卷

　　（明）顺德欧大任等撰

　　明万历刻本

　　清抄本

　　清道光至咸丰黄氏木活字印本

　　清黄秩模刻本

忠定公［李待问］履历一卷

□□撰

明崇祯抄本

清抄本

2015 年国家图书馆出版社影印《中国古籍珍本丛刊·广东省立中山图书馆卷》本

经办祀典事迹册一卷明朝列大夫陕西布政司参议森琅公［梁元柱］年谱一卷

（清）顺德梁廷枏撰

清道光二十二年（1842）刻本

2015 年广州出版社影印《广州大典》本

祁忠敏公［祁彪佳］年谱一卷

（清）王思任编（清）顺德梁廷枏补编（清）龚沇补编

民国二十六年（1937）绍兴县修志委员会铅印本

2006 年北京图书馆出版社影印《明代名人年谱》本

屈翁山先生［屈大均］年谱不分卷

顺德黄节撰

稿本

2010 年广东人民出版社影印《三编清代稿钞本》本

屈翁山先生［屈大均］墓碑不分卷

（清）吴道镕撰并书（清）南海冯容孙刻

民国十八年（1929）刻石拓本

王懋思先生传不分卷

（清）佛山陈炎宗撰

清乾隆刻本

冯潜斋先生［冯成修］年谱一卷

（清）南海劳潼编　南海冯愿辑

清宣统三年（1911）学古堂刻本

2006 年北京图书馆出版社影印本

2015 年广州出版社影印《广州大典》本

诰授朝议大夫同知衔乐昌县知县随带加一级吴县吴公［吴思树］传一卷

（清）顺德罗惇衍撰

清抄本

清末刻本

2015 年广州出版社影印《广州大典》本

明经二樵黎君［黎简］行状不分卷

（清）顺德黄丹书撰

清抄本

2010 广东人民出版社影印《三编清代稿钞本》本

2015 年广州出版社影印《广州大典》本

吴荣光年谱一卷

（清）南海吴荣光撰

清道光刻本

清末抄本

1972 年台北文海出版社影印《近代中国史料丛刊》本

中国最早的布道者梁发一卷

胡簪云译

民国二十八年（1939）铅印本

2005 年黄山书社影印《中国宗教历史文献集成》本

皇清诰授资政大夫浙江按察使爱庐黄公［黄乐之］行状一卷

（清）顺德罗惇衍撰

清光绪六年（1880）刻本

2015 年广州出版社影印《广州大典》本

先考心台府君［招敬常］行述一卷

（清）南海招成材撰

清同治刻本

2015 年广州出版社影印《广州大典》本

[骆秉章] 挽言录一卷

（清）陈兴钺辑

清同治十年（1871）刻本

骆文忠公 [骆秉章] 年谱不分卷

（清）佛山骆秉章撰

清稿本

2015 年广州出版社影印《广州大典》本

骆文忠公 [骆秉章] 自订年谱二卷

（清）佛山骆秉章撰

清光绪二十一年（1895）长沙思贤书

局刻本

清光绪二十一年（1895）都门刻本

2015 年广州出版社影印《广州大典》本

骆文忠公 [骆秉章] 事实不分卷

（清）李光廷编

清同治十年（1871）刻本

光禄大夫太子太傅协办大学士四川总督世

袭一等轻车都尉骆文忠公 [骆秉章]

行状一卷神道碑铭一卷附挽言录一卷

（清）李光廷作行状（清）苏廷魁作

碑铭

清同治刻本

皇清敕授文林郎翰林院庶吉士加一级显考

澧浦谢公府君 [谢兰生] 行述不分卷

（清）南海谢念功等撰

清光绪八年（1882）抄本

2015 年广州出版社影印《广州大典》本

柳盟胡公纪实一卷

（清）顺德胡锡芬（清）顺德胡龙安辑

清道光三十年（1850）刻本

朱次琦先生事实考一卷

（清）□□撰

清光绪抄本

2010 广东人民出版社影印《三编清代

稿钞本》本

2015 年广州出版社影印《广州大典》本

朱九江先生年谱一卷

顺德简朝亮撰

清光绪二十三年（1897）刻本

民国铅印本

2006 年北京图书馆出版社影印《晚清

名儒年谱》本

朱九江先生传一卷

顺德简朝亮撰

民国广州聚今印务书楼刻本

1972 年台北文海出版社影印《近代中

国史料丛刊》本

朱九江先生年谱注一卷

张启煌注

民国刻本

2006 年北京图书馆出版社影印《晚清

名儒年谱》本

邱母吴太孺人节孝征诗一卷

（清）南海邱子铭编

清光绪二十一年（1895）刻本

2015 年广州出版社影印《广州大典》本

罗文恪公 [罗惇衍] 年谱一卷

（清）顺德罗惇衍原编（清）顺德罗

矩等重编

清同治十三年（1874）刻本

清光绪羊城西湖街富文斋刻本

2015 年广州出版社影印《广州大典》本

诰授光禄大夫经筵讲官户部尚书予谥文恪顺德罗公〔罗惇衍〕行状一卷

（清）方濬师撰

清光绪顺德罗氏刻本

椒生府君〔罗惇衍〕年谱一卷

（清）顺德罗惇衍编

清光绪顺德罗氏刻本

清秦翰才抄本

诰赠中宪大夫抑庄府君〔吴捷陞〕年谱一卷

（清）南海吴祖昌撰

清咸丰十一年（1861）南海吴氏刻本

南海李应鸿先生行述一卷

南海李宗颢撰

清稿本

2015 年广州出版社影印《广州大典》本

李文诚公〔李文田〕行状一卷

顺德李渊硕撰

民国七年（1918）铅印红印本

李文田事略不分卷

徐甘棠撰

民国抄本

故光禄大夫尚书衔户部左侍郎南海张公〔张荫桓〕事状一卷

蔡乃煌撰

清光绪石印本

2015 年广州出版社影印《广州大典》本

刘永福传一卷

三水李健儿撰

民国二十九年（1940）上海商务印书馆铅印本

1985 年台北文海出版社影印本

2012 年北京中献拓方科技发展有限公司影印《民国籍粹》本

雪畊府君〔冼宝干〕挽联祭轴汇录一卷

佛山冼迺璁　佛山冼迺玲辑

民国铅印本

简太夫人哀思录一卷

佛山简照南等撰辑

民国铅印本

陈道人墓志铭不分卷

顺德张锡麟撰　顺德温肃书

民国十八年（1929）广州石印本

刘士骥先生哀启一卷附先府君往美招股日记及拒绝恶贼康有为梁启超徐勤等攘夺振华公司款项来往函电一卷

刘作楫等撰

清宣统刻本

2015 年广州出版社影印《广州大典》本

诰授荣禄大夫广西布政使护理巡抚康公〔康国器〕事状一卷

南海康有为撰

清抄本

2010 年广东人民出版社影印《三编清代稿钞本》本

2015 年广州出版社影印《广州大典》本

康有为自编年谱不分卷

南海康有为撰

清稿本

清光绪二十五年（1899）岑春荣刻本

1992 年中华书局整理本

1996 年上海古籍出版社影印《续修四库全书》本

2015 年广州出版社影印《广州大典》本

清一品太夫人南海康氏显妣劳太夫人墓
　　表不分卷

　　南海康有为书

　　民国石印本

康有为年谱续编不分卷

　　南海康同璧撰

　　1992 年中华书局整理本

南海康先生［康有为］年谱续编不分卷

　　康文珮编

　　民国印本

　　1972 年台北文海出版社影印《近代中
　　　国史料丛刊》本

南海先生［康有为］传上编不分卷

　　陆乃翔等编

　　民国十八年（1929）万木草堂铅印本

南海先生［康有为］传一卷

　　张伯桢著

　　民国十七年（1928）印本

　　1966 年台北文海出版社影印本

康南海［康有为］传一卷

　　梁启超撰

　　清光绪三十四年（1908）刻本

　　民国十八年（1929）万木草堂铅印本

　　2015 年广州出版社影印《广州大典》本

康南海［康有为］不分卷

　　龚强立撰

　　民国十六年（1927）美国中国宪政党
　　　加省总支部印本

康南海［康有为］传不分卷

　　陆乃翔等撰

　　民国十八年（1929）万木草堂印本

陈子褒先生行略不分卷

　　南海崔师贯著

民国铅印本

清故进士陶子政墓志铭一卷

　　顺德简朝亮撰

　　民国八年（1919）刻本

何公程礼行述一卷

　　南海江孔殷等撰

　　民国石印本

孙文之轶事一卷

　　（清）佛山吴趼人编辑

　　民国十四年（1925）上海世界书局铅
　　　印本

孙中山传记资料不分卷

　　三水邓慕韩编辑

　　民国二十五年（1936）影印《国华报》
　　　本

孙中山三度游美事略一卷

　　顺德廖平子撰

　　民国印本

　　1981 年中国社会科学出版社整理本

北美洲各埠欢迎总理筹款事略一卷

　　顺德廖平子撰

　　1981 年中国社会科学出版社整理本

学部右丞黎公潞园［黎湛枝］行状一卷

　　□□辑

　　清宣统刻本

黄晦闻先生［黄节］追悼会纪念册一卷

　　黄晦闻先生追悼委员会编

　　民国二十四年（1935）铅印本

怙德录一卷

　　南海黄任恒编

　　民国八年（1919）保粹堂刻本

冯夏威义士哀荣集一卷

温宝旒编

清光绪三十二年（1906）广东省城西
关兴隆北约敬文堂铅印本

2015 年广州出版社影印《广州大典》本

先资政公［张诚］挽言录一卷

（清）顺德马贞榆撰

民国铅印本

更生记一卷

南海冼玉清撰

民国三十七年（1948）铅印《琅玕馆
丛著》本

2014 年广西师范大学出版社影印《西
樵历史文化文献丛书》本

［香山］同知衔孝廉方正大桃直隶试用知
县举人林若谷先生乡贤录一卷

（清）三水王乃聪编

清光绪二年（1876）刻本

礼山遗泽录一卷

顺德何藻翔辑

民国八年（1919）羊城穗雅印务局铅
印本

皇清诰封夫人先姚梁夫人事略一卷

（清）南海杨履瑞撰

清光绪刻本

2015 年广州出版社影印《广州大典》本

南海罗征君［罗度］清史列传一卷墓表
一卷意园诗存一卷

（清）□□辑

清末抄本

2015 年广州出版社影印《广州大典》本

简母潘夫人哀思录一卷

□□辑

民国铅印本

潘棣圃潘夫人双寿志庆汇编一卷

□□辑

民国二十一年（1932）铅印本

南海关颖人［关赓麟］先生哀挽录不分卷

梯园诗社编

民国四年（1915）北京正蒙书局石印本

2013 年国家图书馆出版社影印《清末
民国旧体诗结社文献汇编》本

慎独斋［关蔚煌］七十年谱

南海关蔚煌自订

民国铅印本

日记之属

常惺惺斋日记一卷

（清）南海谢兰生撰

清稿本

2014 年广东人民出版社整理《广州史
志丛书》本

2015 年广州出版社影印《广州大典》本

游罗浮日记一卷

（清）南海谢兰生撰

民国抄本

2014 年广东人民出版社整理《广州史
志丛书》本

2015 年广州出版社影印《广州大典》本

东行日记一卷

（清）顺德梁廷枏撰

清道光二十一年（1841）刻本

2015 年广州出版社影印《广州大典》本

朱次琦日记不分卷

（清）南海朱次琦撰

清稿本

日本日记不分卷

（清）南海罗森撰

清刻本

1985 年岳麓书社影印《走向世界丛书》本

邓和简公日记十卷

顺德邓华熙撰

清稿本

2007 年广东人民出版社影印《清代稿
　　钞本》本

2015 年广州出版社影印《广州大典》本

鸿爪前游日记六卷

（清）南海孔广陶撰

清光绪十八年（1892）三十有三万卷
　　堂刻本

2015 年广州出版社影印《广州大典》本

奉使日记十六卷

（清）南海张荫桓撰

清末张氏铁画楼抄本

2015 年广州出版社影印《广州大典》本

甲午日记一卷

（清）南海张荫桓撰

清稿本

2004 年上海书店出版社整理《近现代
　　名人日记丛刊》本

2015 年广州出版社影印《广州大典》本

2015 年中华书局点校《近现代名人日
　　记丛刊》本

三洲日记八卷

（清）南海张荫桓撰

清光绪二十二年（1896）京都刻本

清光绪三十二年（1906）上海石印本

1996 年上海古籍出版社影印《续修四
　　库全书》本

2004 年上海书店出版社整理《近现代
　　名人日记丛刊》本

2006 年学苑出版社影印《历代日记丛
　　钞》本

2015 年广州出版社影印《广州大典》本

2015 年中华书局点校《近现代名人日
　　记丛刊》本

2016 年岳麓书社点校本

戊戌日记不分卷

（清）南海张荫桓撰

清稿本

1999 年澳门尚志书社注释本

2004 年上海书店出版社整理《近现代
　　名人日记丛刊》本

2015 年广州出版社影印《广州大典》本

2015 年中华书局点校《近现代名人日
　　记丛刊》本

庚生日记一卷

（清）南海梁起撰

清末抄本

2007 年广东人民出版社影印《清代稿
　　钞本》本

2015 年广州出版社影印《广州大典》本

出使九国日记十二卷

（清）佛山戴鸿慈撰

清光绪三十二年（1906）铅印本

2006 年学苑出版社影印《历代日记丛
　　钞》本

2014 年广西师范大学出版社影印《西
　　樵历史文化文献丛书》本

2015 年广州出版社影印《广州大典》本

入秦纪程一卷

南海李宗颢撰

清稿本

2015 年广州出版社影印《广州大典》本

李宗颢日记不分卷

南海李宗颢撰

清稿本

2013 年广西师范大学出版社注释《广州图书馆藏珍本丛刊·可居室藏书系列》本

南行纪程日记不分卷

南海李宗颢撰

清稿本

李宗颢书画日记一卷

南海李宗颢撰

清稿本

2015 年广州出版社影印《广州大典》本

游历日本考查农务日记一卷附考查北海道农务日记一卷

（清）南海黄璟撰

清光绪二十八年（1902）铅印本

2006 年学苑出版社影印《历代日记丛钞》本

2015 年广州出版社影印《广州大典》本

马肇梅日记（光绪十四年至光绪十九年）不分卷

（清）顺德马肇梅撰

清稿本

2009 年广东人民出版社影印《续编清代稿钞本》本

出塞日记不分卷

（清）南海黄明亮撰

1971 年台北文海出版社影印《近代中国史料丛刊》本

杂传之属

花甲闲谈十六卷首一卷

（清）张维屏撰（清）南海叶梦草绘

清道光二十年（1840）广州富文斋刻本

清光绪十年（1884）上海同文书局石印本

1994 年广东高等教育出版社点校《岭南丛书》本

2000 年北京出版社影印《四库未收书辑刊》本

2015 年广州出版社影印《广州大典》本

江南春词补传一卷附江南春三首

（清）顺德梁廷枏编

清道光十八年（1838）刻本

2001 年暨南大学出版社点校《艺文汇编》本

2015 年广州出版社影印《广州大典》本

兰闺福履一卷

（清）顺德赖振寰撰

清光绪二十二年（1896）刻本

2015 年广州出版社影印《广州大典》本

藏语不分卷

顺德何藻翔撰

清宣统二年（1910）上海广智书局本

2015 年黑龙江教育出版社影印《中国边疆研究文库》本

2015 年广州出版社影印《广州大典》本

流离百咏不分卷

南海冼玉清著

1949 年铅印《琅玕馆丛著》本

买物归来价值记不分卷

□□撰

清宣统二年至三年（1910—1911）稿本

科举录之属

光绪丁亥科考顺德同案录一卷

（清）□□辑

清光绪刻本

2015 年广州出版社影印《广州大典》本

同治十三年甲戌岁考顺德新进黉宫同案
录一卷

（清）□□辑

清同治刻本

2015 年广州出版社影印《广州大典》本

同治三年甲子科带补辛酉科四川武乡试
题名录不分卷

（清）佛山骆秉章纂辑

清同治刻本

广东乡试硃卷不分卷

（清）顺德何惠群等撰

清道光至光绪刻本

［嘉靖十三年］应天府乡试录不分卷

（明）南海伦以训（明）张治主修

2010 宁波出版社影印《天一阁藏明代
科举录选刊》本

光绪己丑恩科广东闱墨不分卷

（清）顺德周颂声等撰

清光绪十五年（1889）广百宋斋铅印本

清光绪十五年（1889）聚奎堂刻本

县考顺德全场录一卷

（清）□□编

清光绪十二年（1886）粤东第八甫藏
经阁刻本

2015 年广州出版社影印《广州大典》本

光绪十三年顺德同案录不分卷

（清）汪大宗辑

清光绪十三年（1887）刻本

2015 年广州出版社影印《广州大典》本

顺德名利新编一卷

□□撰

清光绪十二年（1886）粤东第八甫藏
经阁刻本

2015 年广州出版社影印《广州大典》本

甲辰同年相谱不分卷

南海关赓麟编

民国十一年（1922）铅印本

顺德同案录不分卷

（清）□□编

清同治十三年（1874）刻本

清光绪三十年（1904）刻本

2015 年广州出版社影印《广州大典》本

梁耀枢撰殿试策不分卷

（清）顺德梁耀枢撰

清末刻本

朱次琦先生殿试策一卷

（清）南海朱次琦撰

民国十九年（1930）影印本

2008 年香港中国艺术家出版社影印
《南海文献丛书》本

2013 年岭南美术出版社影印本

［刘廷鉴］会试硃卷［道光丁未科］一卷

（清）南海刘廷鉴撰

清道光二十七年（1847）刻本

2009 年岭南美术出版社影印《南海清
代硃卷辑略》本

2015 年广州出版社影印《广州大典》本

［潘斯濂］会试硃卷［道光丁未科］一卷

（清）南海潘斯濂撰

清道光二十七年（1847）刻本

清光绪四年至六年（1878—1880）南
海潘氏刻本

2009 年岭南美术出版社影印《南海清
代硃卷辑略》本

2015 年广州出版社影印《广州大典》本

［冼倬邦］会试硃卷［道光辛丑科］一卷

（清）南海冼倬邦撰

清道光二十一年（1841）刻本

2009 年岭南美术出版社影印《南海清
代硃卷辑略》本

2015 年广州出版社影印《广州大典》本

［林彭年］会试硃卷［咸丰庚申科］一卷

（清）南海林彭年撰

清咸丰十年（1860）刻本

2015 年广州出版社影印《广州大典》本

［李应鸿］会试硃卷［同治戊辰科］一卷

（清）南海李应鸿撰

清同治七年（1868）省城西湖街酌邪
念斋刻本

2009 年岭南美术出版社影印《南海清
代硃卷辑略》本

2015 年广州出版社影印《广州大典》本

［潘衍桐］会试硃卷［同治戊辰科］一卷

（清）南海潘衍桐撰

清同治七年（1868）刻本

2009 年岭南美术出版社影印《南海清
代硃卷辑略》本

2015 年广州出版社影印《广州大典》本

［龚其澡］会试硃卷一卷

（清）南海龚其澡撰

清光绪十二年（1886）刻本

2009 年岭南美术出版社影印《南海清
代硃卷辑略》本

［余赞年］会试硃卷一卷

（清）南海余赞年撰

清光绪十二年（1886）刻本

2009 年岭南美术出版社影印《南海清
代硃卷辑略》本

［彭光湛］会试硃卷一卷

南海彭光湛撰

清光绪十五年（1889）刻本

2009 年岭南美术出版社影印《南海清
代硃卷辑略》本

崔登瀛会试硃卷一卷

（清）南海崔登瀛撰

清光绪二十一年（1895）刻本

2015 年广州出版社影印《广州大典》本

［戴鸿慈］会试硃卷一卷

（清）佛山戴鸿慈撰

清广州翰元楼刻本

2009 年岭南美术出版社影印《南海清
代硃卷辑略》本

［廖翔］乡试硃卷一卷

（清）南海廖翔撰

清道光二十六年（1846）刻本

2009 年岭南美术出版社影印《南海清
代硃卷辑略》本

［麦乔嵩］乡试硃卷一卷

（清）南海麦乔嵩撰

清道光二十六年（1846）刻本

2009 年岭南美术出版社影印《南海清
代硃卷辑略》本

［麦寿嵩］乡试硃卷一卷

（清）南海麦寿嵩撰

清道光二十六年（1846）刻本

2009 年岭南美术出版社影印《南海清
代硃卷辑略》本

［何汝兰］乡试硃卷一卷

（清）南海何汝兰撰

清同治六年（1867）刻本

2009 年岭南美术出版社影印《南海清
代硃卷辑略》本

［李可材］乡试硃卷一卷

（清）南海李可材撰

清同治六年（1867）刻本

2009 年岭南美术出版社影印《南海清
代硃卷辑略》本

［孔昭仁］乡试硃卷一卷

（清）南海孔昭仁撰

清同治十二年（1873）刻本

2009 年岭南美术出版社影印《南海清
代硃卷辑略》本

［张兆藻］乡试硃卷一卷

（清）南海张兆藻撰

清光绪元年（1875）刻本

2009 年岭南美术出版社影印《南海清
代硃卷辑略》本

［罗葆熙］乡试硃卷一卷

（清）南海罗葆熙撰

清光绪二年（1876）刻本

2009 年岭南美术出版社影印《南海清
代硃卷辑略》本

［罗光泰］乡试硃卷一卷

（清）南海罗光泰撰

清光绪二年（1876）刻本

2009 年岭南美术出版社影印《南海清
代硃卷辑略》本

［叶纫兰］乡试硃卷一卷

（清）南海叶纫兰撰

清光绪二年（1876）刻本

2009 年岭南美术出版社影印《南海清
代硃卷辑略》本

［崔舜球］乡试硃卷一卷

（清）南海崔舜球撰

清光绪二年（1876）刻本

2009 年岭南美术出版社影印《南海清
代硃卷辑略》本

［何寿鸿］乡试硃卷一卷

（清）南海何寿鸿撰

清光绪二年（1876）刻本

2009 年岭南美术出版社影印《南海清
代硃卷辑略》本

［梁增碬］乡试硃卷一卷

（清）南海梁增碬撰

清光绪二年（1876）刻本

2009 年岭南美术出版社影印《南海清
代硃卷辑略》本

［关胜铭］乡试硃卷一卷

（清）南海关胜铭撰

清光绪十一年（1885）刻本

2009 年岭南美术出版社影印《南海清
代硃卷辑略》本

［何振清］乡试硃卷一卷

（清）南海何振清撰

清光绪十五年（1889）刻本

2009 年岭南美术出版社影印《南海清
代硃卷辑略》本

［桂廷銮］乡试硃卷一卷

（清）南海桂廷銮撰

清光绪二十七年（1901）刻本

2009 年岭南美术出版社影印《南海清
代硃卷辑略》本

2015 年广州出版社影印《广州大典》本

［李庆莱］乡试硃卷一卷

（清）南海李庆莱撰

清光绪十七年（1891）刻本

2009 年岭南美术出版社影印《南海清
代硃卷辑略》本

［胡靖］乡试硃卷一卷

（清）顺德胡靖撰

清光绪二十九年（1903）省城西湖街
留香斋刻本

2015 年广州出版社影印《广州大典》本

［胡鎣菱］乡试硃卷一卷

（清）顺德胡鎣菱撰

清光绪二十九年（1903）省城西湖街
留香斋刻本

2015 年广州出版社影印《广州大典》本

［康有为］殿试策朝考卷一卷

南海康有为撰

清光绪二十一年（1895）上海时务报
馆石印本

政书类

大金集礼四十卷校勘记一卷校刊识语一卷

（金）张暐等撰　缪荃孙撰校勘记
（清）南海廖廷相撰校刊识语

清光绪广雅书局刻民国九年（1920）
徐绍棨汇编重印本

2015 年广州出版社影印《广州大典》本

太常因革礼一百卷校识二卷

（宋）欧阳修等撰（清）南海廖廷相
撰校识

清光绪广雅书局刻民国九年（1920）
徐绍棨汇编重印本

2015 年广州出版社影印《广州大典》本

南京刑部志四卷首一卷

（明）南海庞嵩等编

明嘉靖三十五年（1556）山东清吏司
刻本

清嘉庆刻本

民国二十年（1931）国立北平图书馆
抄本

2015 年南京出版社影印《金陵全书》本

安边书不分卷

（明）南海庞尚鸿撰

清道光二十二年（1842）刻本

2005 年北京出版社影印《四库禁毁书
丛刊》本

福建省城防御火患事宜一卷

（明）南海庞尚鹏撰

明万历五年（1577）刻本

2013 年国家图书馆出版社影印《原国
立北平图书馆甲库善本丛书》本

军政事宜一卷

（明）南海庞尚鹏撰

明万历五年（1577）刻本

1996 年上海古籍出版社影印《续修四
库全书》本

2015 年广州出版社影印《广州大典》本

守城事宜一卷

（明）南海庞尚鹏撰

明刻本

2010 年线装书局影印《天一阁藏明代政书珍本丛刊》本

2015 年广州出版社影印《广州大典》本

救荒备览四卷附录二卷

（清）南海劳潼撰

清道光十一年（1831）伍氏粤雅堂刻《岭南遗书》本

1960 年商务印书馆铅印《丛书集成初编》本

1985 年中华书局影印《丛书集成初编》本

2004 年北京古籍出版社点校《中国荒政全书》本

2010 天津古籍出版社点校《中国荒政书集成》本

2015 年广州出版社影印《广州大典》本

吾学录初编二十四卷

（清）南海吴荣光撰

清道光十三年（1833）南海吴氏筠清馆刻本

清道光二十九年（1849）湘西高国荣刻本

清同治九年（1870）江苏书局刻本

清光绪十年（1884）刻本

民国二十五年（1936）上海中华书局铅印《四部备要》本

1996 年上海古籍出版社影印《续修四库全书》本

2015 年广州出版社影印《广州大典》本

粤道贡国说六卷

（清）顺德梁廷枏编

清道光刻《海国四说》本

2015 年广州出版社影印《广州大典》本

2019 年文物出版社影印《海上丝绸之路历史文化丛书》本

粤海关志三十卷

（清）顺德梁廷枏纂

清道光刻本

1996 年上海古籍出版社影印《续修四库全书》本

2002 年广东人民出版社校注本

2014 年广东人民出版社校注本

2015 年广州出版社影印《广州大典》本

佛镇义仓总录一卷

（清）□□辑

清道光二十七年（1847）刻本

明谥法考一卷

（清）练恕撰（清）顺德李文田校

清抄李文田校本

救饥举略一卷

（清）顺德龙孝善辑

清同治六年（1867）顺德龙氏刻本

2015 年广州出版社影印《广州大典》本

邓和简公书牍存稿八卷

顺德邓华熙撰

清稿本

2007 年广东人民出版社影印《清代稿钞本》本

2015 年广州出版社影印《广州大典》本

论清远石角围筑堤事不分卷

（清）顺德李文田撰

清光绪三十一年（1905）影印本

日本国通商行船条约不分卷

（清）南海张荫桓签订

清光绪二十二年至三十四年（1896—1908）刻本

总理衙门议定山东曹州府教案条约一卷

（清）南海张荫桓［德］□□签订

清末铅印本

中外大略四十八卷

（清）南海罗传瑞等编

清光绪二十三年（1897）东粤经韵楼
　　铅印《先务斋丛书》本

2012年台中文听阁图书有限公司影印
　　《晚清四部丛刊》本

2015年广州出版社影印《广州大典》本

师范历史讲义不分卷

（清）南海梁宝常编

清末双门底上街开敏公司铅印本

2015年广州出版社影印《广州大典》本

**善善堂租簿（道光五年至咸丰二年）不
　　分卷**

（清）佛山善善堂制

清咸丰二年（1852）稿本

2015年广州出版社影印《广州大典》本

列国政要一百三十二卷首一卷

（清）佛山戴鸿慈（清）端方辑

清光绪三十三年（1907）上海商务印
　　书馆石印本

2012年台中文听阁图书有限公司影印
　　《晚清四部丛刊》本

2014年广西师范大学出版社影印《西
　　樵历史文化文献丛书》本

2015年广州出版社影印《广州大典》本

列国政要续编九十四卷首一卷

（清）佛山戴鸿慈（清）端方辑

清光绪三十三年（1907）上海商务印
　　书馆石印本

2012年台中文听阁图书有限公司影印

《晚清四部丛刊》本

2014年广西师范大学出版社影印《西
　　樵历史文化文献丛书》本

2015年广州出版社影印《广州大典》本

燕都投赠录不分卷

（清）佛山戴鸿慈等撰

清铅印本

清光绪二十二年（1896）刻本

英例全书不分卷

三水胡礼垣译著　南海何启鉴定　冯
　　钧葆编次

清光绪十一年（1885）广州粤报馆铅
　　印本

清光绪十三年（1887）粤东友石斋石
　　印本

2015年广州出版社影印《广州大典》本

世界反正篇不分卷

三水胡礼垣撰

清宣统三年（1911）天津大公报馆铅
　　印本

救时刍议不分卷

南海康有为撰

清光绪二十年（1894）刻本

日本变政考不分卷

南海康有为撰

稿本

2015年广州出版社影印《广州大典》本

物质救国论一卷

南海康有为撰

清光绪三十四年（1908）上海广智书
　　局铅印本

书曾袭侯中国先睡后醒论后（曾论书后）一卷

南海何启　三水胡礼垣撰

清光绪上海赐书堂刻《经世斋时务丛书》本

中国新政始基不分卷

南海何启　三水胡礼垣撰

清光绪二十八年（1902）香港中华印务总局铅印本

新政变通不分卷

南海何启撰

民国铅印本

新政论议二卷（中国宜改革新政论议）

南海何启　三水胡礼垣同编

清光绪二十一年（1895）香港裕文堂铅印本

清光绪二十一年（1895）石印本

清光绪二十二年（1896）鸿文书局石印本

清光绪上海赐书堂刻《经世斋时务丛书》本

新政真诠六编

南海何启　三水胡礼垣同编

清光绪二十五年（1899）香港书局石印本

清光绪二十七年（1901）格致新报馆铅印本

清光绪二十七年（1901）浙江书局石印本

1994 年辽宁人民出版社点校《中国启蒙思想文库》本

2015 年广州出版社影印《广州大典》本

2015 年广西师范大学出版社影印《西

樵历史文化文献丛书》本

子目

曾论书后一卷

新政论议二卷

新政始基不分卷

康说书后一卷

新政安行一卷

劝学篇书后一卷

新政变通不分卷

政治变法新议不分卷

南海何启　三水胡礼垣撰

清光绪二十七年（1901）开新学会石印本

西例便览五卷

南海何启鉴定（清）冯钧葆编次　三水胡礼垣译（清）张嵩年校订

清光绪二十八年（1902）鸿宝书局石印本

广东省出品协会出品说明书不分卷

南海江孔殷编

清宣统二年（1910）铅印本

广东公立官话讲习所讲义不分卷

（清）南海孔赞廷撰

清宣统二年(1910)粤商自治会铅印本

2015 年广州出版社影印《广州大典》本

政治维新要言二卷

（清）佛山吴趼人撰

清光绪二十八年（1902）上海书局石印本

2015 年广州出版社影印《广州大典》本

广东乡土格致教科书不分卷

顺德黄节编

清宣统元年(1909)国学保存会石印本

2015 年广州出版社影印《广州大典》本

广东乡土历史教科书一卷

顺德黄节编

清光绪三十三年（1907）上海国学保存会铅印本

2015 年广州出版社影印《广州大典》本

万国官制志三卷

（清）南海冯斯栾撰

清光绪二十八年（1902）上海益智书局铅印本

2012 年台中文听阁图书有限公司影印《晚清四部丛刊》本

西政丛钞一卷

顺德邓实辑

清光绪二十九年（1903）上洋书局石印《政艺丛书》本

清光绪二十八年至三十二年（1902—1906）上海政艺通报社石印《政艺丛书》本

两广官报不分卷

南海孔昭焱撰

清宣统三年（1911）广州粤东编译公司印本

议会通诠上编不分卷

南海孔昭焱撰

民国二年（1913）商务印书馆印本

中华民国国会组织选举法浅释不分卷

南海孔昭焱撰

民国元年（1912）商务印书馆印本

2012 年大象出版社影印《民国史料丛刊续编》本

中等教育伦理学不分卷

［日］元良勇次郎撰　　顺德麦鼎华译

清光绪二十八年（1902）上海广智书局铅印本

2015 年广州出版社影印《广州大典》本

银论精详三卷

（清）南海苏泽财等撰

清光绪七年（1881）刻本

新镌银洋精论发秘三卷

（清）顺德梁思泽撰

清光绪七年（1881）刻本

龙江联防义会章程一卷

（清）□□编

清光绪二十五年（1899）刻本

2015 年广州出版社影印《广州大典》本

勘建三水县琴沙炮台文牍不分卷

（清）顾炳章辑

稿本

2013 年广东人民出版社影印《五编清代稿钞本》本

2015 年广州出版社影印《广州大典》本

2015 年国家图书馆出版社影印《中国古籍珍本丛刊·广东省立中山图书馆卷》本

富国自强略论一卷

（清）南海陈鏸勋撰

清光绪二十年（1894）香港文裕堂铅印本

海防余论一卷

（清）南海颜斯综撰

清稿本

清光绪二十三年（1897）上海著易堂铅印《小方壶斋舆地丛钞再补编》本

2015 年广州出版社影印《广州大典》本

伦敦铁路公司章程不分卷

（清）三水邓廷铿译（清）杨葆寅纂辑

清光绪石印本

2015 年广州出版社影印《广州大典》本

论海牙和平会无干涉中国财政之理不分卷

（清）南海潘敬撰

清宣统三年（1911）铅印本

2015 年广州出版社影印《广州大典》本

套印版的研究不分卷

顺德黎骚撰

民国油印本

重修七堡丰宁寺征信录一卷

□□辑

民国十二年（1923）铅印本

广东驻防小志不分卷

（清）顺德温子颢撰

清抄本

云南盐政纪要二卷

（清）南海潘定祥著

民国元年（1912）铅印本

提议修改妨害交通律案不分卷

南海关赓麟撰

民国铅印本

铁路外交史讲义不分卷

南海关赓麟撰

民国油印本

中华民国公文式通则不分卷

顺德麦敏田编

民国油印本

国文讲义不分卷

南海廖景曾辑

民国广东中医药专门学校铅印本

2017 年上海科学技术出版社整理《民国广东中医药专门学校中医讲义系列》本

广东学宫征信录一卷

南海廖景曾编

民国五年（1916）广东官印刷局铅印本

道路全书不分卷

三水陆丹林编

民国十八年（1929）上海道路月刊社印本

市政全书不分卷

三水陆丹林编

民国十七年（1928）上海道路月刊社印本

民国二十年（1931）上海道路月刊社印本

2012 年北京中献拓方科技发展有限公司影印《民国籍粹》本

中国田赋研究不分卷

顺德冯节编

民国十八年（1929）上海民智书局本

英国印花税章程一卷

（清）三水邓廷铿译（清）李企晟编

清光绪二十五年（1899）石印本

2015 年广州出版社影印《广州大典》本

顺邑龙江东海营癸卯甲辰进支数征信录一卷

（清）龙江东海营编

清光绪三十年（1904）羊城十七甫南约穗雅印务馆铅印本

2015 年广州出版社影印《广州大典》本

龙江十九街团防义信录一卷

（清）龙江十九街团防义会编

清光绪三十年（1904）省城兴隆北敬
　　文堂铅印本

2015年广州出版社影印《广州大典》本

最近万国公法提要编录一卷附寰球约期

（清）南海何祐撰

清末民初刻本

2015年广州出版社影印《广州大典》本

顺德龙江两等小学堂征信录不分卷

（清）顺德蔡之璋录

清光绪三十一年（1905）文宝阁铅印本

2015年广州出版社影印《广州大典》本

南海县监狱改良试办简章一卷

虞汝钧撰

清光绪三十三年（1907）广东学务公
　　所铅印本

2015年广州出版社影印《广州大典》本

佛山七十二行商会善堂筹办赈灾征信录
不分卷

（清）粤东佛山商务分会编

清光绪三十四年（1908）羊城十七甫
　　澄天阁石印本

粤路工程辩诬不分卷

（清）南海邝孙谋辑

清宣统元年（1909）省城十八甫文宝
　　阁铅印本

2015年广州出版社影印《广州大典》本

田心书院田铺图形一卷

（清）佛山梁世澂辑

清宣统元年（1909）刻本

善善堂收支部一卷

（清）顺德善善堂编

稿本

2015年广州出版社影印《广州大典》本

佛山市临时建筑物取缔暂行章程一卷

□□辑

民国佛山市文生公司铅印本

佛镇方便医院征信录一卷

□□辑

民国佛山商报文业公司铅印本

南海县筹建监狱捐款征信录一卷

三水邓彦华编

民国南海日报铅印本

顺德县行政汇刊不分卷

顺德县政府编辑处编

民国二十年（1931）广州培英印务公
　　司印本

职官类

康南海官制议十四卷

南海康有为撰

清光绪三十年（1904）上海广智书局
　　铅印本

2015年广州出版社影印《广州大典》本

诏令奏议类

皇明诰敕不分卷

（明）顺德梁储撰

明抄本

2015年广州出版社影印《广州大典》本

渭厓疏要二卷

（明）南海霍韬撰

明隆庆刻本

明抄本

2015 年广州出版社影印《广州大典》本

皇明诏制八卷

（明）南海霍韬编

明嘉靖十八年（1539）霍韬刻本

1996 年齐鲁书社影印《四库全书存目
丛书》本

区大司徒疏稿一卷

（明）高明区大伦撰

明末刻本

郭给谏疏稿二卷

（明）南海郭尚宾撰

清道光二十五年（1845）南海伍氏刻本

清抄本

2015 年广州出版社影印《广州大典》本

石云山人奏议六卷

（清）南海吴荣光撰

清嘉庆十年（1805）刻本

清道光二十一年（1841）南海吴氏筠
清馆刻本

2015 年广州出版社影印《广州大典》本

骆文忠公奏议二卷

（清）佛山骆秉章撰

清光绪九年（1883）随山馆刻《四家
奏议合钞》本

2015 年广州出版社影印《广州大典》本

**骆文忠公奏议湘中稿十六卷续刻四川奏
议十一卷附录一卷**

（清）佛山骆秉章撰

清光绪四年（1878）刻十五年（1889）
增刻本

1967 年台北文海出版社影印《近代中
国史料丛刊》本

2015 年广州出版社影印《广州大典》本

咸丰奏议不分卷

（清）顺德罗惇衍等撰

清末红格抄本

罗文恪公奏稿二卷

（清）顺德罗惇衍撰

清刻本

**邓和简公手录奏议一卷诗文选一卷公余
杂录二卷说文择录一卷**

顺德邓华熙撰

稿本

邓和简公苏藩任条陈政事书不分卷

顺德邓华熙撰

清抄本

2009 年广东人民出版社影印《续编清
代稿钞本》本

邓和简公详议变法事宜奏稿一卷

顺德邓华熙撰

清抄本

2009 年广东人民出版社影印《续编清
代稿钞本》本

邓和简公御史漕督奏议不分卷

顺德邓华熙撰

稿本

2009 年广东人民出版社影印《续编清
代稿钞本》本

邓和简公奏稿不分卷

顺德邓华熙撰

稿本

2014 年广东人民出版社影印《六编清
代稿钞本》本

2015 年广州出版社影印《广州大典》本

邓和简公奏议九卷

顺德邓华熙撰

清同治十年（1871）刻本

清光绪刻本

民国二十年（1931）刻本

1994 年香港邓又同影印《邓氏清芬阁
　　历史文献丛书》本

子目

御史奏稿一卷

漕督奏稿一卷

安徽奏稿五卷

贵州奏稿二卷

积谷团练保甲章程一卷

（清）南海张荫桓等奏

清光绪二十四年（1898）刻本

张荫桓奏稿不分卷

（清）南海张荫桓撰

清稿本

张之洞奏议附海防论不分卷

（清）张之洞撰（清）南海关奕基辑

清粤东学院前守经堂刻本

潘衍桐奏稿不分卷

（清）南海潘衍桐等撰

清稿本

2015 年广州出版社影印《广州大典》本

考察各国政治条陈折稿不分卷

（清）佛山戴鸿慈等撰

清光绪铅印本

2015 年广州出版社影印《广州大典》本

甲午疏稿一卷

南海康有为撰

清抄本

2015 年广州出版社影印《广州大典》本

公车上书记一卷

南海康有为撰

清光绪二十一年（1895）香港石印书
　　局石印本

清光绪二十一年（1895）广州刻本

清光绪二十一年（1895）上海石印书
　　局石印本

2015 年广州出版社影印《广州大典》本

康工部奏稿一卷

南海康有为撰

清光绪二十一年（1895）广州刻本

2015 年广州出版社影印《广州大典》本

康工部四上书记一卷

南海康有为撰

清光绪二十一年（1895）上海时务报
　　馆石印本

清光绪二十一年（1895）三水徐勤校
　　刻本

清光绪二十二年(1896)文陛书局刻本

清光绪二十三年（1897）慎记书庄石
　　印本

2015 年广州出版社影印《广州大典》本

南海先生五上书记一卷

南海康有为撰

清光绪二十三年（1897）上海大同译
　　书局石印本

2015 年广州出版社影印《广州大典》本

**南海先生六上书记一卷附俄彼得变政记
　　一卷**

南海康有为撰暨译纂

清光绪二十四年（1898）刻本

2015 年广州出版社影印《广州大典》本

杰士上书汇录不分卷

南海康有为撰

清光绪二十四年（1898）内府抄本

2015 年广州出版社影印《广州大典》本

戊戌奏稿一卷

南海康有为撰　顺德麦仲华辑

清宣统三年（1911）铅印本

1996 年上海古籍出版社影印《续修四库全书》本

2012 年学苑出版社影印《中国华北文献丛书》本

奏议及条陈摘钞一卷

南海康有为撰

清末抄本

2015 年广州出版社影印《广州大典》本

地理类

总志之属

皇舆全图一卷

（清）南海邹伯奇绘

清同治十三年（1874）刻本

2015 年广州出版社影印《广州大典》本

历代地理志汇编不分卷

南海罗汝楠撰

清光绪二十四年（1898）广东集古书屋刻本

2011 年国家图书馆出版社影印本

2015 年广州出版社影印《广州大典》本

中华地理志六卷

顺德麦敏田编纂

民国八年（1919）新宁图书印务局铅印本

方志之属

［道光］赵州志六卷首一卷

（清）南海陈钊镗修（清）李其馨等纂

清道光十八年（1838）刻本

民国二十六年（1937）石印本

1975 年台北成文出版社影印《中国方志丛书》本

［道光］赵州志三卷

（清）南海陈钊镗修（清）李其馨等纂

清抄本

武强县新志八卷

（清）南海冼国干修（清）张星法纂

清抄本

清康熙三十三年（1694）刻本

2002 年北京图书馆出版社影印《地方志人物传记资料丛刊》本

江苏全省舆图不分卷

顺德邓华熙修（清）诸可宝纂

清光绪二十一年（1895）江苏书局刻本

2011 年学苑出版社影印《中国稀见地方史料集成》本

［万历］宁国府志二十卷

（明）南海陈俊修（明）梅守德（明）贡安国纂

明万历刻本

1985 年台北成文出版社影印《中国方志丛书》本

1992 年中国书店影印《稀见中国地方志汇刊》本

［咸丰］太谷县志八卷首一卷末一卷

（清）顺德张青选修（清）汪和修（清）章嗣衡纂

清咸丰五年（1855）刻本

［雍正］应州志十卷

（清）顺德萧纲修（清）高师孔等纂

清雍正四年（1726）刻本

2010年点注《应县三晋文化研究丛书》本

[康熙] **长山县志八卷**

（清）顺德陈宪祖纂修

清康熙抄本

[康熙] **莱州府志十二卷首一卷**

（清）南海陈谦修（清）孔尚任等纂

清康熙刻本

2017年天津古籍出版社影印《山东省历代方志集成》本

[光绪] **续濬县志八卷**

（清）南海黄璟修（清）李作霖纂

清光绪十二年（1886）濬县县署刻本

1968年台北成文出版社影印《中国方志丛书》本

2016年国家图书馆出版社影印《地方志人物传记资料丛刊》本

[乾隆] **新安县志十四卷首一卷末一卷**

（清）南海邱峨修（清）吕宣曾纂

清乾隆三十一年（1766）刻本

民国三年（1914）石印本

2016年国家图书馆出版社影印《地方志人物传记资料丛刊》本

2017年大象出版社影印《河南历代方志集成》本

[康熙] **淅川县志八卷**

（清）南海郭治纂修

清康熙刻本

2014年国家图书馆出版社影印《重庆图书馆藏稀见方志丛刊》本

2017年大象出版社影印《河南历代方志集成》本

[光绪] **陕州直隶州续志十卷首一卷**

（清）南海黄璟修（清）庆增等纂

清光绪十八年（1892）刻本

[光绪] **略阳县志四卷**

（清）南海谭瑀修（清）黎成德等纂

清光绪三十年（1904）刻本

1970年台北成文出版社影印《中国方志丛书》本

1996年江苏古籍出版社影印《中国地方志集成》本

2017年国家图书馆出版社影印《天一阁藏历代方志汇刊》本

[陕西] **白水县志四卷首一卷**

（清）顺德梁善长纂修

清乾隆十九年（1754）刻本

民国十四年（1925）铅印本

1976年台北成文出版社影印《中国方志丛书》本

2000年西安地图出版社白水县地方志办公室校注本

[道光] **鄜州州志五卷首一卷**

（清）南海谭瑀纂修

清道光十四年（1834）刻本

[道光] **吴堡县志四卷首一卷**

（清）南海谭瑀纂

清道光二十七年（1847）刻本

1974年台北成文出版社影印《中国方志丛书》本

2007年凤凰出版社影印《中国地方志集成本》本

[光绪] **余姚县志二十七卷首一卷末一卷**

（清）南海周炳麟修

清光绪二十五年（1899）刻本

[道光] **万年县志二十二卷**

（清）南海张宗裕修（清）周履祥纂

清道光七年（1827）刻本

2013 年国家图书馆出版社影印《北京大学图书馆藏稀见方志丛刊》本

［乾隆］信丰县志十六卷

（清）顺德游法珠修（清）杨廷为纂

清乾隆十六年（1751）刻本

1996 年江苏古籍出版社影印《中国地方志集成》本

［道光］蒲圻县志十卷

（清）南海劳光泰修（清）但传熙纂

清道光十六年（1836）刻本

1975 年台北成文出版社影印《中国方志丛书》本

［同治］崇阳县志十二卷

（清）顺德高佐廷修（清）傅燮鼎纂

清同治五年（1866）刻本

1970 年台湾学生书局影印《新修方志丛刊》本

2001 年江苏古籍出版社影印《中国地方志集成》本

2016 年国家图书馆出版社影印《地方志人物传记资料丛刊》本

2019 年武汉大学出版社影印《荆楚文库》本

［嘉靖］沔阳志十八卷

（明）南海曾储修（明）童承叙纂

明嘉靖刻本

1962 年上海古籍书店影印《天一阁藏明代方志选刊》本

2017 年国家图书馆出版社影印《天一阁藏历代方志汇刊》本

2019 年九州出版社影印《中国地方志荟萃》本

［道光］黄安县志十卷首一卷

（清）南海林缙光纂修

清道光二年（1822）刻本

2018 年国家图书馆出版社影印《湖北省图书馆藏稀见方志丛刊》本

2019 年武汉大学出版社影印《荆楚文库》本

［咸丰］蕲州志二十六卷

（清）南海劳光泰（清）潘克浦修（清）陈廷杨纂

清咸丰二年（1852）刻同治二年（1863）修版印本

［乾隆］新宁县志四卷

（清）王暠修（清）顺德陈份纂

清乾隆刻嘉庆补刻本

1981 年故宫博物院复印本

2007 年岭南美术出版社影印《广东历代方志集成》本

2009 年凤凰出版社影印《中国地方志集成》本

2015 年广州出版社影印《广州大典》本

［道光］新宁县志十卷

（清）张深修（清）南海曾钊（清）温训纂

清道光十九年（1839）刻本

2007 年岭南美术出版社影印《广东历代方志集成》本

2015 年广州出版社影印《广州大典》本

［隆庆］永州府志十七卷

（明）史朝富（明）南海陈良珍等纂修

明隆庆五年（1571）刻本

1996 年齐鲁书社影印《四库全书存目丛书》本

2013 年国家图书馆出版社影印《原国立北平图书馆甲库善本丛书》本

2014 年台北成文出版社影印《中国方志丛书》本

［万历］兴化府志五十九卷

（明）南海马梦吉等纂修

明万历刻本

广东图志九十二卷首一卷（广东图说）

（清）毛鸿宾等修（清）南海桂文灿纂（清）陈澧（清）南海邹伯奇（清）赵齐婴绘图

清同治三年（1864）刻本

清同治五年（1866）省城龙藏街萃文堂刻本

2015 年广州出版社影印《广州大典》本

广东舆地图说十四卷首一卷

（清）南海廖廷相（清）杨士骧总纂

清宣统元年（1909）铅印本

广东图二十三卷广东舆地图全图不分卷

（清）张人骏（清）南海廖廷相编

清光绪二十三年（1897）广州石经堂石印本

2015 年广州出版社影印《广州大典》本

广东图说十四卷首一卷

（清）李瀚章修（清）南海廖廷相纂（清）南海罗照沧等绘图

清光绪十五年（1889）抄本

清宣统元年（1909）广东参谋处铅印本

2015 年广州出版社影印《广州大典》本

［康熙］新修广州府志五十四卷

（清）汪永瑞修（清）顺德佘云祚（清）杨锡震纂

清康熙十二年（1673）抄本

2015 年广州出版社影印《广州大典》本

［元大德］南海志二十卷

（元）陈大震（元）吕桂孙纂修

元大德刻本

1986 年广州市文物管理处整理本

1986 年上海师范大学图书馆影印本

1996 年上海古籍出版社影印《续修四库全书》本

2011 年学苑出版社影印《中国稀见地方史料集成》本

2015 年广州出版社影印《广州大典》本

2017 年广东人民出版社影印《八编清代稿钞本》本

［万历］南海县志十三卷

（明）刘廷元修（明）南海王学曾纂

明万历三十七年（1609）刻本

2007 年岭南美术出版社影印《广东历代方志集成》本

2013 年国家图书馆出版社影印《国立北平图书馆甲库善本丛书》本

2015 年广州出版社影印《广州大典》本

［崇祯］南海县志十三卷

（明）朱光熙修（明）南海庞景忠纂

清抄本

2007 年岭南美术出版社影印《广东历代方志集成》本

2008 年佛山市南海区地方志编纂委员会办公室影印本

2015 年广州出版社影印《广州大典》本

［康熙］南海县志十七卷

（清）郭尔戺（清）胡云客修（清）南海冼国干等纂

清康熙三十年（1691）刻本

1992 年书目文献出版社影印《日本藏
中国罕见地方志丛刊》本

1992 年中国书店影印《稀见中国地方
志汇刊》本

2007 年岭南美术出版社影印《广东历
代方志集成》本

2012 年佛山市南海区地方志编纂委员
会办公室影印本

2015 年广州出版社影印《广州大典》本

[康熙] 南海小志五卷
（清）顺德李文焰纂修
清康熙三十六年（1697）刻本

[乾隆] 南海县志二十卷
（清）魏绾修（清）陈张翼纂
清乾隆六年（1741）刻本

2007 年岭南美术出版社影印《广东历
代方志集成》本

2009 年凤凰出版社影印《中国地方志
集成》本

2011 年佛山市南海区地方志编纂委员
会办公室影印本

2015 年广州出版社影印《广州大典》本

[道光] 南海县志四十四卷首一卷末一卷
（清）潘尚楫等修（清）南海邓士宪等纂
清道光刻本
清同治八年（1869）刻本

2007 年岭南美术出版社影印《广东历
代方志集成》本

2007 年佛山市南海区地方志编纂委员
会办公室影印本

2015 年广州出版社影印《广州大典》本

2017 年九州出版社影印《中国地方志
荟萃》本

[同治] 南海县志二十六卷首一卷
（清）郑梦玉修（清）南海梁绍献 （清）
李征霨纂（清）南海邹伯奇 （清）南
海罗照沧绘图

清同治十一年（1872）刻光绪二年
（1876）补刻本

2007 年岭南美术出版社影印《广东历
代方志集成》本

2008 年佛山市南海区地方志编纂委员
会办公室影印本

2015 年广州出版社影印《广州大典》本

[光绪] 南海乡土志不分卷
（清）□□纂
清光绪三十四年（1908）抄本

2011 年国家图书馆出版社影印《广东
省立中山图书馆稀见方志丛刊》本

2015 年广州出版社影印《广州大典》本

[宣统] 南海县志二十六卷末一卷
（清）郑荣等修 桂坫等纂
清宣统三年（1911）羊城富文斋刻本

1974 年台北成文出版社影印《中国方
志丛书》本

2007 年岭南美术出版社影印《广东历
代方志集成》本

2015 年广州出版社影印《广州大典》本

[乾隆] 佛山忠义乡志十一卷首一卷
（清）毛维锜（清）赵廷宾修 （清）
佛山陈炎宗等纂
清乾隆十九年（1754）文盛堂刻本

1986 年佛山市博物馆影印本

2015 年广州出版社影印《广州大典》本

[道光] 佛山忠义乡志十四卷
（清）南海吴荣光修（清）南海冼沂纂

清道光十一年（1831）佛山刻本

1992 年江苏古籍出版社影印《中国地方志集成》本

2015 年广州出版社影印《广州大典》本

［民国］佛山忠义乡志十九卷首一卷

南海戴曾谋修　佛山冼宝干纂

民国十五年（1926）佛山修志局刻本

1986 年佛山市博物馆影印本

2017 年岳麓书社校注本

佛山忠义乡志序例一卷

佛山冼瑛撰

民国十二年（1923）铅印本

佛山忠义乡志辑要一卷

佛山冼宝干撰

民国十二年（1923）佛山商报铅印本

纂修佛山乡志例略一卷

佛山修志局公订

民国九年（1920）佛山马廊陈天成印务处铅印本

［同治］南海九江乡志五卷

（清）南海黎春曦纂辑

清同治十三年（1874）儒林书院刻本

1992 年江苏古籍出版社影印《中国地方志集成》本

2015 年广州出版社影印《广州大典》本

［光绪］九江儒林乡志二十一卷

（清）南海朱次琦（清）南海冯栻宗纂修

清光绪九年（1883）广州刻本

民国影印本

1992 年江苏古籍出版社影印《中国地方志集成》本

2015 年广州出版社影印《广州大典》本

［万历］顺德县志十卷

（明）叶初春修（明）顺德叶春及纂

明万历十三年（1585）刻本

1990 年广东省中山图书馆影印本

2007 年岭南美术出版社影印《广东历代方志集成》本

2013 年国家图书馆出版社影印《国立北平图书馆甲库善本丛书》本

2015 年广州出版社影印《广州大典》本

［康熙］顺德县志十三卷首一卷

（清）黄培彝等修（清）顺德严而舒纂

清康熙十三年（1674）刻本

2009 年凤凰出版社影印《中国地方志集成》本

2015 年广州出版社影印《广州大典》本

［康熙］顺德县志十二卷首一卷

（清）姚肃规修（清）顺德余象斗纂

清康熙二十六年（1687）刻本

1992 年广东省中山图书馆影印本

2007 年岭南美术出版社影印《广东历代方志集成》本

2015 年广州出版社影印《广州大典》本

［乾隆］顺德县志十六卷

（清）陈志仪修（清）顺德胡定纂

清乾隆十五年（1750）刻本

1992 年中国书店影印《稀见中国地方志汇刊》本

2007 年岭南美术出版社影印《广东历代方志集成》本

2009 年凤凰出版社影印《中国地方志集成》本

2015 年广州出版社影印《广州大典》本

［咸丰］顺德县志三十二卷

（清）郭汝诚修（清）顺德冯奉初纂

清咸丰三年（1853）刻本

1970 年香港顺德联谊总会缩印本

1974 年台北成文出版社影印《中国方
　　志丛书》本

1993 年中山大学出版社点校本

2007 年岭南美术出版社影印《广东历
　　代方志集成》本

2015 年广州出版社影印《广州大典》本

［民国］顺德县志金石略一卷

顺德苏宝盉编辑

民国十八年（1929）刻本

［民国］顺德县续志二十四卷附郭志刊误
　　二卷

顺德周之贞　冯葆熙修　顺德周朝槐
　　顺德何藻翔等纂

民国十八年（1929）刻本

1966 年台北成文出版社影印《中国方
　　志丛书》本

1985 年顺德县志办公室油印本

1993 年中山大学出版社点校本

2015 年广州出版社影印《广州大典》本

［道光］龙江志略四卷

（清）顺德龙江儒林书院纂

抄本

2011 年国家图书馆出版社影印《广东省
　　立中山图书馆藏稀见方志丛刊》本

2015 年广州出版社影印《广州大典》本

［清末］龙江志略四卷

（清）龙江儒林书院纂

清末抄本

2011 年国家图书馆出版社影印《广东省
　　立中山图书馆藏稀见方志丛刊》本

龙江志略不分卷

（清）□□纂

清抄本

2015 年广州出版社影印《广州大典》本

［民国］龙江志略四卷

（清）龙江儒林书院纂

民国抄本

2011 年国家图书馆出版社影印《广东省
　　立中山图书馆藏稀见方志丛刊》本

［民国］龙江乡志五卷

□□纂

民国十五年（1926）龙江双井街明新
　　印务局刻本

1967 年台北成文出版社影印《中国方
　　志丛书》本

1992 年上海书店影印本

1992 年江苏古籍出版社影印《中国地
　　方志集成》本

［嘉庆］龙山乡志十四卷首一卷

（清）顺德温汝能编纂

清嘉庆十年（1805）顺德金紫阁刻本

1992 年江苏古籍出版社影印《中国地
　　方志集成》本

2015 年广州出版社影印《广州大典》本

［民国］龙山乡志稿不分卷

顺德温肃纂修

民国十九年（1930）抄本

2014 年广东人民出版社影印《六编清
　　代稿钞本》本

2015 年广州出版社影印《广州大典》本

［民国］龙山乡志十五卷

周廷干修　顺德温肃　梅及容纂

民国十九年（1930）刻本

［崇祯］东莞志八卷

（明）张二果修（明）南海曾起莘纂

清抄本

2007年岭南美术出版社影印《广东历代方志集成》本

2015年国家图书馆出版社影印《中国古籍珍本丛刊·广东省立中山图书馆卷》本

2015年广州出版社影印《广州大典》本

［民国］龙门县志二十卷首一卷

南海招念慈修　邬庆时纂

民国二十五年（1936）羊城汉元楼铅印本

2007年岭南美术出版社影印《广东历代方志集成》本

2015年广州出版社影印《广州大典》本

［康熙］新会县志十八卷首一卷

（清）贾雒英修（清）顺德薛起蛟等纂

清康熙二十九年（1690）刻本

2007年岭南美术出版社影印《广东历代方志集成》本

2015年国家图书馆出版社影印《中国古籍珍本丛刊·广东省立中山图书馆卷》本

2015年广州出版社影印《广州大典》本

［道光］新会县志十四卷首一卷

（清）林星章修（清）黄培芳（清）南海曾钊纂

清道光二十一年（1841）刻本

2007年岭南美术出版社影印《广东历代方志集成》本

2015年广州出版社影印《广州大典》本

［康熙］三水县志十五卷首一卷

（清）苏㟽修（清）三水梁绍光纂

清康熙十二年（1673）刻本

2007年岭南美术出版社影印《广东历代方志集成》本

2015年广州出版社影印《广州大典》本

［康熙］三水县志十五卷首一卷

（清）郑玫（清）董振鹭纂修

清康熙四十九年（1710）刻本

2007年岭南美术出版社影印《广东历代方志集成》本

2015年广州出版社影印《广州大典》本

［嘉庆］三水县志十六卷首一卷

（清）李友榕等修（清）三水邓云龙等纂

清嘉庆二十四年（1819）刻本

民国十二年（1923）影印本

1987年三水县地方志编纂委员会点注本

2003年上海书店影印《中国地方志集成》本

2007年岭南美术出版社影印《广东历代方志集成》本

2015年广州出版社影印《广州大典》本

［乾隆］清远县志十四卷

（清）陈哲修（清）顺德佘锡纯等纂

清末抄本

［民国］花县志十三卷

南海孔昭度等修　利璋纂

民国十三年（1924）铅印本

2003年上海书店影印《中国地方志集成》本

2007年岭南美术出版社影印《广东历代方志集成》本

2015年广州出版社影印《广州大典》本

2016年国家图书馆出版社影印《地方

志人物传记资料丛刊》本

［康熙二年］乳源县志十二卷

（清）裘秉钫修（清）南海庞玮纂

清康熙二年（1663）刻本

1957 年广东省中山图书馆油印本

2003 年上海书店影印《中国地方志集成》本

2009 年岭南美术出版社影印《广东历代方志集成》本

2016 年国家图书馆出版社影印《地方志人物传记资料丛刊》本

［康熙二十六年］乳源县志八卷

（清）张洗易修（清）南海李师锡纂

清康熙二十六年（1687）刻本

1992 年中国书店影印《稀见中国地方志汇刊》本

2009 年岭南美术出版社影印《广东历代方志集成》本

［康熙］惠州府志二十卷首一卷

（清）吕应奎等修（清）南海黄挺华等纂

清康熙二十七年（1688）刻本

2007 年岭南美术出版社影印《广东历代方志集成》本

［乾隆］肇庆府志二十八卷

（清）吴绳年修（清）南海何梦瑶纂

清乾隆二十五年（1760）刻本

1984 年故宫博物院复印本

2009 年岭南美术出版社影印《广东历代方志集成》本

2013 年故宫出版社影印《故宫博物院藏稀见方志丛刊》本

［康熙］肇庆府志三十二卷

（清）史树骏修（清）高明区简臣等辑

清康熙十二年（1673）刻五十八年（1719）增刻本

1992 年中国书店影印《稀见中国地方志汇刊》本

1998 年书目文献出版社影印《北京图书馆古籍珍本丛刊》本

2009 年岭南美术出版社影印《广东历代方志集成》本

［万历］阳春县志十五卷

（明）张文诰修（明）南海罗兆旗纂

清抄本

2009 年岭南美术出版社影印《广东历代方志集成》本

［康熙二年］高明县志十八卷

（清）鲁杰修（清）高明罗守昌纂

清康熙八年（1669）刻本

2001 年海南出版社影印《故宫珍本丛刊·广东府州县志》本

2009 年学苑出版社影印《天春园藏善本方志选编》本

2009 年岭南美术出版社影印《广东历代方志集成》本

［康熙二十九年］高明县志十八卷首一卷

（清）于学修（清）高明黄之壁等纂

清康熙二十九年（1690）刻本

1992 年广东省中山图书馆影印本

2001 年海南出版社影印《故宫珍本丛刊·广东府州县志》本

2009 年学苑出版社影印《天春园藏善本方志选编》本

2009 年岭南美术出版社影印《广东历代方志集成》本

［道光］**高明县志十八卷首一卷**

（清）祝淮修（清）高明夏值亨纂

清道光五年（1825）刻本

2009 年学苑出版社影印《天春园藏善本方志选编》本

2009 年岭南美术出版社影印《广东历代方志集成》本

［光绪］**高明县志十六卷首一卷**

（清）邹兆麟（清）蔡逢恩修（清）高明梁廷栋（清）高明区为樑纂

清光绪二十年（1894）刻本

1974 年台北成文出版社影印《中国方志丛书》本

1991 年广东高明县地方志编纂委员会点注本

2003 年上海书店影印《中国地方志集成》本

2009 年岭南美术出版社影印《广东历代方志集成》本

［乾隆］**广宁县志十卷**

（清）李本洁修（清）三水梁乔堞辑

清乾隆十四年（1749）刻本

2001 年海南出版社影印《故宫珍本丛刊·广东府州县志》本

［康熙］**德庆州志十二卷**

（清）谭桓修（清）顺德梁宗典纂

清康熙十二年（1673）刻本

2009 年岭南美术出版社影印《广东历代方志集成》本

［康熙］**信宜县志十二卷**

（清）周隽等纂修（清）南海方日定等参订

清抄本

2011 年国家图书馆出版社影印《上海图书馆藏稀见方志丛刊》本

［康熙］**石城县志十一卷**

（清）高明梁之栋纂修（清）李琰重辑（清）李尚志重订

清康熙十一年（1672）增刻本

2009 年广州岭南美术出版社影印《广东历代方志集成》本

［康熙］**琼州府志十卷**

（清）牛天宿修（清）南海朱子虚纂

清康熙刻本

2006 年海南出版社点校本

［康熙］**琼山县志十卷**

（清）王贽修（清）南海关必登纂

清康熙四十七年（1708）刻本

2001 年上海书店影印《中国地方志集成》本

2006 年海南出版社影印《海南地方志丛刊》本

2009 年岭南美术出版社影印《广东历代方志集成》本

2016 年国家图书馆出版社影印《地方志人物传记资料丛刊》本

［乾隆］**定安县志四卷**

（清）张文豹（清）顺德梁廷佐（清）董兴祚纂修

清康熙刻乾隆增修本

1959 年北京图书馆印本

2001 年海南出版社影印《海南地方志丛刊》本

［万历］**西宁县志十卷**

（明）林致礼（明）南海朱润纂修

明万历二十年（1592）刻本

2013年国家图书馆出版社影印《原国立北平图书馆甲库善本丛书》本

[乾隆] **浔州府志五十卷首一卷**

（清）胡南藩修（清）顺德欧阳达纂

清乾隆二十一年（1756）刻本

[康熙] **桂林府志不分卷**

（清）南海程可则纂修

清康熙抄本

[乾隆] **岑溪县志四卷**

（清）南海何梦瑶撰

清乾隆九年（1744）刻本

民国十九年（1930）抄本

民国二十三年（1934）铅印本

1967年台北成文出版社影印《中国方志丛书》本

2001年海南出版社影印《故宫珍本丛刊·广西府州县志》本

2014年凤凰出版社影印《中国地方志集成》本

2016年国家图书馆出版社影印《地方志人物传记资料丛刊》本

专志之属

海珠小志五卷

（明）李韡辑（清）顺德李文焰重辑

清康熙三十六年（1697）刻本

1996年齐鲁书社影印《四库全书存目丛书》本

2015年广州出版社影印《广州大典》本

2015年国家图书馆出版社影印《中国古籍珍本丛刊·广东省立中山图书馆卷》本

海珠志十一卷

（明）李韡撰（清）顺德李文焰重辑

（清）李珣朗增补

清抄本

清乾隆刻本

2015年广州出版社影印《广州大典》本

海珠小志六卷

（明）李韡辑（清）顺德李文焰重辑

清抄本

续南雍志十八卷

（明）顺德黄儒炳撰

明天启六年（1626）刻本

1976年台北伟文图书出版社影印本

2013年国家图书馆出版社影印《原国立北平图书馆甲库善本丛书》本

2013年四川大学出版社影印《儒藏》本

2016年南京出版社影印《金陵全书乙编》本

凤池书院纪略一卷

（清）南海吴荣光辑

清道光十八年（1838）刻本

粤秀书院志十六卷

（清）顺德梁廷枏撰

清道光二十七年（1847）刻本

清咸丰二年（1852）刻本

清末抄本

1995年江苏教育出版社影印《中国历代书院志》本

2010年四川大学出版社影印《儒藏》本

2015年广州出版社影印《广州大典》本

越华纪略四卷

（清）顺德梁廷枏撰

清道光二十一年（1841）刻本

2015年广州出版社影印《广州大典》本

悦城龙母庙志二卷首一卷末一卷附刻一卷

（清）顺德黄应奎撰

清光绪十三年（1887）广州锦书堂刻本

2015 年广州出版社影印《广州大典》本

2017 年广东人民出版社影印《中山文
献》本

湖北存古学堂不分卷

（清）顺德马贞榆撰

民国铅印本

石湾六景记附陶器考不分卷

（清）南海梁照葵著

清末广州印本

广东佛山如意宝塔纪念号不分卷

广东佛山如意宝塔建筑委员会编

民国二十五年（1936）佛山印本

西樵名胜古迹考一卷游览指南一卷

南海程孔硕编

民国二十四年（1935）广州铅印本

2014 年广西师范大学出版社影印《西
樵历史文化文献丛书》本

漱珠冈志不分卷

南海冼玉清著

民国印本

2009 年广东人民出版社整理《岭南文
史丛书》本

杂志之属

异物志一卷

（汉）杨孚撰（清）南海曾钊辑

清道光至同治南海伍氏粤雅堂文字欢
娱室刻《岭南遗书》本

民国二十五年（1936）上海商务印书
馆铅印本

2010 年广东人民出版社校注本

2015 年广州出版社影印《广州大典》本

交州记二卷

（晋）刘欣期撰（清）南海曾钊辑

清道光至同治南海伍氏粤雅堂文字欢
娱室刻《岭南遗书》本

1959 年商务印书馆铅印《丛书集成初
编》本

1985 年中华书局影印《丛书集成初编》本

2015 年广州出版社影印《广州大典》本

南海山水人物古迹记一卷

（元）吴莱撰

明刻《续百川学海》本

清顺治三年（1646）宛委山堂刻《说
郛》本

2015 年广州出版社影印《广州大典》本

粤中偶记一卷

（明）华复蠡撰（清）顺德李文田校

清道光活字印《荆驼逸史》本

民国上海锦章书局石印本

1990 年江苏广陵古籍刻印社影印本

岭海名胜记十六卷

（明）郭棐编（清）顺德陈兰芝增辑

清乾隆五十五年（1790）羊城六书斋
刻本

2015 年广州出版社影印《广州大典》本

2015 年广西师范大学出版社影印《西
樵历史文化文献丛书》本

2016 年三秦出版社点校本

2017 年广东人民出版社影印《中山文
献》本

赤雅三卷

（明）南海邝露撰

清乾隆三十四年（1769）长塘鲍氏刻
《知不足斋丛书》本

清道光五年（1825）邝氏恬淡山堂刻本

清同治十年（1871）知不足斋重刻本

清光绪四年（1878）仁和葛氏刻《啸
园丛书》本

清光绪三十年（1904）铅印本

民国四年（1915）上海文明书局石印
《说库》本

民国十年（1921）上海古书流通处影
印本

民国二十五年（1936）铅印《丛书集
成初编》本

1985 年中华书局影印《丛书集成初
编》本

1995 年广西民族出版社考释本

2015 年广州出版社影印《广州大典》本

澎湖记略十二卷

（清）三水胡建伟纂修

清乾隆刻本

1984 年台北成文出版社影印本

2004 年台北远流出版公司点校《台湾
史料集成》本

2015 年国家图书馆出版社影印《中国
珍本古籍丛刊·广东省立中山图书
馆卷》本

北海杂录不分卷

（清）三水梁鸿勋撰

清光绪三十一年（1905）香港中华印
务有限公司铅印本

2015 年广州出版社影印《广州大典》本

粤中见闻三十五卷附纪一卷

（清）三水范端昂撰

清嘉庆六年（1801）五典斋刻本

1988 年广东高等教育出版社校注本

2010 年学苑出版社影印《中国稀见地
方史料集成》本

2015 年广州出版社影印《广州大典》本

羊城古钞八卷首一卷

（清）顺德仇池石撰

清嘉庆十一年（1806）刻本

1969 年台北文海出版社影印《近代中
国史料丛刊》本

1993 年 2011 年广东人民出版社校注
《岭南文库》本

2015 年广州出版社影印《广州大典》本

凤城识小录二卷

（清）顺德龙葆诚撰（清）顺德龙景
恺补辑

清光绪二十八年（1902）刻本

2015 年广州出版社影印《广州大典》本

岭海胜四卷

（清）南海林辉撰（清）赵古农编

清道光四年（1824）刻本

2015 年广州出版社影印《广州大典》本

金辽备考二卷

（清）林佶撰（清）顺德李文田校并跋

清顺德李文田家抄本

罗浮小记不分卷

南海李宗颢撰

清稿本

佛山街略不分卷

（清）□□撰

清道光十年（1830）禅山怡文堂刻本

1998 年武汉出版社点校《稀见清世史
料并考释》本

2015 年广州出版社影印《广州大典》本

山东黄河南岸十三州县迁民图说不分卷

（清）南海黄玑撰

清光绪二十年（1894）石印本

清光绪二十二年（1896）石印本

2007 年山东大学出版社影印《山东文献集成》本

粤东葺胜记八卷首二卷

（清）徐琪撰（清）南海金保福（清）南海金保权辑

清光绪二十八年（1902）刻本

2015 年广州出版社影印《广州大典》本

小塘不分卷

（清）广东实地测量处

清宣统二年（1910）石印本

香港杂记一卷

（清）南海陈镳勋撰

清光绪二十年（1894）香港中华印务总局铅印本

1996 年暨南大学出版社校注本

2015 年广州出版社影印《广州大典》本

水利之属

[同治]桑园围总志十四卷

（清）南海明之纲（清）南海卢维球纂修

清同治九年（1870）刻本

2000 年北京出版社影印《四库未收书辑刊》本

2014 年广西师范大学出版社影印《西樵历史文化文献丛书》本

2015 年广州出版社影印《广州大典》本

2015 年中国水利水电出版社影印《中国水利史典·珠江卷》本

李文田石角堤书札一卷

（清）顺德李文田撰

清光绪三十一年（1905）影印本

2015 年广州出版社影印《广州大典》本

重辑桑园围志十七卷

（清）南海冯栻宗修（清）南海何如铨纂修

清光绪十五年（1889）刻本

2014 年广西师范大学出版社影印《西樵历史文化文献丛书》本

2015 年中国水利水电出版社影印《中国水利史典·珠江卷》本

2015 年广州出版社影印《广州大典》本

水经注拾唾一卷

南海李宗颢辑

清稿本

2015 年广州出版社影印《广州大典》本

广肇两府基围总图不分卷

（清）南海罗照沧等测绘

清光绪十二年(1886)广州萃文堂刻本

肇庆府属基围图不分卷

（清）南海罗照沧等绘图

清光绪二十九年（1903）刻本

南顺桑园围修基所续刊征信录不分卷

南顺桑园围修基所编

民国二十一年（1932）印本

续桑园围志十六卷

顺德温肃修　南海何炳堃纂

民国二十一年（1932）九江宜昌印务局铅印本

2014 年广西师范大学出版社影印《西樵历史文化文献丛书》本

水经注卷一笺校一卷

顺德岑仲勉编

民国圣心中学铅印本

山川之属

鼎湖山志图不分卷

（明）顺德郑际泰撰

清康熙四十九年（1710）刻本

罗浮野乘六卷

（明）南海韩晃撰

清康熙刻本

1996 年齐鲁书社影印《四库全书存目
丛书》本

2014 年中国文史出版社点校《博罗历
代经典文化丛书》本

西江源流说一卷

（清）南海劳孝舆撰

清光绪十七年（1891）上海著易堂铅
印《小方壶斋舆地丛钞》本

2015 年广州出版社影印《广州大典》本

锦岩志略不分卷

（清）顺德陈兰芝编

抄本

重编锦岩志略一卷

（清）顺德陈兰芝辑（清）顺德严邦
英补辑

民国九年（1920）顺德抄本

2018 年广东人民出版社影印《民国稿
抄本》本

西樵志六卷

（清）顺德罗国器（清）南海马符录撰

清雍正至乾隆刻本

清嘉庆十九年（1814）刻本

民国二十七年（1938）抄本

2012 年广西师范大学出版社影印《西
樵历史文化文献丛书》本

2015 年广州出版社影印《广州大典》本

西樵游览记十四卷

（清）顺德刘子秀撰

清乾隆五十一年（1786）南畲草堂刻本

清道光十三年（1833）补刻本

2012 年广西师范大学出版社影印《西
樵历史文化文献丛书》本

2015 年广州出版社影印《广州大典》本

白云洞志五卷

（清）南海黄亨纂辑

清道光十九年（1839）刻本

清同治三年（1864）刻本

清光绪十三年（1887）刻本

民国二十年（1931）铅印本

2012 年广西师范大学出版社影印《西
樵历史文化文献丛书》本

2015 年广州出版社影印《广州大典》本

华峰山志五卷

（清）南海释鉴传编

清光绪二十六年（1900）粤东增城海
门禅院刻本

2015 年广州出版社影印《广州大典》本

2016 年广东教育出版社点校《岭南古
寺志丛刊》本

檀香山采风记八卷

（清）顺德梁联芳撰

清光绪二十九年（1903）顺德龙隼山
馆铅印本

2015 年广州出版社影印《广州大典》本

韩江记八卷

（清）顺德林大川撰

清咸丰七年（1857）潮州钓月山房刻本

民国十一年（1922）印本

天下三大龙图说不分卷

（清）顺德马贞榆撰

清光绪二十四年（1898）马氏家塾刻本

扬子江流域现势论四编不分卷

［日］林繁撰（清）南海汪国屏译

清光绪上海广智书局铅印本

2004 年线装书局影印《中华山水志丛刊》本

2015 年广州出版社影印《广州大典》本

游记之属

白兰堂吴游纪略一卷

（清）南海冯公亮撰

清乾隆刻本

罗浮游草一卷

（清）南海颜薰撰

清道光广州刻本

2015 年广州出版社影印《广州大典》本

宦滇纪略一卷附滇南唱和诗一卷

（清）顺德伍兰徵撰

清光绪十三年（1887）刻本

2015 年广州出版社影印《广州大典》本

纪游西樵山记不分卷

（清）三水梁念祖撰

清光绪十九年（1893）大良正文堂刻本

2014 年广西师范大学出版社影印《西樵历史文化文献丛书》本

2015 年广州出版社影印《广州大典》本

壮游图记不分卷

（清）南海黄璟撰

清光绪二十二年（1896）点石斋石印本

清光绪二十六年（1900）点石斋石印本

2015 年广州出版社影印《广州大典》本

罗浮纪游一卷

（清）南海吴弥光撰

清道光二十七年（1847）刻本

2015 年广州出版社影印《广州大典》本

西游录注一卷

（清）顺德李文田注

清光绪二十三年（1897）会稽施世杰刻《鄦郑学庐地理丛刊》本

清光绪二十三年（1897）湖南使院刻本

清宣统二年（1910）刻本

民国九年（1920）刻本

民国二十五年（1936）上海商务印书馆影印《丛书集成初编》本

1981 年中华书局校注本

1985 年中华书局影印《丛书集成初编》本

1996 年上海古籍出版社影印《续修四库全书》本

2015 年广州出版社影印《广州大典》本

意大利游记一卷

南海康有为撰

清宣统元年（1909）上海广智书局铅印《欧洲十一国游记》本

2007 年社会科学文献出版社校注《西洋映像手记》本

2015 年广州出版社影印《广州大典》本

法兰西游记一卷

南海康有为撰

清宣统元年（1909）上海广智书局铅

印《欧洲十一国游记》本

2007 年社会科学文献出版社校注《西洋映像手记》本

2015 年广州出版社影印《广州大典》本

瑞士游记德国游记不分卷

南海康有为撰

清光绪三十四年（1908）旧金山世界日报铅印本

2015 年广州出版社影印《广州大典》本

欧洲十一国游记

南海康有为撰

清光绪三十三年（1907）上海广智书局铅印本

2007 年社会文献科学出版社校注《西洋映像手记》本

2008 年岳麓书社校点《走向世界丛书》本

2017 年朝华出版社影印《清末民初文献丛刊》本

入秦纪程不分卷榆林赴北京路程不分卷赴云南由西河海道路程不分卷丙申由粤赴苏州复游闽中入都纪程不分卷

南海李宗颖撰

清光绪稿本

丹霞游草不分卷

南海崔师贯著

民国二十三年（1934）上海商务印书馆铅印本

罗浮游草不分卷

南海崔师贯著

刻本

黄了因游览日记不分卷

南海黄梓林撰

民国南海黄立德堂刻本

巴拿马太平洋万国大赛会游记不分卷

南海冯自由编

民国四年（1915）旧金山少年中国晨报印本

粤北纪行桂林游记合编不分卷

南海崔龙文著

民国二十四年（1935）南海崔氏澄怀书屋铅印本

游罗浮记一卷

南海谭紫英述 南海谭修业等注

民国十年（1921）佛山商报文业公司活字印本

罗浮指南不分卷

陈炎佳纪游 南海王绍薪鉴定

民国二十二年（1933）文光印务馆铅印本

外纪之属

英吉利国记不分卷

（清）顺德梁廷枏撰

清道光刻本

1975 年台北文海出版社影印《近代中国史料丛刊续编》本

古巴杂记一卷

（清）顺德谭乾初撰

清光绪二十三年（1897）上海著易堂铅印《小方壶斋舆地丛钞补编》本

清光绪二十八年（1902）云间丽泽学会石印本

2015 年广州出版社影印《广州大典》本

欧美政治要义十八章

（清）佛山戴鸿慈等撰

清光绪三十三年（1907）石印本

清光绪三十四年（1908）商务印书馆
影印本

2015 年广州出版社影印《广州大典》本

西使记注一卷

南海李宗颢撰

稿本

2013 年广东人民出版社影印《五编清
代稿钞本》本

2015 年国家图书馆出版社影印《中国
古籍珍本丛刊·广东省立中山图书
馆卷》本

2015 年广州出版社影印《广州大典》本

倭都景物志（扶桑景物志）一卷

（清）南海谭祖纶撰

清光绪二十四年（1898）刻本

2015 年广州出版社影印《广州大典》本

普法战纪十四卷

（清）南海张宗良译（清）王韬辑撰

清同治十二年（1873）中华印务总局
铅印本

日本明治十一年（1878）陆军文库刻本

普法战纪二十卷

（清）南海张宗良译（清）王韬辑撰

清光绪十二年（1886）弢园王氏木活
字印本

清光绪二十一年（1895）王氏铅印本

2015 年广州出版社影印《广州大典》本

普法战纪辑要四卷

（清）南海张宗良译（清）王韬撰 （清）
李光廷删纂

清同治十二年（1873）真州张氏刻
《榕园丛书》本

清光绪二十七年（1901）东亚自强译
书会石印本

2015 年广州出版社影印《广州大典》本

泰西风土记一卷

［英］立温斯敦撰（清）南海史锦镛译

清光绪上海时务书局铅印本

2015 年广州出版社影印《广州大典》本

日本变法由游侠义愤考一卷

南海康同薇撰

清光绪二十四年（1898）上海大同译
书局石印本

2015 年广州出版社影印《广州大典》本

瀛谭五卷附录一卷

南海关赓麟撰

民国十五年（1926）铅印本

1968 年台北文海出版社影印《近代中
国史料丛刊》本

佛游天竺记考释不分卷

顺德岑仲勉著

民国二十三年（1934）上海商务印书
馆铅印《国学基本丛书》本

2012 年北京中献拓方科技发展有限公
司影印《民国籍粹》本

2014 年知识产权出版社影印《民国文
存》本

防务之属

元亲征录一卷

（元）□□撰（清）何秋涛校正（清）
顺德李文田（清）沈曾植校注

清光绪顺德龙氏知服斋刻本

2015 年广州出版社影印《广州大典》本

海国四说十四卷

（清）顺德梁廷枏撰

清道光刻本

1993 中华书局点校本

2015 年广州出版社影印《广州大典》本

子目

耶稣教难入中国说不分卷

合省图说三卷

兰伦偶说四卷

粤道贡国说六卷

西陲今略不分卷

（清）梁份撰（清）顺德李文田校并跋

清光绪十九年（1893）李文田家抄本

宁古塔纪略一卷

（清）吴桭臣撰（清）顺德李文田注

清光绪十八年（1892）顺德龙氏刻《知服斋丛书》本

清光绪二十五年（1899）元和胡氏渐学庐石印本

1996 年上海古籍出版社影印《续修四库全书》本

2014 年黑龙江教育出版社标点《中国边疆研究文库》本

2015 年广州出版社影印《广州大典》本

柳边纪略四卷塞外草一卷附一卷

（清）杨宾撰（清）顺德李文田批校

清筠石山房抄本

民国二十五年（1936）商务印书馆铅印《丛书集成初编》本

1996 年上海古籍出版社影印《续修四库全书》本

2014 年黑龙江教育出版社标点《中国边疆研究文库》本

2015 年广州出版社影印《广州大典》本

和林诗并注一卷

（清）顺德李文田撰

清光绪二十三年（1897）会稽施世杰刻《鄦郑学庐地理丛刊》本

民国二十六年（1937）上海商务印书馆铅印《丛书集成初编》本

1985 年中华书局影印《丛书集成初编》本

2015 年广州出版社影印《广州大典》本

塞北路程考一卷

（清）顺德李文田辑

清抄本

2015 年广州出版社影印《广州大典》本

朔方备乘札记一卷

（清）顺德李文田撰

清光绪二十一年（1895）刻《灵鹣阁丛书》本

清光绪二十三年（1897）刻本

民国铅印《通学斋丛书》本

民国九年（1920）缪荃孙刻本

民国二十五年（1936）商务印书馆铅印本

1996 年上海古籍出版社影印《续修四库全书》本

2015 年广州出版社影印《广州大典》本

使藏纪事五卷

（清）南海张荫棠撰

民国乌丝栏抄本

中国抚绥西藏略不分卷

（清）南海傅伯锐撰

民国十三年（1924）铅印本

1975 年台北文海出版社影印《近代中国史料丛刊续编》本

抄明李英征曲先故事并略释一卷

顺德岑仲勉著

民国三十二年（1943）国立中央研究
院历史语言研究所抽印本

理番新发见随会州通道记跋一卷

顺德岑仲勉著

民国三十七年（1948）国立中央研究
院历史语言研究所抽印本

舆图之属

方舆类纂二十八卷首一卷九边图一卷

（清）顺德温汝能撰

清嘉庆十三年（1808）文畬堂刻本

1987年天津古籍出版社据油印本影印本

2014年台北经学文化事业有限公司影
印《稀见清代四部辑刊》本

2015年广州出版社影印《广州大典》本

灵应祠田铺图形一卷

（清）佛山梁世瀓辑

清光绪二十四年（1898）佛山灵应祠
大魁堂刻本

2015年广州出版社影印《广州大典》本

中国近世舆地图说二十三卷首一卷

（清）南海罗汝楠编

清宣统元年（1909）广东教忠学堂石
印本

2015年广州出版社影印《广州大典》本

南海县全图不分卷

（清）南海邹景隆（清）南海罗照沧制

清同治九年（1870）广东刻本

佛山马路干线略图不分卷

□□绘

民国广东晒印本

佛山市新市区马路标准图不分卷

□□绘

民国广东晒印本

佛山市新市区马路标准图不分卷

□□绘

民国广东晒印本

［南海县］大冈圩不分卷

党军司令部参谋处编制

民国十四年（1925）广州石印本

佛山市区域图不分卷

广东陆军测量编制

民国十八年（1929）广州晒印本

南海官窑［图］不分卷

广东陆军测量编制

民国十八年（1929）广州石印本

南海县大冈圩［图］不分卷

广东陆军测量编制

民国十五年（1926）石印本

南海县大仙冈［图］不分卷

广东陆军测量编制

民国十一年（1922）广州石印本

南海县佛山镇［地图］不分卷

广东陆军测量编制

民国十四年（1925）广州石印本

南海县官山圩［图］不分卷

广东陆军测量编制

民国十五年（1926）石印本

南海县华涌［图］不分卷

广东陆军测量编制

民国十四（1925）年广州石印本

南海县华涌［图］不分卷

广东陆军测量编制

民国十五年（1926）石印本

南海县平洲图不分卷

广东陆军测量编制

民国十一年（1922）广州石印本

南海县平洲图不分卷

广东陆军测量编制

民国十八年（1929）广州石印本

南海县石湾［地图］不分卷

广东陆军测量编制

民国十五年（1926）广州石印本

南海县雅瑶［图］不分卷

广东陆军测量编制

民国十八年（1929）广州石印本

南海县六十八堡舆图不分卷

□□绘

民国广州石印本

南海县图不分卷

□□绘

民国广东彩色石印本

金石类

续集汉印分韵二卷

（清）南海谢景卿摹录

清嘉庆八年（1803）漱艺堂刻本

2015 年广州出版社影印《广州大典》本

选集汉印分韵二卷续集二卷

（清）袁日省原本　（清）南海谢景卿辑

清嘉庆二年至八年（1797—1803）刻本

民国石印本

2013 年浙江人民美术出版社影印《篆

刻小丛书》本

2015 年广州出版社影印《广州大典》本

筠清馆金石文字目二卷续二卷

（清）南海吴荣光辑

民国容庚颂斋绿格抄本

民国二十五年（1936）燕京大学图书

馆晒印本

2016 年广东人民出版社影印《民国稿

抄本》本

筠清馆金石文字五卷（筠清馆金石录）

（清）南海吴荣光撰

清道光二十二年（1842）南海吴氏刻本

1986 年台北新文丰出版股份有限公司

影印《石刻史料新编》本

1996 年上海古籍出版社影印《续修四

库全书》本

2004 年北京图书馆出版社影印《国家

图书馆藏金文研究资料丛刊》本

2015 年广州出版社影印《广州大典》本

筠清馆金石文辑存不分卷

（清）南海吴荣光撰

清吴氏宜铭金室抄本

2015 年广州出版社影印《广州大典》本

筠清馆金石记目二卷

（清）南海吴荣光撰（清）陆增祥辑

清稿本

2015 年广州出版社影印《广州大典》本

筠清馆金石录签注五卷

（清）南海吴荣光撰（清）方濬益签注

民国定远方燕庚抄本

宝琴斋古铜印汇不分卷

（清）南海潘仕成辑

清道光二十年（1840）钤印本

2015 年广州出版社影印《广州大典》本

南汉文字略四卷

（清）顺德梁廷枏辑

清道光十年（1830）顺德梁氏刻《藤花亭十种》本

1967 年香港龙门书店影印本

1996 年上海古籍出版社影印《续修四库全书》本

2015 年广州出版社影印《广州大典》本

金石称例四卷续一卷碑文摘奇一卷

（清）顺德梁廷枏撰

清嘉庆二十四年（1819）刻本

清光绪四年（1878）南海冯氏刻《金石全例》本

清光绪十三年（1887）刻《槐庐丛书》本

1982 年台北新文丰出版股份有限公司影印《丛书集成续编》本

1994 年上海书店出版社影印《丛书集成续编》本

2015 年广州出版社影印《广州大典》本

簠斋吉金录不分卷

（清）陈介祺编　顺德邓实辑

民国七年（1918）风雨楼石印本

南海李氏宝召斋吉金目录一卷

（清）南海李宗岱撰并藏

清抄本

2015 年广州出版社影印《广州大典》本

南海李氏宝彝堂家藏吉金文字一卷

（清）□□编

清拓本

2015 年广州出版社影印《广州大典》本

金石篆隶荟萃十二卷

（清）南海叶应铨缩摹

清光绪九年（1883）叶氏足吾好斋稿本

冯龙官题记不分卷

（清）顺德冯龙官撰

清嘉庆八年（1803）拓本

大佛寺善会碑拓片不分卷

（清）顺德梁耀枢撰并正书（清）英煦篆额

清光绪十一年（1885）北京拓本

和林金石录一卷

（清）顺德李文田编　罗振玉校

民国十八年（1929）罗氏石印本

2003 年北京图书馆出版社影印《辽金元石刻文献全编》本

2005 年西泠印社影印本

2015 年广州出版社影印《广州大典》本

克鼎集释一卷

（清）顺德李文田等撰

清抄本

脞道堂金石条记一卷

（清）顺德李文田撰

清稿本

2015 年广州出版社影印《广州大典》本

朱子碑楼辑存六卷续篇十卷

（清）顺德赖振寰辑

民国二年至五年（1913—1916）粤东编译公司铅印本

顺德李氏所藏碑刻一卷

（清）□□辑

清抄本

2015 年广州出版社影印《广州大典》本

潘氏泉谱不分卷

（清）南海□□辑

清拓暨稿本

2015 年广州出版社影印《广州大典》本

汉碑异文考不分卷

南海李宗颢撰

清稿本

2012 年广东人民出版社影印《四编清
代稿钞本》本

金石镜二卷

南海李宗颢撰

清稿本

萧荟读碑校勘记二卷

南海李宗颢撰

清稿本

2013 年广东人民出版社影印《五编清
代稿钞本》本

2015 年广州出版社影印《广州大典》本

西安府学碑林石刻录目一卷

南海李宗颢撰

稿本

2015 年广州出版社影印《广州大典》本

**寰宇访碑录校勘记二卷补寰宇访碑录校
勘记一卷**

南海李宗颢撰　文素松校补

民国十五年（1926）蘧庐刻本

顽夫碑录一卷

顺德欧家廉撰

清稿本

2013 年广东人民出版社影印《五编清
代稿钞本》本

2015 年广州出版社影印《广州大典》本

辽代金石录四卷

南海黄任恒辑

民国十四年（1925）广州聚珍印务局
铅印本

1982 年台北新文丰出版股份有限公司
影印本

1998 年江苏古籍出版社影印《历代碑
志丛书》本

石例简钞四卷

南海黄任恒辑

民国十七年（1928）刻本

金石证史不分卷

顺德岑仲勉著

民国二十五年（1936）中山大学研究
院本

宣和博古图撰人不分卷

顺德岑仲勉著

民国二十八年（1939）国立中央研究
院历史语言研究所抽印本

郎官石柱题名新著录不分卷

顺德岑仲勉著

民国二十八年（1939）国立中央研究
院历史语言研究所抽印本

续贞石证史不分卷

顺德岑仲勉著

民国三十一年（1942）国立中央研究
院历史语言研究所抽印本

广东印谱考不分卷

南海冼玉清著

民国油印本

2010 年文物出版社整理《中山大学图
书馆学术丛书》本

守高室藏印十二集

佛山吴元浩拓

民国三十年（1941）吴翰波拓本

目录类

春晖堂书目一卷

（明）顺德陈邦彦藏

清道光十一年（1831）刘氏味经书屋
　　抄本

2017 年国家图书馆出版社影印《国家
　　图书馆藏稀见书目书志丛刊》本

曾诂训堂藏书总目一卷

（清）南海曾钊藏并编

清末广雅书局绿格抄本

2015 年广州出版社影印《广州大典》本

岳雪楼藏书目初稿一卷

（清）□□编

稿本

2015 年广州出版社影印《广州大典》本

三十有三万卷堂书目略十卷

（清）南海孔广陶撰

清孔氏岳雪楼稿本

2005 年商务印书馆影印《中国著名藏
　　书家书目汇刊》本

2015 年广州出版社影印《广州大典》本

2016 年广东人民出版社影印《海外广
　　东珍本文献丛刊》本

各省咨查禁毁书籍目录不分卷

（清）顺德李文田校并跋

稿本

2015 年广州出版社影印《广州大典》本

2017 年国家图书馆出版社影印《国家
　　图书馆藏稀见书目书志丛刊》本

军机处奏准全毁书目一卷抽毁书目一卷

（清）顺德李文田校并跋

清末顺德李文田家抄本

2015 年广州出版社影印《广州大典》本

2017 年国家图书馆出版社影印《国家
　　图书馆藏稀见书目书志丛刊》本

张樵野观察赠书不分卷

（清）南海张荫桓撰

稿本

灵隐书藏纪事一卷

（清）南海潘衍桐辑

清光绪十八年（1892）钱塘丁氏嘉惠
　　堂刻《武林掌故丛编》本

2015 年广州出版社影印《广州大典》本

广雅书院藏书目录七卷

（清）南海廖廷相编

清末刻朱印本

清光绪二十七年（1901）广雅书局刻本

2008 年北京图书馆出版社影印《明清
　　以来公藏书目汇刊》本

2015 年广州出版社影印《广州大典》本

万木草堂丛书目录一卷

南海康有为编

民国刻本

1994 年上海书店出版社影印《丛书集
　　成续编》本

万木草堂藏书目不分卷

南海康有为编

民国七年（1918）长兴书局石印本

南海珍藏宋元明版书目不分卷

南海康有为藏　钱定安编

民国二十一年（1932）印本

2005 年商务印书馆影印《中国著名藏

书家书目汇刊》本

康氏藏善本书目不分卷

南海康有为藏并编

民国抄本

日本书目志十五卷

南海康有为辑

清光绪上海大同译书局石印本

2015 年广州出版社影印《广州大典》本

禁毁书目韵编五卷附录一卷

南海李宗颢编

清稿本

2015 年广州出版社影印《广州大典》本

宝礼堂宋本书录四卷

南海潘宗周撰

民国二十八年（1939）南海潘氏铅印本

2005 年商务印书馆影印《中国著名藏

书家书目汇刊》本

2007 年上海古籍出版社标点本

2009 年学苑出版社影印《古书题跋丛

刊》本

三水艺文略稿不分卷

三水黄荣康纂修

民国二十六年（1937）稿本

2007 年岭南美术出版社影印《广东历

代方志集成》本

三水艺文略二卷附录一卷

三水黄荣康纂修　三水黄耀编附录

民国二十七年（1938）黄耀抄本

1983 年台北东亚打字彩色印刷公司据

黄耀抄本影印本

古学汇刊书目提要六篇

顺德邓实编

民国三年（1914）上海国粹学报社铅

印《古学汇刊》本

南州书楼书目不分卷

南海冼玉清编

民国三十七年（1948）抄本

广东女子艺文考不分卷

南海冼玉清著

民国三十年（1941）商务印书馆铅印本

2014 年广西师范大学出版社影印《西

樵历史文化文献丛书》本

广东释道著述考不分卷

南海冼玉清著

民国印本

1995 年中山大学出版社整理《冼玉清

文集》本

2014 年广西师范大学出版社影印《西

樵历史文化文献丛书》本

广东文献丛谈不分卷

南海冼玉清著

1965 年香港中华书局印本

2014 年广西师范大学出版社影印《西

樵历史文化文献丛书》本

东西南沙群岛资料目录不分卷

南海杜定友编

民国三十七年（1948）广州铅印本

1981 年台湾学生书局影印本

2007 年香港蝠池书院出版有限公司影

印《近现代中国边疆界务资料》本

2012 年知识产权出版社影印《中国边

疆研究资料文库》本

2013 年北京瀚文典藏文化有限公司影

印《民国籍粹》本

2014 年凤凰出版社影印本

芋园丛书总目不分卷

南海黄肇沂编

民国二十四年（1935）南海黄氏芋园刻本

清代禁毁书目考补注不分卷

顺德李棪撰

民国李棪泰华双碑之馆稿本

2007 年岭南美术出版社影印《文史资料辑佚丛书》本

自明诚楼题跋零篇一卷

顺德龙官崇撰

民国二十六年（1937）顺德龙氏中和园铅印本

2002 年北京图书馆出版社影印《国家图书馆藏题跋丛刊》本

校雠新义十卷

南海杜定友撰

民国十九年（1930）上海中华书局铅印《民国丛书》本

2012 年北京中献拓方科技发展有限公司影印《民国籍粹》本

子 部

儒家儒学类

理学简言一卷

（宋）顺德区仕衡撰

清抄本

清道光十一年（1831）南海伍氏粤雅堂刻《岭南遗书》本

1991 年中华书局整理本

2008 年广州出版社影印《广州大典》本

登州三字经一卷

（宋）顺德区适子撰

清同治九年（1870）粤东省城学院前聚贤堂刻本

清光绪二十九年（1903）广州澄天阁刻本

民国广州民智书局印本

三字经句释一卷

（宋）顺德区适子著（明）黎贞增（清）顺德李文田新增（宋）王应麟句释

清光绪二十九年（1903）广州澄天阁刻本

分韵四言对偶启蒙不分卷

（宋）真德秀编（明）南海蒙贤补韵（明）史垂教删补

明万历三十四年（1606）端州六委斋刻本

2015 年广州出版社影印《广州大典》本

霍渭厓家训一卷

（明）南海霍韬撰

清初毛氏汲古阁影明抄本

民国商务印书馆影印本

2000 年北京图书馆出版社影印《涵芬楼秘笈》本

2015 年广西师范大学出版社影印《西樵历史文化文献丛书》本

2015 年广州出版社影印《广州大典》本

庞氏家训一卷

（明）南海庞尚鹏撰

清道光十一年至同治二年（1831—1863）南海伍氏粤雅堂文字欢娱室刻《岭南遗书》本

1960 年商务印书馆铅印《丛书集成初编》本

2015 年广州出版社影印《广州大典》本

献子讲存二卷

（明）南海卢宁撰

明嘉靖三十九年（1560）张诩刻本

2012 年北京燕山出版社影印《中国人民大学图书馆藏古籍珍本丛刊》本

2016 年广东人民出版社影印《海外广东珍本文献丛刊》本

近思录集注不分卷

（清）江永集注（清）南海黎维枞重校

清同治四年（1865）盱眙吴棠刻本

养正要规一卷

（清）南海冯成修撰

清乾隆四十七年（1782）刻本

2020 年广东人民出版社影印《广东省文史馆藏岭南珍稀古籍丛刊》本

女学言行纂三卷附一卷

（清）顺德李晚芳撰

清乾隆五十二年（1787）顺德梁氏谧园刻本

民国二十六年（1937）至德周氏师古堂影印《李菉猗女史全书》本

粤秀书院课艺二卷

（清）南海何文绮评编

清道光二十八年（1848）刻本

清光绪三十四年（1908）刻本

论语古解十卷

（清）顺德梁廷枏纂

清道光三年（1823）刻本

1966 年台北艺文印书馆影印《无求备斋论语集成》本

2015 年广州出版社影印《广州大典》本

[符氏]家训一卷

（清）南海符霁光（清）南海符伯庸辑著（清）南海蔡敏驭校刊

清粤东善书总局刻本

二十四孝图序一卷

（清）蒋莲绘（清）南海熊景星书

清同治元年（1862）广州三元宫朱色石印本

2015 年广州出版社影印《广州大典》本

朱子襄先生讲义一卷

（清）南海朱次琦撰

清光绪十一年（1885）抄本

2009 年广东人民出版社影印《续编清代稿钞本》本

2015 年广州出版社影印《广州大典》本

两湖文高等学校经学课程一卷

（清）顺德马贞榆撰

清光绪二十九年（1903）刻朱印本

菊坡精舍课卷一卷

（清）顺德马贞榆撰

清末抄本

劝女学集证三卷

（清）顺德赖振寰撰

清光绪刻本

2015 年广州出版社影印《广州大典》本

俗音字辨幼学信札一卷

（清）南海谭元标（清）李春山辑

清广州古经阁刻本

2015 年广州出版社影印《广州大典》本

马拉语粤音译义四卷

（清）顺德冯兆年编

清木活字印本

2015 年广州出版社影印《广州大典》本

2016 年广东人民出版社影印《海外广东珍本文献丛刊》本

对类引端二卷

（清）顺德黄堃编

清光绪六年（1880）粤东澄天阁刻本

清光绪二十一年（1895）刻本

清宣统二年（1910）佛山铅印本

2015 年广州出版社影印《广州大典》本

家规要言一卷

（清）南海何昌禄撰

清光绪二十二年（1896）刻本

2015 年广州出版社影印《广州大典》本

馥荫馆笔记不分卷

（清）南海陈兆兰撰

清光绪三十三年（1907）羊城刻本

2015 年广州出版社影印《广州大典》本

系辞上传朱子本义补阙一卷

（清）顺德廖焕光撰

清抄本

2010 年广东人民出版社影印《三编清
代稿钞本》本

〔南海〕何德盛堂家规不分卷

（清）南海何昌禄撰

清光绪二十二年（1896）刻本

博物新编图说一卷

（清）南海陈脩堂撰

清光绪二十四年（1898）藏经史馆石
印本

2015 年广州出版社影印《广州大典》本

佛山书院算课草十一卷

（清）刘国光编

清光绪二十四年（1898）刻本

训蒙染斫篇不分卷

（清）顺德梁友晟评选

清光绪四年（1878）羊城儒林阁刻本

清光绪十年（1884）文兰阁刻本

字学良知不分卷

（清）南海梁显庭注

清光绪二十九年（1903）粤省双门底
聚文堂刻本

训俗遗规类编四卷

（清）南海黄保康著

民国十三年（1924）刻本

成众斋时艺不分卷

（清）陈宗侃（清）南海廖廷相（清）
谭宗浚撰

清光绪抄本

读书堂答问一卷

顺德简朝亮撰

民国刻本

1996 年上海古籍出版社影印《续修四
库全书》本

2007 年北京图书馆出版社影印《论语
集注述疏》本

2013 年华东师范大学出版社影印《清
人经解丛编》本

朱九江先生讲学记不分卷

顺德简朝亮纂

清光绪二十三年（1897）读书堂刻本

民国二十二年（1933）丽泽堂铅印本

2015 年广州出版社影印《广州大典》本

大同书八卷

南海康有为撰

清稿本

1985 年江苏古籍出版社影印本

1996 年上海古籍出版社影印《续修四
库全书》本

南海先生大同书不分卷

南海康有为撰

稿本

民国石印本

2012 年中华书局点校本

2014 年上海古籍出版社影印《百年经
典学术丛刊》本

2015 年广州出版社影印《广州大典》本

孔教十年大事不分卷

南海康有为撰

民国十三年（1924）刻本

孔子改制考二十一卷

南海康有为撰

清光绪二十四年（1898）上海大同译书局刻本

民国十一年（1922）京师刻《万木草堂丛书》本

1992年上海书店影印《民国丛书》本

2010年中国人民大学出版社编校《国学基本文库》本

2012年上海书店出版社整理《中国经学史基本丛书》本

2015年广州出版社影印《广州大典》本

长兴学记一卷

南海康有为撰　南海陈千秋　梁启超校字

清光绪十七年（1891）刻《万木草堂丛书》本

清光绪二十四年（1898）石印《中西学门径书七种》本

1988年中华书局本

2015年广州出版社影印《广州大典》本

桂学答问一卷

南海康有为撰

清光绪二十年（1894）广州双门底全经阁刻本

民国十八年（1929）铅印本

1988年中华书局本

2015年广州出版社影印《广州大典》本

劝学篇书后一卷

南海何启　三水胡礼垣撰

清光绪二十五年（1899）聚珍书楼铅印本

清光绪二十五年（1899）著易堂铅印本

清光绪二十五年（1899）格致新报馆铅印本

2002年湖北人民出版社影印《中国文化近代转型书系》本

2015年广州出版社影印《广州大典》本

论陆象山之学不分卷

顺德黄节撰

民国二十一年（1932）铅印本

善文撮要录一卷

（□）□□撰

民国十八年（1929）佛山铅印本

南阳草堂一卷

南海邓佩韦著

民国二十二年（1933）广州真平印务局铅印本

新刻校正三字经集注不分卷

南海陈思铭辑著

民国佛山翰文堂刻本

道家类

庄子未定稿四卷

（清）南海何如瀍撰

清嘉庆十七年（1812）刻本

清道光六年（1826）东阁刻本

2011年国家图书馆出版社影印《子藏》本

2015年广州出版社影印《广州大典》本

庄子故三卷

（战国）庄周撰（清）南海何梦瑶注

清刻本

2011年国家图书馆出版社影印《子藏》本

2015年广州出版社影印《广州大典》本

读老庄简端记一卷

（清）顺德黎简撰

清抄本

道德经儒证二卷

（清）顺德赖振寰编

民国八年（1919）顺德五色神芝草堂刻本

2018年国家图书馆出版社影印《子藏》本

兵家类

奇门行军要略四卷

（清）高明刘文澜纂

清道光二十五年（1845）刻本

2013年香港心一堂有限公司影印《心
一堂术数珍本古籍丛刊》本

2015年广州出版社影印《广州大典》本

鱼雷图说问答不分卷

（清）南海黎晋贤绘纂

清光绪十六年（1890）天津石印本

2010年台中文听阁图书有限公司影印
《晚清四部丛刊》本

2015年广州出版社影印《广州大典》本

法家类

棠阴比事一卷续编一卷补编一卷

（宋）桂万荣撰（明）吴讷续补（清）
顺德李文田抄

清抄本

农家农学类

蚕桑谱二卷

（清）南海陈启沅撰

清光绪刻本

2002年上海古籍出版社影印《续修四

库全书》本

2015年广西师范大学出版社影印《西
樵历史文化文献丛书》本

2015年广州出版社影印《广州大典》本

棉业丛书汇译新编六卷

赵志松　顺德张振勋辑

清宣统元年（1909）广州总商会报铅印本

2015年广州出版社影印《广州大典》本

桂考一卷续一卷

（清）张光裕撰　南海黄任恒校

民国十四年（1925）广州聚珍印务所
铅印本

广东各县物产志一卷

顺德岑仲勉辑

民国稿本

粤中蚕桑刍言一卷

（清）顺德卢燮宸辑

清光绪十九年（1893）番禺黄从善堂
刻本

2002年上海古籍出版社影印《续修四
库全书》本

2015年广州出版社影印《广州大典》本

南海县蚕业调查报告一卷

（清）姚绍撰

清光绪江南总农会石印《农学丛书》本

2015年广州出版社影印《广州大典》本

粤东饲八蚕法一卷

（清）蒋斧编

清光绪二十四年（1898）上海农学会
石印本

清光绪二十六年（1900）江南总农会
石印本

2015年广州出版社影印《广州大典》本

农学杂俎不分卷

罗振玉辑

清光绪三十年（1904）石印本

南海县土壤调查报告书不分卷

国立中山大学广东土壤调查所编

民国二十二年（1933）广州印本

南海县西樵塘鱼调查问答一卷

罗振玉问　南海陈敬彭答

清光绪江南总农会石印《农学丛书》本

2015年广州出版社影印《广州大典》本

广东南海县土壤图不分卷

中山大学农学院土壤调查所编

民国广州石印本

顺德县土壤调查报告书不分卷

刘茂青编著

民国二十三年（1934）国立中山大学农学院广东土壤调查所印本

顺德县第一次蚕丝展览会纪念刊不分卷

顺德县第一次蚕丝展览会宣传部编

民国二十三年（1934）顺德县第一次蚕丝展览会宣传部印本

广东建设厅顺德县蚕业改良实施区工作计划及实施方针不分卷

广东建设厅蚕丝改良局　广东建设厅顺德县蚕业改良实施区总区编

民国二十三年（1934）广东建设厅蚕丝改良局广东建设厅顺德县蚕业改良实施区总区印本

医家类

太平圣惠方一百卷

（宋）王怀隐（宋）南海陈昭遇等撰

日本抄本

2015年广州出版社影印《广州大典》本

2016年人民卫生出版社点校本

痘疹玉髓金镜录三卷

（明）翁仲仁著（清）佛山梁世激校刊

清道光六年（1826）英华楼刻本

清同治刻本

民国石印本

乐只堂人子须知韵语四卷

（清）南海何梦瑶撰（清）南海释互禅校订

清光绪十一年（1885）佛山文华书局刻本

2011年广东科技出版社影印《岭南中医药文库·典籍系列》本

2015年广州出版社影印《广州大典》本

三科辑要三种

（清）南海何梦瑶撰

清光绪二十一年（1895）广州双门底拾芥园刻本

2011年广东科技出版社影印《岭南中医药文库·典籍系列》本

2015年广西师范大学出版社影印《西樵历史文化文献丛书》本

2015年广州出版社影印《广州大典》本

子目

婴科辑要一卷诸方一卷

痘科辑要一卷诸方一卷

妇科辑要一卷诸方一卷

伤寒论近言七卷

（清）南海何梦瑶撰

清乾隆二十四年（1759）乐只堂刻本

2012年广东科技出版社影印《岭南中

医药文库・典籍系列》本

2015 年广州出版社影印《广州大典》本

2018 年广东科技出版社影印《中医经
典古籍集成》本

医碥七卷

（清）南海何梦瑶撰

清乾隆十六年（1751）乐知堂刻本

2002 年上海古籍出版社影印《续修四
库全书》本

2009 年中国中医药出版社校注本

2012 年广东科技出版社影印《岭南中
医药文库・典籍系列》本

2015 年人民卫生出版社点校本

2015 年广州出版社影印《广州大典》本

2018 年广东科技出版社影印《中医经
典古籍集成》本

医方全书六种

（清）南海何梦瑶撰

民国七年（1918）铅印本

2015 年广西师范大学出版社影印《西
樵历史文化文献丛书》本

子目

医碥七卷

幼科良方一卷

内伤仙方二卷（追痨仙方）

妇科良方一卷

痘疹良方一卷

脚气秘方四卷（神效脚气秘方）

引痘略一卷

（清）南海邱熺辑

清嘉庆二十二年（1817）百兰堂刻本

清道光二十八年（1848）客花草堂刻本

清同治元年（1862）邱氏心耕堂刻本

清光绪二年（1876）皖省痘局刻本

清光绪五年（1879）应安雅堂刻本

清光绪十年（1884）江左书林刻本

民国五年（1916）刻本

1996 年上海古籍出版社影印《续修四
库全书》本

2015 年广州出版社影印《广州大典》本

引痘略合编一卷

（清）南海邱熺辑

清光绪二十一年（1895）刻本

引种牛痘纪要一卷

（清）南海邱熺辑（清）熊乙燃增

清光绪三十年（1904）山东广仁局刻本

2015 年广州出版社影印《广州大典》本

痘法要录不分卷

（清）南海邱熺撰

清稿本

2017 年广东人民出版社影印《八编清
代稿钞本》本

南海邱熺浩川先生引痘略录要一卷

（清）南海邱熺撰

清抄本

2015 年广州出版社影印《广州大典》本

引痘新法全书不分卷

（清）南海邱熺撰

清咸丰七年（1857）刻本

2009 年广东科技出版社影印《岭南中
医药文库・典藏系列》本

2018 年广东科技出版社影印《中医经
典古籍集成》本

引种牛痘方书一卷

（清）南海邱熺撰

清道光抄本

清同治元年（1862）重刻本

清光绪十八年（1892）刻本

清光绪二十五年（1899）活字印本

清光绪三十年（1904）山东广仁局刻本

民国上海锦章书局石印本

中西痘科合璧十二卷

（清）南海邱熺撰

清光绪三十二年（1906）上海石印本

牛痘新书济世一卷

（清）南海邱熺撰　（清）王惇甫增补

清光绪元年（1875）广东魏南伯刻本

邱赵牛痘书不分卷

（清）南海邱熺　（清）赵开泰撰

清光绪十二年（1886）四明陈氏寿婴
堂刻本

小儿科家传秘录一卷

（清）高明程康圃辑

清光绪十九年（1893）羊城宝经阁刻本

民国八年（1919）石印本

2015年广州出版社影印《广州大典》本

儿科秘要一卷（程氏家传儿科秘要）

（清）高明程康圃撰

清光绪十九年（1893）广州守经堂刻本

民国十六年（1927）抄本

1987年广东高等教育出版社点校《岭
南儿科双璧》本

2009年学苑出版社整订本

2011年广东科技出版社影印《岭南中
医药文库·典籍系列》本

2018年广东科技出版社影印《中医经
典古籍集成》本

华洋脏象约纂三卷首一卷

（清）南海朱沛文撰

清光绪十九年（1893）佛山刻本

2013年上海科学技术出版社点校《中
国医学大成终集本》本

2014年广东科技出版社影印《中西汇
通医书》本

2015年广州出版社影印《广州大典》本

昌邑黄先生医书八种

（清）黄元御撰（清）顺德李文田批校

清咸丰十年（1860）长沙徐氏燮和精
舍刻本

2015年广州出版社影印《广州大典》本

子目

四圣心源十卷

素灵微蕴四卷

四圣悬枢五卷

伤寒悬解十四卷

伤寒说意十卷

金匮悬解十二卷

长沙药解四卷

玉楸药解八卷

贻令堂医学三书

（清）南海黄霄鹏撰　南海黄任恒编校

清宣统三年（1911）刻《南海霄鹏先
生遗著》本

2014年广东科技出版社影印《岭南中
医药文库·典籍系列》本

2018年广东科技出版社影印《中医经
典古籍集成》本

子目

医林猎要一卷

吴鞠通方歌一卷

陈修园方歌一卷

霄鹏先生遗著五种

（清）南海黄霄鹏撰　南海黄任恒编校

清宣统三年（1911）南海黄氏刻本

2015 年广州出版社影印《广州大典》本

子目

医林猎要一卷

吴鞠通方歌一卷首一卷

陈修园方歌一卷首一卷

贻令堂杂俎一卷首一卷

与婿遗言一卷

伤寒论崇正篇八卷

（清）顺德黎天祐撰

民国十四年（1925）粤东编译公司铅印本

2009 年广东科技出版社影印《岭南中医药文库·典籍系列》本

2018 年广东科技出版社影印《中医经典古籍集成》本

经验良方一卷

南海李宗颢辑

稿本

2015 年广州出版社影印《广州大典》本

修安集新编四卷

（清）南海冯元英辑

清光绪八年（1882）羊城西湖街酌雅斋刻本

2015 年广州出版社影印《广州大典》本

医余偶录二卷续编一卷

（清）南海李能善辑

清光绪元年（1875）同文堂刻本

2015 年广州出版社影印《广州大典》本

跌打新书一卷

（清）南海邹勤俊撰

清光绪十六年（1890）刻本

2015 年广州出版社影印《广州大典》本

经验良方一卷

（清）顺德周其芬辑

清嘉庆刻本

2015 年广州出版社影印《广州大典》本

经验良方二卷

（清）顺德周其芬辑

清咸丰五年（1855）刻本

清同治七年（1868）佛山华文局刻本

济世良方六卷首一卷补遗四卷

（清）顺德周其芬辑（清）莹轩氏增辑

清同治七年（1868）湖北省衡善堂刻本

2004 年全国图书馆文献缩微复制中心影印《国家图书馆藏古籍文献丛刊》本

2015 年广州出版社影印《广州大典》本

顺邑鳌山杨藉福堂传家至宝书不分卷

（清）顺德杨隐山辑

清末杨藉福堂刻红印本

2015 年广州出版社影印《广州大典》本

济众录一卷罗芝园应验恶核良方一卷纪慎斋先生易学求雨图说一卷蛊胀脚气两症经验良方一卷

（清）南海劳守慎辑

清光绪二十九年至三十二年（1903—1906）南海劳礼安堂刻本

2015 年广州出版社影印《广州大典》本

恶核良方释疑一卷

（清）黎佩简等编（清）南海劳守慎辑

清光绪二十九年（1903）广州十八甫英华书局石印本

清光绪三十二年（1906）云泉仙馆安怀堂刻本

2015 年广州出版社影印《广州大典》本

罗芝园鼠疫汇编不分卷

（清）南海劳守慎著

民国二十九年（1940）印本

经验杂方一卷

（清）南海劳守慎辑

清光绪广州十六甫宏经阁刻本

清光绪二十九年（1903）广州十八甫
英华书局石印本

2004 年全国图书馆文献缩微复制中心影
印《国家图书馆藏古籍文献丛刊》本

2015 年广州出版社影印《广州大典》本

辨证求真一卷

（清）南海梁龙章撰

清光绪三十一年（1905）广州维新印
务局铅印本

2015 年广州出版社影印《广州大典》本

2018 年广东科技出版社影印《中医经
典古籍集成》本

临证类编三卷

（清）南海罗崧骏撰

清光绪二十二年（1896）刻民国广州
市九曜坊守经堂书局印本

2015 年广州出版社影印《广州大典》本

理产至宝一卷

（清）南海朱泽扬撰

清咸丰八年（1858）刻本

2015 年广州出版社影印《广州大典》本

痘疹心法歌诀不分卷

（清）顺德必良斋主人著

清光绪五年（1879）顺德潭村松竹梅
轩刻本

民国六年（1917）印本

2015 年广州出版社影印《广州大典》本

提携便览一卷

（清）顺德陈羲撰

清光绪香港石叻永成书庄铅印本

清光绪三年（1877）辰耕别墅刻本

清光绪六年（1880）抄本

清光绪十九年（1893）刻本

2015 年广州出版社影印《广州大典》本

六州铁铸斋医帚稿一卷

（清）顺德邓二呆撰

清光绪二十一年（1895）抄本

2010 年广东人民出版社影印《三编清
代稿钞本》本

2015 年广州出版社影印《广州大典》本

全体新论十卷

［英］合信（清）南海陈脩堂撰

清咸丰元年（1851）羊城惠爱医馆刻本

清末铅印本

2015 年广州出版社影印《广州大典》本

脚气刍言一卷

（清）南海曾超然撰

清光绪十三年（1887）羊城聚珍堂刻本

2015 年广州出版社影印《广州大典》本

眼科启明二卷

（清）南海邓雄勋撰

清光绪抄本

2010 年广东人民出版社影印《三编清
代稿钞本》本

2014 年中医古籍出版社影印《中医古
籍孤本大全》本

2015 年中国中医药出版社校注《中国
古医籍整理丛书》本

2015 年广州出版社影印《广州大典》本

2016 年学苑出版社点校《中医药古籍

珍善本丛书》本

广嗣金丹四卷

（清）南海何守愚辑

清光绪十二年（1886）青湘阁书坊刻本

清光绪二十二年（1896）佛山刻本

2015 年广州出版社影印《广州大典》本

辨脉指南不分卷

（清）南海郭治撰

民国二十年（1931）上海中医书局石

印本

脉如二卷

（清）南海郭治撰

清道光七年（1827）刻本

1980 年上海古旧书店影印本

2011 年广东科技出版社影印《岭南中

医药文库·典籍系列》本

2015 年广州出版社影印《广州大典》本

2018 年广东科技出版社影印《中医古

籍经典集成》本

伤寒论一卷

（清）南海郭治撰

清道光七年（1827）刻本

2015 年广州出版社影印《广州大典》本

2018 年广东科技出版社影印《中医古

籍经典集成》本

治痘歌诀一卷

（清）顺德关履端辑

清光绪三十四年（1908）顺邑容奇乡

东里坊关自省堂刻本

2015 年广州出版社影印《广州大典》本

名家医方歌诀一卷附录一卷

（清）南海林树红撰

清光绪二十一年（1895）守经堂刻本

2015 年广州出版社影印《广州大典》本

时疫核标蛇症治法不分卷

（清）李守中撰（清）顺德高卓樵编印

清宣统元年（1909）羊城澄天阁石印本

2009 年广东科技出版社影印《岭南中

医药文库·典籍系列》本

2018 年广东科技出版社影印《中医经

典古籍集成》本

阴虚四种

（清）顺德罗佐廷撰

清抄本

子目

阴虚论法三卷

阴虚集说二卷

阴虚药宜一卷

阴虚方类一卷

南医辨论二卷

（清）佛山陈耀辰撰

清光绪十八年（1892）佛山翰宝楼刻本

2015 年广州出版社影印《广州大典》本

经验良方一卷

（清）南海符霁光撰（清）南海符伯

庸辑

清光绪十五年（1889）刻本

符乐善堂经验良方六卷（新增经验良方）

（清）南海符霁光辑（清）南海符伯

庸增辑

清光绪二十年（1894）广州翼化堂刻本

清光绪三十年（1904）南海蔡忠善堂

刻本

2015 年广州出版社影印《广州大典》本

医方易简新编六卷

（清）龚自璋（清）顺德黄统合编

清咸丰元年（1851）刻本

2014 年广东科技出版社影印《岭南中
医药文库·典籍系列》本

2015 年广州出版社影印《广州大典》本

2018 年广东科技出版社影印《中医经
典古籍集成》本

增订医方易简十卷

（清）龚自璋（清）顺德黄统合编

清光绪九年（1883）广东重刻巾箱本

1999 年华夏出版社影印《中国本草全
书》本

2013 年台中文听阁图书有限公司影印
《晚清四部丛刊》本

白喉瘟验方一卷

（清）南海梁元辅审定（清）梁锡类
编校

清光绪二十五年（1899）刻本

临症外辨一卷

（清）南海曾觉轩撰

清光绪广州石经堂印本

2015 年广州出版社影印《广州大典》本

时症汇编二卷

（清）南海符伯庸撰

清光绪二十七年（1901）顺德龙裕光
刻本

2015 年广州出版社影印《广州大典》本

赤十字会初级急救要法一卷

（清）南海何高俊撰

清光绪三十四年（1908）香港聚珍书
楼铅印本

2015 年广州出版社影印《广州大典》本

铜人穴络图注一卷

（清）南海何汝流撰

民国七年（1918）抄本

验方备用一卷

（清）南海黄德仁编

清光绪二十八年（1902）广州中和堂
重刻本

2015 年广州出版社影印《广州大典》本

异授眼科一卷

（清）南海江灏勤等校

清光绪二十七年（1901）佛山宝华阁
刻本

2012 年中原农民出版社影印《古医籍
珍本集萃丛书》本

2015 年广州出版社影印《广州大典》本

万应经验良方一卷

（清）南海吕献堂选

清宣统三年（1911）南邑王忠恕堂铅
印本

2015 年广州出版社影印《广州大典》本

**广东贵宁堂马百良丸散膏丹药酒目录不
分卷**

（清）南海马百良编

清末佛山敬慎堂刻本

集验救急良方二卷

（清）南海冼瑞圃辑

清光绪十七年（1891）佛山镇十七间
同文堂刻本

2015 年广州出版社影印《广州大典》本

小儿疳眼黄膜论一卷

（清）南海张思济撰

清羊城西湖街富文斋刻本

2015 年广州出版社影印《广州大典》本

医学求益社课卷第三册一卷

（清）顺德梁懋孙等著

清宣统元年（1909）石印本

经验痧医杂症二卷

（清）顺德麦会仪撰

清宣统三年（1911）刻本

附图针灸纂要一卷

（清）顺德吴羲如撰

民国二十二年（1933）吴尚德堂铅印本

增补药性雷公炮制八卷药性赋二卷

（清）顺德张光斗撰

清嘉庆十四年（1809）素位堂刻本

清同治四年（1865）连元阁刻本

清光绪十三年（1887）刻本

1999年华夏出版社影印《中国本草全
书》本

2015年广州出版社影印《广州大典》本

2016年中华书局影印《海外中医珍本
古籍丛刊》本

群方便览续编一卷

（清）顺德周□□辑

清道光二十一年（1841）粤东顺德龙
山周维新堂刻本

2015年广州出版社影印《广州大典》本

寒温条辨治疫汇编一卷

（清）杨璇撰（清）南海李朝栋辑

清光绪二十年（1894）粤东润身社刻本

2015年广州出版社影印《广州大典》本

小儿产妇跌打杂症内外科药方一卷

（清）□□辑

清大良心简斋潘蕴云刻本

2015年广州出版社影印《广州大典》本

内科学四卷

〔美〕嘉约翰撰（清）孔庆高译（清）

南海潘江增纂

清光绪三十四年（1908）博医会铅印本

2015年广州出版社影印《广州大典》本

泂溪医案唐人法一卷

三水黄恩荣编

民国二十二年（1933）广州黄幹南药
行刻《幹南庐丛书》本

唐千金类方二十四卷

三水黄恩荣编

民国上海千顷堂石印本

**伤寒论大义二卷温热说略一卷经络病理
五卷**

南海罗熙如等编

民国铅印本

病理学讲义一卷

南海陈汝来编

民国广东中医药学校印本

广东中医药专门学校课程纲要一卷

南海陈汝来撰

民国刻本

杂病学讲义一卷

南海陈汝来撰

民国广东中医药学校印本

局部生理学讲义一卷

南海陈汝来撰

民国广东中医药学校印本

广东中医专门学校温病学讲义一卷

顺德刘赤选编述

民国广东中医药专门学校印本

2013年上海科学技术出版社影印《民
国时期中医教育研究书系》本

香港广东中医药学校救护学讲义救急法一卷

南海管炎威编

民国香港广东中医药学校铅印本

伤科学讲义一卷

南海管炎威著

民国十七年（1928）香港广东中医药学校印本

广东中医药专门学校花柳学讲义一卷

南海管霈民著

民国广东中医药专门学校铅印本

2017年上海科学技术出版社整理《民国广东中医药专门学校中医讲义系列》本

痈疽辨治编一卷

南海孔华孙著

民国广州西关同安街大同铅印本

广东中医专门学校针灸学讲义一卷

南海梁慕周编

民国铅印本

2016年学苑出版社整理《民国名家针灸讲稿》本

2017年上海科学技术出版社影印《民国广东中医药专门学校中医讲义系列》本

四诊撮要一卷

南海梁慕周编

民国铅印本

医学明辨录二卷

南海梁慕周撰

民国广州市泰康路有文号铅印本

光汉中医专门学校病理学讲义不分卷

南海梁慕周编

民国铅印本

广东保元国医学校温病学讲义

南海梁子居著

民国广东保元国医学校铅印本

痘疹学讲义不分卷

三水古绍尧编

民国铅印本

2013年上海科学技术出版社校注《民国时期中医教育研究书系》本

2017年上海科学技术出版社整理《民国广东中医药专门学校中医讲义系列》本

广东中医药学校儿科学讲义四章

三水古绍尧编

民国广东中医药学校印刷部铅印本

2017年上海科学技术出版社整理《民国广东中医药专门学校中医讲义系列》本

广东中医药学校喉科学讲义一卷

三水古绍尧编

民国铅印本

医学革命论战一卷

南海谭次仲著

民国广西梧州印本

1952年香港求实出版社影印《中医与科学首集丛书》本

中医与科学一卷

南海谭次仲著

民国二十二年（1933）印本

民国三十六年（1947）印本

谭次仲伤寒评志一卷（急性传染病通论）

南海谭次仲著

民国三十六年（1947）北平国医砥柱
总社铅印本

1955年香港求实出版社印本

1970年台湾文光图书公司印本

2014年福建科学技术出版社点校《民
国伤寒新论丛书》本

2016年福建科学技术出版社点校《民
国伤寒学精义集成》本

民国谭次仲函授国医学社药理学补充讲义——中西药性类异同论略一卷

南海谭次仲著

民国二十四年（1935）南朝街文英铅
印本

中药性类概说一卷

南海谭次仲著

民国三十六年（1947）铅印本

谭次仲函授国医学社讲议号外杂述一卷

南海谭次仲著

民国二十四年（1935）南朝街文英铅
印本

金匮削繁一卷

南海谭次仲著

民国印本

1977年台北乐群出版事业有限公司印本

伤寒论讲义一卷

南海冯瑞鎏编

民国广东中医专门学校印本

太阳原病一卷

南海冯瑞鎏编注

民国稿本

妇科学讲义一卷

南海谢泽霖　李近圣编

民国十七年（1928）广州中医药专门
学校印本

2017年上海科学技术出版社整理《民
国广东中医药专门学校中医讲义系
列》本

广东光汉中医专门学校伤科学讲义一卷

南海梁以庄　南海梁匡华合编

民国铅印本

伤寒论旁训二卷

南海赵雄驹编注

民国十二年（1923）粤东编译公司铅
印本

医药因缘录一卷

南海潘陆仙著

民国铅印本

岭南采药录一卷

南海萧步丹著

民国二十一年（1932）影印本

民国二十五年（1936）影印本

2009年广东科技出版社影印《岭南中
医药文库·典籍系列》本

2017年湖北科学技术出版社考释本

汤头歌括四种

顺德吴炳耀撰

民国稿本

子目

张长沙伤寒论新撰歌诀一卷

温病歌括一卷

临证指南歌括二卷

冯氏锦囊秘录大小汤头歌括二卷

应验眼科集成一卷脚气刍言一卷

南海曾心壶著

民国铅印本

痘疹要真一卷

南海谢赓平撰

民国元年（1912）广州市龙藏街隆昌
铅印《光汉中医专门学校讲义》本

保赤刍言一卷

顺德陈佩仑著

1949 年广州蔚兴印刷场铅印本

四十二门花柳全科秘法一卷

顺德罗时泰著

民国二十四年（1935）喜望书局铅印本

广东光汉中医专门学校病理学讲义一卷

南海梁慕周编

民国广州市泰康路有文永记号铅印本

验方宣秘二卷

顺德赖凤韶著

民国广州石印本

杂家类

周末诸子学说二卷

南海康有为撰

民国稿本

2015 年广州出版社影印《广州大典》本

南海先生最近政见书不分卷

南海康有为撰

民国印本

康南海先生讲演录不分卷

邓毅　张鹏一笔记

民国印本

康南海先生讲演录一卷

南海康有为撰

民国教育图书社铅印本

杂著类

新增格古要论十三卷

（明）曹昭著（明）南海王佐校增

明万历钱塘胡氏文会堂刻本

清光绪五年（1879）刻本

1996 年上海古籍出版社影印《续修四
库全书》本

2011 年浙江人民美术出版社影印《中
国艺术文献丛刊》本

南牖日笺七卷

（明）南海王佐著

明崇祯三年（1630）观文堂刻本

文钞不分卷

（明）南海霍韬等撰

清道光抄本

半峰录二卷

（明）顺德冯昌历撰

明万历清响斋刻本

暇老斋杂记三十卷

（明）茅元仪撰（清）顺德李文田批
校并跋

清光绪李文田家抄本

1996 年上海古籍出版社影印《续修四
库全书》本

愿体集二卷

（清）李仲麟辑（清）顺德陈兰芝增订

清乾隆五十八年（1793）星河彭信龄
居敬堂刻本

2015 年广州出版社影印《广州大典》本

安舟杂钞三十六卷

（清）顺德苏珥撰

清嘉庆十九年（1814）种德堂刻本

2015 年广州出版社影印《广州大典》本

读史解颐六卷

（清）顺德赖学海撰

清稿本

2014 年广东人民出版社影印《六编清
代稿钞本》本

巾箱拾羽二十卷

（清）顺德吴梯撰

清道光二十九年（1849）刻本

2015 年广州出版社影印《广州大典》本

香藻堂杂记一卷

（清）南海颜葆濂撰

清道光二十八年（1848）南海姚芬抄本

2015 年广州出版社影印《广州大典》本

舟车随笔一卷

（清）南海颜葆濂撰　南海黄任恒跋

清咸丰稿本

2007 年广东人民出版社影印《清代稿
钞本》本

2015 年广州出版社影印《广州大典》本

小试异闻录不分卷

（清）求无愧我心斋著（清）南海悟
前非居士述

清同治九年（1870）粤东味经堂刻
《试场异闻录》本

课余汇钞八卷

（清）南海何文绮撰

清咸丰元年（1851）广州同文堂刻本

清同治重刻本

2015 年广州出版社影印《广州大典》本

陔余丛录十六卷

（清）顺德胡斯镡撰

清咸丰二年（1852）刻本

希腊三大哲学家学说十三章

（清）南海陈鹏译

清光绪二十九年（1903）上海广智书
局铅印本

2015 年广州出版社影印《广州大典》本

定湖笔谈二卷首一卷附录一卷

（清）南海黄景治撰

清道光六年（1826）刻本

2015 年广州出版社影印《广州大典》本

读前后汉书札记一卷

（清）南海朱次琦撰

清抄本

十二石山斋丛录九卷摘句图一卷

（清）顺德梁九图辑

清道光二十八年（1848）梁氏十二石
山斋刻本

1987 年台北新文丰出版公司影印本

2015 年广州出版社影印《广州大典》本

紫藤馆杂录十六卷

（清）顺德梁九图撰

清道光二十五年（1845）梁氏紫藤馆
刻本

清咸丰十年（1860）友于堂刻本

2015 年广州出版社影印《广州大典》本

邓和简公杂钞八卷

顺德邓华熙撰

清光绪抄本

2009 年广东人民出版社影印《续编清
代稿钞本》本

2015 年广州出版社影印《广州大典》本

贻令堂杂俎一卷首一卷

（清）南海黄保康撰

清光绪三十二年（1906）刻本

清宣统三年（1911）南海黄氏刻本

民国八年（1919）刻本

2015 年广州出版社影印《广州大典》本

邱园随笔一卷

（清）顺德邱诰桐撰

清光绪二十年（1894）刻本

2015 年广州出版社影印《广州大典》本

迩言十卷首一卷补一卷末一卷

（清）顺德冯秉芸辑

清同治三年（1864）刻本

2015 年广州出版社影印《广州大典》本

梨园娱老集一卷

三水胡礼垣撰

清光绪三十四年（1908）广艺印书局
铅印本

清宣统二年（1910）天津大公报馆铅
印本

2015 年广州出版社影印《广州大典》本

新艺精华八卷

（清）南海胡又安编

清光绪三十年（1904）上海学文社石
印本

家庭借镜一卷

顺德何国澧撰

民国二十四年（1935）广东七十二行
商报印本

读书分月课程一卷

南海康有为撰　梁启超辑

清末刻本

2015 年广州出版社影印《广州大典》本

南海康先生口说二卷

南海康有为述　黎祖健辑

稿本

1985 年中山大学出版社校点本

2007 年广东人民出版社影印《清代稿
钞本》本

2015 年广州出版社影印《广州大典》本

邵斋漫录一卷

南海李宗颢撰

稿本

2015 年广州出版社影印《广州大典》本

足吾好斋六如琐记□□卷

（清）南海叶应铨撰

清稿本

2007 年广东人民出版社影印《清代稿
钞本》本

2015 年广州出版社影印《广州大典》本

越台杂记四卷

（清）南海颜嵩年撰

清同治二年（1863）南海抄本

清光绪抄本

2015 年广州出版社影印《广州大典》本

管理币制本位定价之商榷一卷

南海陈锦涛撰

民国二十四年（1935）财政部币制研
究委员会影印《财政部币制研究委
员会丛刊》本

管理货币制度与通货膨胀释义一卷

南海陈锦涛撰

民国二十四年（1935）财政部币制研
究委员会影印《财政部币制研究委
员会丛刊》本

中国币制问题之经过及展望一卷

南海陈锦涛撰

民国二十三年（1934）财政部币制研

究委员会影印《财政部币制研究委员会丛刊》本

钱物流转原理一卷

南海陈锦涛撰

清光绪三十二年（1906）石印本

草庐谈柄一卷

顺德黄节撰

清末刻本

学服斋笔记六卷

南海黄任恒撰

民国二十年（1931）南海保粹堂刻本

瘿忘编二卷续论一卷附后一卷

（清）李塨撰　顺德邓实　顺德黄节校录

清光绪三十四年（1908）上海国学保存会铅印本

民国十二年（1923）北京四存学会铅印本

国粹学报七年汇刊（乙巳年至辛亥年）一卷

顺德邓实　顺德黄节编

清光绪三十一年至宣统三年（1905—1911）国粹学报馆铅印本

1970年台北文海出版社影印本

2006年广陵书社影印本

北行小草一卷

顺德温肃撰

民国九年（1920）铅印本

指明骗局不分卷

南海梁作琴辑撰

清刻本

艳语不分卷

南海何仲琴著

民国四年（1915）广益书局铅印本

榕园余沈不分卷

南海周泳笙著

民国四年（1915）广州石经堂铅印本

2014年影印《民国时期文献资料海外拾遗》本

谈柄撷余二卷

顺德简福成辑评　汾江静庐居士参订

清末刻本

小说家类

新刊大元混一江南实录不分卷

（元）刘敏中撰（清）顺德李文田校并跋

清顺德李文田抄本

遵闻录一卷

（明）顺德梁亿撰

明刻《今献汇言》本

清顺治刻《说郛》本

民国二十六年（1937）上海商务印书馆影印《今献汇言》本

1990年江苏广陵古籍刻印社影印《今献汇言》本

五山志林八卷

（清）顺德罗天尺撰

清乾隆二十六年（1761）刻本

清道光至同治南海伍氏粤雅堂刻本

民国二十六年（1937）上海商务印书馆铅印《丛书集成初编》本

1985年中华书局影印《丛书集成初编》本

1986年顺德县志办公室点校《顺德文

献丛书》本

2015 年广州出版社影印《广州大典》本

咫闻录十二卷

（清）顺德温汝适撰

清道光九年（1829）刻本

2005 年重庆出版社标点本

2015 年广州出版社影印《广州大典》本

梁太师江南访主传不分卷

（清）顺德何梦梅撰

清道光二十九年（1849）刻本

2000 年金城出版社影印《传世孤本经
典小说》本

空即色不分卷

（清）三水欧博明撰

清光绪刻本

2015 年广州出版社影印《广州大典》本

苗宫夜合花不分卷

顺德何恭第撰

民国香江小说社铅印本

1980 年台湾广文书局印本

2001 年印刷工业出版社影印《中华秘
本》本

跋封氏闻见记一卷

顺德岑仲勉编

民国二十七年（1938）印本

跋历史语言研究所所藏明末谈刻及道光
三年本太平广记不分卷

顺德岑仲勉著

民国三十一年（1942）国立中央研究
院历史语言研究所抽印本

跋唐摭言不分卷

顺德岑仲勉著

民国二十七年（1938）印本

唐唐临冥报记之复原不分卷

顺德岑仲勉著

民国三十四年（1945）国立中央研究
院历史语言研究所抽印本

燕京杂记一卷

（清）顺德□□撰

清光绪二十三年（1897）上海著易堂
铅印《小方壶斋舆地丛钞补编》本

民国十四年（1925）北京铅印本

1976 年台北新兴书局影印《笔记小说
大观》本

1996 年河北教育出版社影印《历代笔
记小说集成》本

天文历算类

数学精详十一卷

（清）屈曾发著（清）南海孔继藩初
校（清）南海邹镜覆校

清同治十年（1871）学海堂刻本

算迪八卷

（清）南海何梦瑶撰

清道光二十五年（1845）南海伍氏粤
雅堂刻《岭南遗书》本

民国二十四年（1935）上海商务印书
馆铅印《丛书集成初编》本

1985 年中华书局影印《丛书集成初
编》本

2000 年北京出版社影印《四库未收书
辑刊》本

2014 年广西师范大学出版社影印《西
樵历史文化文献丛书》本

2015 年广州出版社影印《广州大典》本

格术补一卷

（清）南海邹伯奇撰

清同治十二年（1873）广州拾芥园刻《邹征君遗书》本

清同治至光绪长沙古荷花池精舍刻本

清光绪十四年（1888）上海龙文书局石印本

清光绪二十三年（1897）上海文澜书局石印本

清光绪二十四年（1898）上海鸿文书局石印本

2015年广州出版社影印《广州大典》本

周髀算经考证一卷

（清）南海邹伯奇撰

清光绪二十四年（1898）上海算学书局石印《古今算学丛书》本

求弦矢通术一卷

（清）南海伊德龄撰

清同治至光绪刻本

算略一卷

（清）南海冯经撰

清嘉庆十八年（1813）枬堂刻本

清道光三十年（1850）南海伍氏粤雅堂文字欢娱室刻《岭南遗书》本

民国二十六年（1937）上海商务印书馆铅印《丛书集成初编》本

1985年中华书局影印《丛书集成初编》本

1996年上海古籍出版社影印《续修四库全书》本

2015年广州出版社影印《广州大典》本

周髀算经述一卷

（清）南海冯经撰

清道光十年（1830）刻本

民国二十六年（1937）上海商务印书馆铅印《丛书集成初编》本

1985年中华书局影印《丛书集成初编》本

2015年广州出版社影印《广州大典》本

天星选择撮要一卷附立命真度表择吉要法一卷

（清）顺德左敬元撰

清同治十三年（1874）顺德龙山崇日堂刻本

2015年广州出版社影印《广州大典》本

三统术详说四卷

（清）陈澧撰（清）南海廖廷相补校

清光绪广雅书局刻本

1996年上海古籍出版社影印《续修四库全书》本

中西四千年纪历一卷

（清）南海孔昭焱撰

清光绪二十三年（1897）万木草堂刻本

2015年广州出版社影印《广州大典》本

中国各省立命黄道真度表二卷首一卷中国舆地北极经纬表一卷

（清）顺德蔡缓彩著

民国六年（1917）顺德蔡真步堂刻本

春秋天文考一卷

（清）顺德蔡缓彩撰

清光绪二十五（1899）羊城多文堂刻本

民国三年（1914）顺德龙江蔡真步堂刻本

2015年广州出版社影印《广州大典》本

弧角七政图算六卷

（清）顺德蔡缓彩撰

清光绪二十五（1899）真步堂刻本

2015 年广州出版社影印《广州大典》本

几何画法一卷

［英］费士特撰（清）顺德黄桂芬译

清光绪三十二年（1906）浮鸥馆刻本

2015 年广州出版社影印《广州大典》本

广州府太阳高弧表一卷

（清）顺德左启撰

清光绪四年（1878）刻本

2015 年广州出版社影印《广州大典》本

陈启沅算学十三卷首一卷

（清）南海陈启沅撰

清光绪十五年（1889）惜阴草堂刻本

2015 年广西师范大学出版社影印《西樵历史文化文献丛书》本

2015 年广州出版社影印《广州大典》本

诸天讲十五卷

南海康有为撰

民国十九年（1930）铅印本

1990 年中华书局整理《康有为学术著作选》本

术数类

撼龙经注一卷

（唐）杨筠松撰（清）顺德李文田注

清光绪十八年（1892）庐陵萧氏刻本

2015 年广州出版社影印《广州大典》本

皇极经世易知八卷首一卷

（清）南海何梦瑶编

清道光十三年（1833）滚雪楼刻本

清咸丰九年（1859）滚雪楼刻本

清光绪十三年（1887）上海扫叶山房

刻本

2000 年北京出版社影印《四库未收书辑刊》本

2014 年广西师范大学出版社影印《西樵历史文化文献丛书》本

2015 年广州出版社影印《广州大典》本

理学钩玄三卷

［日］中江笃介著（清）南海陈鹏译

清光绪二十八年（1902）上海益智书局铅印本

易象元机二卷

（清）顺德邓接成撰

清道光二十年（1840）顺德龙山陈沛贤堂刻本

清道光二十一年（1841）裕新堂刻本

2015 年广州出版社影印《广州大典》本

易象占验一卷

（清）顺德邓接成撰

清道光二十年（1840）顺德龙山陈沛贤堂刻本

清道光二十一年（1841）裕新堂刻本

2015 年广州出版社影印《广州大典》本

周易愚猜四卷

（清）顺德潘湘白辑

清道光二十九年（1849）顺邑潘氏刻本

地理知本金锁秘二卷

（清）顺德邓恭撰

清嘉庆刻本

2015 年广州出版社影印《广州大典》本

地理条贯十二卷

（清）三水陆文明撰

清嘉庆二年（1797）佛山金玉楼刻本

2016 年台北经学文化事业有限公司影

印《稀见清代四部辑刊》本

地理寻源正编一卷附编一卷

（清）南海劳潼撰

清嘉庆十八年（1813）粤东学院前心
简斋刻本

2015 年广州出版社影印《广州大典》本

2016 年广东人民出版社影印《海外广
东珍本文献丛刊》本

乘方捷术三卷

（清）南海邹伯奇撰

清同治十二年（1873）刻《邹征君遗
书》本

清光绪二十四年（1898）上海算学书
局石印《古今算学丛书》本

2015 年广州出版社影印《广州大典》本

理气溯源初集六卷

（清）南海陈启沅撰

清光绪十年（1884）惜阴草堂刻本

2012 年台中文听阁图书有限公司影印
《晚清四部丛刊》本

2015 年广州出版社影印《广州大典》本

古术今测八卷

（清）顺德梁僧宝撰

清光绪二十四年（1898）王氏家塾刻本

新参后续百中经不分卷

（清）南海黄宗圣著

清光绪二十九年（1903）省城双门底
古经阁刻本

民国广州双门底福芸楼刻本

星学精华一卷

（清）顺德梁凤俦撰

清抄本

2010 年广东人民出版社影印《三编清

代稿钞本》本

2015 年广州出版社影印《广州大典》本

地理丛谈一卷元运发微一卷易象一得图说一卷

（清）南海卢朴著

民国十年（1921）卢氏景星堂刻朱墨
套印本

艺术类

书画之属

钦定元承华事略补图六卷

（元）王恽著（清）顺德李文田等补

清末刻本

清光绪二十四年（1898）上海扫叶山
房石印本

刘洁神道碑

（明）佛山伦文叙撰（明）李时正书
（明）丰熙篆额

明弘治十二年（1499）山西省襄垣县
肖家垛刻石 1980 年拓本

苏珥书离骚一卷

（清）顺德苏珥书

清同治四年（1865）拓本

张锦芳法源寺诗帖一卷

（清）顺德张锦芳书

清拓本

黎二樵山水一卷

（清）顺德黎简绘

清绘本

民国影印本

黎二樵先生墨宝不分卷

（清）顺德黎简书

民国顺德墨晋斋珍藏本

重修仙城会馆碑记不分卷

（清）顺德温汝适撰 （清）顺德张锦
芳隶书

清乾隆五十三年（1788）刻石拓本

仙城会馆碑一卷

（清）顺德温汝适撰 （清）顺德何惠
群正书

清嘉庆十四年（1809）刻石拓本

常惺惺斋书画题跋二卷

（清）南海谢兰生撰

清抄本

清同治十年（1871）郁洲谢氏刻本

2009年广东人民出版社影印《续编清
代稿钞本》本

2014年广东人民出版社整理《广州史
志丛书》本

2015年广州出版社影印《广州大典》本

筠清馆法帖六卷

（清）南海吴荣光辑

清道光十年（1830）刻石拓本

清宣统元年（1909）上海文明书局影
印本

民国十三年（1924）上海文明书局石
印本

2015年广州出版社影印《广州大典》本

岳麓书院法帖一卷

（清）南海吴荣光辑

清道光十三年（1833）刻石拓本

2015年广州出版社影印《广州大典》本

吴荣光写经一卷

（清）南海吴荣光书

清光绪三十四年（1908）广州澄天阁

石印本

石云山人金石书画题跋一卷

（清）南海吴荣光撰

民国容庚抄本

辛丑销夏记五卷

（清）南海吴荣光撰

清道光二十一年（1841）南海吴氏刻本

清光绪三十一年（1905）长沙叶氏郎
园刻本

民国十四年（1925）长沙叶氏郎园影
印本

1996年上海古籍出版社影印《续修四
库全书》本

2015年上海古籍出版社校点本

2015年广州出版社影印《广州大典》本

宋拓化度寺碑一卷

（唐）欧阳询书 （清）南海吴荣光考释

民国影印本

寒香馆藏真帖六卷

（清）顺德梁九章辑

清道光十六年（1836）寒香馆刻暨拓本

2013年岭南美术出版社影印本

2015年广州出版社影印《广州大典》本

孔继勋小楷字帖—杜甫七律

（清）南海孔继勋书

清稿本

1963年北京出版社影印本

1988年北京古籍出版社影印本

骆文忠公手札一卷

（清）佛山骆秉章撰

清光绪十一年（1885）上海同文书局
石印《名贤手札》本

清光绪十九年（1893）上海宝文书局

石印本

1998 年甘肃人民出版社影印《晚清八大名臣手札》本

清骆秉章等与劳崇光手书不分卷

（清）佛山骆秉章等著

清手稿粘贴本

藤花亭书画跋四卷

（清）顺德梁廷枏撰

民国二十三年（1934）顺德中和园铅印本

2010 年国家图书馆出版社影印《历代书画录续编》本

2016 年台北学海出版社影印《金石书画题跋丛刊》本

朱九江先生遗墨一卷

（清）南海朱次琦书

清稿本

2016 年广东人民出版社影印《海外广东珍本文献丛刊》本

朱次琦先生墨迹一卷

（清）南海朱次琦撰

清稿本

2015 年广东人民出版社影印《七编清代稿钞本》本

朱九江手迹一卷

（清）南海朱次琦书

清稿本

2013 年广东人民出版社影印《五编清代稿钞本》本

南雪斋藏真十二卷

（清）南海伍元蕙辑

清咸丰二年（1852）南海伍氏刻石拓本

2015 年广州出版社影印《广州大典》本

邓和简公墨宝六卷

顺德邓华熙撰

清稿本

2007 年广东人出版社影印《清代稿钞本》本

岳雪楼书录不分卷

（清）南海孔广陶编

清同治抄本

2015 年广州出版社影印《广州大典》本

岳雪楼鉴真法帖十二卷

（清）南海孔广陶辑

清光绪六年（1880）南海孔氏岳雪楼拓本

2015 年广州出版社影印《广州大典》本

岳雪楼书画录五卷

（清）南海孔广镛（清）南海孔广陶同编

清光绪十五年（1889）三十有三万卷堂刻本

1996 年上海古籍出版社影印《续修四库全书》本

2007 年北京图书馆出版社影印《历代书画录辑刊》本

2011 年上海古籍出版社点校本

2015 年广州出版社影印《广州大典》本

李文诚公缩临醴泉铭一卷

（清）顺德李文田书

民国十九年（1930）影印本

李文田书韬楼一卷

（清）顺德李文田书

民国上海尚古山房石印本

李若农唐碑十二种

（清）顺德李文田书

清光绪五年（1879）刻本

清末石印本

2015 年广州出版社影印《广州大典》本

仙城会馆碑一卷

（清）顺德李文田撰并书

清同治元年（1862）刻石拓本

李文田六朝书法一卷

（清）顺德李文田书

民国上海尚古山房石印本

粤东旧馆碑拓片一卷

（清）南海张荫桓撰（清）汪嘉堂正书

清光绪二十三年（1897）刻石拓本

新建广东南海县会馆碑记一卷

（清）佛山戴鸿慈撰

清光绪十九年（1893）广州拓本

康南海书一天园诗稿一卷

南海康有为书

民国十四年（1925）有正书局影印本

万木草堂藏画目不分卷

南海康有为编

民国七年（1918）上海长兴书局石印本

1977 年台北文史哲出版社印本

康有为手迹一卷

南海康有为撰

清稿本

2013 年广东人民出版社影印《五编清
代稿钞本》本

广艺舟双楫六卷

南海康有为撰

清末抄本

清光绪十九年（1893）南海康氏万木
草堂刻本

清光绪二十八年（1902）刻本

民国五年（1916）上海广智书局铅印本

1981 年上海书画出版社注释本

1996 年上海古籍出版社影印《续修四
库全书》本

2004 年北京图书馆出版社整理本

2015 年广州出版社影印《广州大典》本

南海先生遗墨一卷附录一卷

南海康有为撰

民国影印本

康南海先生墨迹不分卷

南海康有为书

民国二十年（1931）上海环球书局影
印本

康南海行书一卷

南海康有为撰

民国石印本

康南海先生自写开岁忽六十寿诗一卷

南海康有为撰并书

民国石印本

民国六年（1917）影印本

康南海书一天园记一卷

南海康有为撰并书

民国上海有正书局石印本

美术丛书四集

顺德邓实辑

清宣统三年至民国四年（1911—1915）
上海神州国光社铅印本

民国十七年（1928）上海神州国光社
铅印本

民国二十五年（1936）上海神州国光
社铅印本

1997 年江苏古籍出版社影印本

2013 年凤凰出版社影印本

2013 年浙江人民美术出版社影印本

子目

初集

第一辑

书筏一卷（清）笪重光撰

画筌一卷（清）笪重光撰（清）王翚（清）恽格评

龚安节先生画诀一卷（清）龚贤撰

苦瓜和尚画语录一卷（清）释道济撰

赐砚斋题画偶录一卷（清）戴熙撰

草心楼读画集一卷（清）黄崇惺撰

摹印述一卷（清）陈澧撰

墨经一卷（宋）晁贯之撰

琴学八则一卷（清）程雄撰

观石录一卷（清）高兆撰

艺兰记一卷（清）刘文淇撰

履园画学一卷（清）钱泳撰

七颂堂词绎一卷（清）刘体仁撰

七颂堂识小录一卷（清）刘体仁撰

第二辑

初月楼论书随笔一卷（清）吴德旋撰

雨窗漫笔一卷（清）王原祁撰

麓台题画稿一卷（清）王原祁撰

东庄论画一卷（清）王昱撰

装潢志一卷（清）周嘉胄撰

端溪砚坑记一卷（清）李兆洛撰

玉纪一卷（清）陈性撰

玉纪补一卷（清）刘心珤撰

金粟词话一卷（清）彭孙遹撰

制曲枝语一卷（清）黄周星撰

前尘梦影录二卷（清）徐康撰

第三辑

书法约言一卷（清）宋曹撰

画眼一卷（明）董其昌撰

画诀一卷（清）孔衍栻撰

冬心画竹题记一卷（清）金农撰

冬心画梅题记一卷（清）金农撰

冬心画马题记一卷（清）金农撰

冬心画佛题记一卷（清）金农撰

冬心自写真题记一卷（清）金农撰

阳羡名陶录二卷（清）吴骞撰

窑器说一卷（清）程哲撰

后观石录一卷（清）毛奇龄撰

勇庐闲诘一卷（清）赵之谦撰

士那补释一卷（清）张义澍撰

负暄野录二卷（宋）陈标撰

第四辑

钝吟书要一卷（清）冯班撰

画引一卷（清）顾凝远撰

二十四画品一卷（清）黄钺撰

画友录一卷（清）黄钺撰

赖古堂书画跋一卷（清）周亮工撰

小松圆阁书画跋一卷附砚铭杂器铭一卷（清）程庭鹭撰

秋水园印说一卷（清）陈鍊撰

墨志一卷（明）麻三衡撰

荀勖笛律图注一卷（清）徐养原撰

书影择录一卷（清）周亮工撰

第五辑

频罗庵论书一卷（清）梁同书撰

绘事发微一卷（清）唐岱撰

论画绝句一卷（清）宋荦原唱（清）朱彝尊和

漫堂书画跋一卷（清）宋荦撰

频罗庵书画跋一卷（清）梁同书撰

古铜瓷器考二卷（清）梁同书撰

古铜器考一卷

古窑器考一卷

怪石赞一卷（清）宋荦撰

雪堂墨品一卷（清）张仁熙撰

漫堂墨品一卷（清）宋荦撰

笔史一卷（清）梁同书撰

秋园杂佩一卷（清）陈贞慧撰

第六辑

临池管见一卷（清）周星莲撰

画尘一卷（明）沈颢撰

绘事津梁一卷（清）秦祖永撰

徐电发枫江渔父小像题咏一卷（清）
　徐釚辑

书笺一卷（明）屠隆撰

帖笺一卷（明）屠隆撰

画笺一卷（明）屠隆撰

琴笺一卷（明）屠隆撰

摹印传灯二卷（清）叶尔宽撰

石谱一卷（清）诸九鼎撰

砚录一卷（清）曹溶撰

瓶史二卷（明）袁宏道撰

天壤阁杂记一卷（清）王懿荣撰

第七辑

临池心解一卷（清）朱和羹撰

学画浅说一卷（清）王概撰

学古编一卷附三十五举校勘记一卷
　（元）吾丘衍撰　　（清）姚觐元撰
　校勘记

续三十五举一卷（清）桂馥撰

再续三十五举一卷（清）姚晏撰

续三十五举一卷（清）黄子高撰

端溪砚石考一卷（清）高兆撰

享金簿一卷（清）孔尚任撰

第八辑

海岳名言一卷（宋）米芾撰

宝章待访录一卷（宋）米芾撰

指头画说一卷（清）高秉撰

玉几山房画外录二卷（清）陈撰撰

印章集说一卷（明）甘旸撰

清秘藏二卷（明）张应文撰

第九辑

安吴论书一卷（清）包世臣撰

小山画谱二卷（清）邹一桂撰

曝书亭书画跋一卷（清）朱彝尊撰

说砚一卷（清）朱彝尊撰

赏延素心录一卷（清）周二学撰

琉璃志一卷（清）孙廷铨撰

石友赞一卷（清）王琢撰

洞天清录集一卷（宋）赵希鹄撰

第十辑

天际乌云帖考二卷（清）翁方纲撰

评书帖一卷（清）梁𪩘撰

眉公书画史一卷（明）陈继儒撰

书画金汤一卷（明）陈继儒撰

西湖卧游图题跋一卷（明）李流芳撰

三万六千顷湖中画船录一卷（清）迮
　朗撰

妮古录四卷（明）陈继儒撰

二集

第一辑

书史一卷（宋）米芾撰

汪氏珊瑚网画继一卷画据一卷画法一
　卷（明）汪砢玉撰

印说一卷（清）万寿祺撰

论墨一卷（清）万寿祺撰

砚林拾遗一卷（清）施闰章撰

寓意编一卷（明）都穆撰

第二辑

云烟过眼录二卷（宋）周密撰

云烟过眼录续集一卷（元）汤允谟撰

国朝吴郡丹青志一卷（明）王穉登撰

竹懒画剩一卷续画剩一卷附录一卷
　（明）李日华撰　顺德邓实辑附录

竹懒墨君题语一卷（明）李日华撰

醉鸥墨君题语一卷（明）李肇亨撰

评纸帖一卷（宋）米芾撰

墨表二卷古今墨论一卷（清）万寿祺撰

传古别录一卷（清）陈介祺撰

第三辑

贞观公私画史一卷（唐）裴孝源撰

玉雨堂书画记四卷（清）韩泰华撰

今夕盦读画绝句一卷（清）居巢撰

今夕盦题画诗一卷（清）居巢撰

七家印跋不分卷（清）秦祖永撰

第四辑

书法雅言一卷（明）项穆撰

须静斋云烟过眼录一卷（清）潘世璜
　撰（清）潘遵祁录

宣德鼎彝谱八卷（明）吕震等撰

宣炉博论一卷（明）项元汴撰

宣炉歌注一卷（清）冒襄撰

非烟香法一卷（明）董说撰

第五辑

寒山帚谈二卷附录二卷（明）赵宧光撰

竹谱一卷（元）李衎撰

墨竹记一卷（□）张退公撰

华光梅谱一卷（宋）释仲仁撰

画梅题跋一卷（清）查礼撰

竹人录二卷（清）金元钰撰

第六辑

唐朝名画录一卷（唐）朱景玄撰

钤山堂书画记一卷（明）文嘉撰

朱卧庵藏书画目一卷（明）朱之赤撰

金粟笺说一卷（清）张燕昌撰

墨法集要一卷（明）沈继孙撰

青霞馆论画绝句一卷（清）吴修撰

第七辑

林泉高致一卷（宋）郭熙撰

传神秘要一卷（清）蒋骥撰

陶说六卷（清）朱琰撰

绣谱一卷（清）陈丁佩撰

谈石一卷（清）顺德梁九图撰

第八辑

字学忆参一卷（清）姚孟起撰

山水纯全集一卷（宋）韩拙撰

景德镇陶录十卷（清）蓝浦撰（清）
　郑廷桂补辑

杖扇新录一卷（清）王廷鼎撰

骨董十三说一卷（明）董其昌撰

第九辑

画史一卷（宋）米芾撰

六如居士画谱三卷（明）唐寅辑

纸墨笔砚笺一卷（明）屠隆撰

香笺一卷（明）屠隆撰

茶笺一卷（明）屠隆撰

山斋清供笺一卷（明）屠隆撰

起居器服笺一卷（明）屠隆撰

文房器具笺一卷（明）屠隆撰

游具笺一卷（明）屠隆撰

论印绝句一卷（清）吴骞辑

第十辑

书法粹言一卷（明）汪挺撰

中麓画品一卷（明）李开先撰

砚史一卷（宋）米芾撰

歙州砚谱一卷（宋）唐积撰

端溪砚谱一卷（宋）□□撰

瓶花谱一卷（明）张丑撰

砫砂鱼谱一卷（明）张丑撰

茶经一卷（明）张丑撰

野服考一卷（宋）方凤撰

红术轩紫泥法定本一卷（清）汪镐京撰

韵石斋笔谈二卷（清）姜绍书撰

三集

第一辑

篆学指南一卷（明）赵宦光撰

砚林印款一卷（清）丁敬撰

米庵鉴古百一诗一卷（明）张丑撰

溪山卧游录四卷（清）盛大士撰

冬心先生杂画题记一卷补遗一卷（清）
    金农撰

冬心先生随笔一卷（清）金农撰

竹里画者诗一卷（清）张廷济撰

清仪阁杂咏一卷（清）张廷济撰

第二辑

书学绪闻一卷（清）魏锡曾撰

古今画鉴一卷（元）汤垕撰

图画精意识一卷画论一卷（清）张庚撰

我川寓赏编一卷（清）□□撰

我川书画记一卷附录一卷（清）□□撰

墨记一卷（宋）何薳撰

续语堂论印汇录一卷（清）魏锡曾撰

第三辑

四友斋书论一卷画论一卷(明)何良俊撰

歙砚说一卷辨歙石说一卷（宋）□□撰

茗壶图录一卷［日］奥玄宝撰

论画杂诗一卷（清）金农撰

山静居画论一卷（清）方薰撰

志雅堂杂钞一卷（宋）周密撰

第四辑

论书法一卷（清）王宗炎撰

文湖州竹派一卷（元）吴镇撰

梅道人遗墨一卷（元）吴镇撰

松壶画忆二卷（清）钱杜撰

海虞画苑略一卷补遗一卷（清）鱼翼撰

曼盦壶庐铭一卷（清）叶金寿撰
    （清）郭传璞注

第五辑

翰林要诀一卷（元）陈绎曾撰

越画见闻三卷（清）陶元藻撰

冬花庵题画绝句一卷（清）奚冈撰

松壶画赘二卷（清）钱杜撰

蜀笺谱一卷（元）费著撰

蜀锦谱一卷（元）费著撰

颐堂先生糖霜谱一卷（宋）王灼撰

第六辑

书诀一卷（明）丰坊撰

古画品录一卷（南齐）谢赫撰

续画品一卷（陈）姚最撰

续画品录一卷（唐）李嗣真撰

后画录一卷（唐）释彦悰撰

饮流斋说瓷一卷　许之衡撰

第七辑

画论一卷（元）汤垕撰

明画录一卷（清）徐沁撰

端溪研坑考一卷（清）计楠撰

石隐砚谈一卷（清）计楠撰

墨余赘稿一卷（清）计楠撰

第八辑

宣和论画杂评一卷（宋）徽宗赵佶撰

好古堂家藏书画记二卷续收书画奇物
    记一卷（清）姚际恒撰

啸月楼印赏一卷（清）戴启伟撰

武英殿聚珍版程式一卷（清）金简撰

金玉琐碎二卷（清）谢堃撰

第九辑

玉燕楼书法一卷（清）鲁一贞（清）
    张廷相撰

梁元帝山水松石格一卷（南朝梁）元
    帝萧绎撰

罗钟斋兰谱一卷（明）张应文撰

广州城砖拓本一卷

南海廖景曾编

民国八年（1919）广州拓本

式园时贤书画集二辑

王鲲徙收藏　三水陆丹林编

民国影印本

绛帖题跋一卷

南海罗原觉撰　南海康有为辑

民国十年（1921）广州铅印本

2002年北京图书馆出版社影印《中国
国家图书馆碑帖精华》本

广东丛帖叙录一卷

南海冼玉清编

1949年广东省文献委员会影印《广东
文献馆丛书》本

少强画集不分卷

南海黄少强绘

民国二十四年（1935）广州民间画馆
影印本

民国二十六年（1937）广州民间画馆
影印本

画冢不分卷

南海黄少强绘

民国二十六年（1937）广州民间画馆
影印本

洗手归队不分卷

南海陈卓莹撰

民国油印本

篆刻之属

朱未央印略不分卷

（明）南海朱光夜篆刻

明天启至崇祯刻本

云隐印稿四卷

（清）南海谢景卿镌

清谢氏紫石山房钤印本

2015年广州出版社影印《广州大典》本

印谱备参不分卷

（清）南海谢景卿刻

清钤印本

簠斋藏古玉印谱一卷

（清）陈介祺藏印（清）何昆玉拓
（清）南海吴荣光考释

民国十九年（1930）神州国光社石印本

懿庄印存一卷

南海伍德彝辑

民国钤印本

绿杉轩集印不分卷

南海伍德彝辑

清光绪钤印本

2015年广州出版社影印《广州大典》本

汉铜印原十六卷

（清）顺德李阳集印

清道光十六年（1836）钤印本

2015年广州出版社影印《广州大典》本

秦汉三十体印证二卷

（清）顺德李阳篆辑

清道光二十年（1840）刻钤印本

2015年广州出版社影印《广州大典》本

寿竹斋印谱一卷

（清）顺德老廷光篆刻

清道光铅印本

2015年广州出版社影印《广州大典》本

师古堂印谱三卷印文辑略二卷

（清）南海刘绍藜辑

清嘉庆二十四年（1819）岭南刘氏万
花阁钤印本

2015 年广州出版社影印《广州大典》本

文印楼印存三卷

（清）三水苏展骥辑

清钤印本

味古堂印存一卷

（清）顺德冯兆年辑

清光绪十四年（1888）钤印本

2015 年广州出版社影印《广州大典》本

**潜县衙斋二十四咏印章不分卷四百三十
二峰草堂印章不分卷陕州衙斋二十
一咏印章不分卷**

（清）南海黄璟镌

清光绪二十二年（1896）点石斋石印本

2015 年广州出版社影印《广州大典》本

里木山房印存不分卷

（清）南海柯兆良篆刻

清光绪七年（1881）钤印本

2015 年广州出版社影印《广州大典》本

星堂印存一卷

（清）三水梁垣光篆刻

清光绪二十一年（1895）钤印本

2015 年广州出版社影印《广州大典》本

紫藤香馆印谱一卷

三水黄恩铭篆刻

民国钤印本

藤花盦印存一卷

三水黄恩铭镌

清光绪二十五年（1899）钤印本

2015 年广州出版社影印《广州大典》本

梦园印存一卷

南海区梦良篆刻

民国七年（1918）钤印本

大章印存不分卷

顺德叶大章篆刻

民国钤印本

晓清楼主人刻印不分卷

南海钟毅弘篆刻

民国钤印本

粤东印谱考不分卷

南海冼玉清著

民国二十五年（1936）岭南大学印本

乐谱之属

赵文敏书墨琴谱一卷

（清）顺德温汝遂摹

清嘉庆五年（1800）拓本

琴律一得二卷

（清）南海刘沃森撰

清光绪二十三年（1897）刻本

2015 年广州出版社影印《广州大典》本

粤乐入门不分卷

南海陈卓莹撰

民国十二年（1923）印本

民国二十二年（1933）印本

游艺之属

楹帖采腴二卷

（清）南海罗昌基辑

清同治五年（1866）翰宝楼刻本

2015 年广州出版社影印《广州大典》本

文选类联二卷

（清）顺德冯培光纂辑

清光绪四年（1878）粤东顺邑龙山进

文堂刻本

2015 年广州出版社影印《广州大典》本

莺花联句三卷

（清）顺德龙邦俨辑

清光绪九年（1883）天平街维经堂刻本

2015 年广州出版社影印《广州大典》本

新增韵对屑玉二卷

（清）顺德欧达彻编

清咸丰十一年（1861）尚友堂刻本

清光绪二十六年（1900）佛山英文堂
活字印本

民国二十三年（1934）上海扫叶山房
石印本

新增韵对屑玉津梁二卷

（清）顺德欧达彻辑（清）李天淇注

清末刻本

新增韵对屑玉津梁二卷附增订切字捷法
一卷辨字一卷

（清）顺德欧达彻辑（清）李天淇注

清末广州四和堂书林刻本

新增详注韵对屑玉二卷

（清）顺德欧达彻辑（清）钟映雪
（清）李天淇等注

清末广州学院前聚贤堂刻本

2015 年广州出版社影印《广州大典》本

增注韵对屑玉三卷

（清）顺德欧达彻撰

清末萃经楼刻本

民国四年（1915）广州九曜坊守经堂
石印本

韵对屑玉笺注二卷增订切字捷法一卷

（清）顺德欧达彻撰

清嘉庆二十二年（1817）刻本

清宣统二年（1910）佛山天宝楼铅印本

樱石书屋楹帖二卷

（清）顺德吴炳南辑

清光绪七年（1881）刻本

2015 年广州出版社影印《广州大典》本

鞠部丛谈校补一卷

顺德罗惇曧撰　李宣倜校补　樊增祥
批点

民国十五年（1926）涉园刻本

2016 年浙江人民美术出版社点校《艺
文丛刊》本

鞠部丛谭一卷

顺德罗惇曧撰　张江裁辑

民国二十三年（1934）北平邃雅斋铅
印《清代燕都梨园史料》本

张黎合选春灯录一卷

顺德黎国廉　张超南等著

民国二十九年（1940）刻本

分类详注布局津梁一卷

吴文英　南海罗君筹编著

民国元年（1912）象学丛书出版社铅
印本

金山玉联初集不分卷

南海关缉卿著

清宣统元年（1909）美国金山旧埠文
林社石印本

螳螂拳谱一卷

顺德黄汉勋编述

民国二十四年（1935）汉勋健身院铅
印本

1980 年香港艺美图书公司影印本

谱录类

云林石谱三卷附咏石诗一卷
（宋）杜绾撰　南海李宗颢辑钞
清稿本

藤花亭镜谱八卷
（清）顺德梁廷柟撰
清抄本
清道光二十五年（1845）刻本
民国二十三年（1934）顺德龙氏中和
　园铅印《自明诚楼丛书》本
1996年上海古籍出版社影印《续修四
　库全书》本
2015年广州出版社影印《广州大典》本

谈石一卷
（清）顺德梁九图撰
民国三年（1914）上海神州国光社铅
　印《美术丛书》本
1998年北京古籍出版社影印《中华美
　术丛书》本
2018年浙江人民美术出版社影印《美
　术丛书》本

岭海兰言二卷
（清）南海区金策撰
清抄本
1986年广州花卉协会校注本
1992年广东人民出版社整理本
2015年广州出版社影印《广州大典》本

磊园语泉一卷
南海李宗颢撰
清稿本
2015年广州出版社影印《广州大典》本

阳羡砂壶图考二卷
南海李景康　张虹编
民国二十六年（1937）香港铅印本
1998年香港中文大学文物馆印本

宗教类

六祖坛经注一卷
（唐）释法海编集（清）顺德赖振寰注
民国十年（1921）顺德朱子碑楼刻本

般若波罗蜜多心经中道疏一卷梵灯集一卷
（唐）释玄奘译　佛山霍洁尘述疏
民国二十三年（1934）尘影斋铅印本

长庆宗宝独禅师语录六卷
（明）南海释道独语（清）天然函昰撰
清乾隆刻本
民国二十七年（1938）北京刻经处刻本
1987年台北新文丰出版公司影印《明
　版嘉兴大藏经》本
1994年中华书局影印《中华大藏经》本
2004年北京图书馆出版社影印《禅宗
　全书》本
2015年广州出版社影印《广州大典》本

华严宝镜一卷
（明）南海释道独撰
清道光六年（1826）海幢寺刻本
2015年广州出版社影印《广州大典》本

圣经注辨三卷
（清）南海罗仲藩撰
清末广州酌雅斋刻本

马太福音注释一卷
（清）南海何进善辑
清同治七年（1868）香港英华书院铅
　印本

清同治十三年（1874）上海美华书馆
铅印本

圣经证据不分卷

（清）南海何进善撰

清同治六年（1867）香港刻本

修身玉髓一卷

南海劳宝胜撰

清同治至光绪刻本

2015 年广州出版社影印《广州大典》本

善与人同录四卷

（□）□□撰

清光绪十六年（1890）南海云泉仙馆
刻本

2015 年广西师范大学出版社影印《西
樵历史文化文献丛书》本

太上感应篇引经笺注一卷

（清）顺德罗惇衍编（清）惠栋笺注

清同治六年（1867）京师龙文斋刻本

云泉仙馆规条一卷

（清）西樵云泉仙馆编

清光绪三十年（1904）羊城西湖街超
华斋刻本

2015 年广州出版社影印《广州大典》本

关圣帝君应验桃园明圣经一卷

（清）南海徐汝良书

民国省城学院前宝经阁刻本

佛学与人生不分卷

顺德岑学吕撰

民国三十五年（1946）广州文光印刷
局本

大时代的宗教信仰不分卷

顺德吴耀宗著

民国二十七年（1938）香港青年协会
书局本

2012 年北京中献拓方科技发展有限公
司影印《民国籍粹》本

2014 年中国人民大学出版社整理《中
国近代思想家文库》本

没有人看见过上帝不分卷

顺德吴耀宗著

民国三十七年（1948）上海青年协会
书局铅印《青年丛书》本

2012 年北京中献拓方科技发展有限公
司影印《民国籍粹》本

2014 年中国人民大学出版社整理《中
国近代思想家文库》本

2016 年新北橄榄出版有限公司整理本

社会福音不分卷

顺德吴耀宗著

民国二十三年（1934）上海青年协会
书局本

2016 年新北橄榄出版有限公司整理本

释放人生不分卷

南海潘国楠辑

民国三十七年（1948）南海云泉仙馆
铅印本

集　部

别集类

汉魏六朝别集

杨议郎著书一卷

（汉）杨孚撰（清）南海曾钊辑

清道光至同治南海伍氏粤雅堂文字欢
娱室刻《岭南遗书》本

2015 年广州出版社影印《广州大典》本

魏武帝魏文帝诗注二卷

（三国魏）曹操（三国魏）曹丕撰
顺德黄节注

民国北京大学出版组铅印本

1958 年人民文学出版社本

2008 年人民文学出版社整理本

2010 年台北世界书局影印本

曹子建诗注二卷

（三国魏）曹植撰　顺德黄节选注

民国二十二年（1933）上海商务印书
馆铅印《兼葭楼丛书》本

1957 年人民文学出版社整理本

2008 年中华书局整理本

2008 年人民文学出版社整理本

阮步兵诗注一卷

（三国魏）阮籍撰　顺德黄节注

民国十五年（1926）铅印本

2008 年中华书局整理本

2008 年人民文学出版社整理本

谢康乐诗注四卷补遗一卷

（南朝宋）谢灵运撰　顺德黄节注

民国十三年（1924）清华大学铅印本

民国十四年（1925）铅印本

2008 年中华书局整理本

2008 年人民文学出版社整理本

鲍明远诗注二卷

（南朝宋）鲍照撰　钱振伦注　顺德黄
节补注

民国铅印本

唐别集

曲江集考证二卷附年谱一卷

（唐）张九龄撰（清）顺德温汝适考证

清嘉庆二十二年（1817）珍恕堂刻本

民国三十年（1941）广东丛书编印委
员会影印本

民国三十五年（1946）上海商务印书
馆铅印本

**唐丞相曲江张文献公集十二卷附录一卷
附曲江集考证二卷**

（唐）张九龄撰（清）顺德温汝适校
并考证

清光绪十八年（1892）刻本

民国三十五年（1946）上海商务印书
馆铅印本

杜诗矩四卷

（唐）杜甫撰（清）汪后来（清）南
海吴思九注

清刻本

从文苑英华中书翰林制诏两门所收白氏文论白集不分卷

（唐）白居易撰　顺德岑仲勉辑

民国三十一年（1942）国立中央研究院历史语言研究所抽印本

李长吉集四卷外集一卷

（唐）李贺撰（明）黄淳耀评（清）顺德黎简批点

清光绪十八年（1892）番禺叶衍兰写刻朱墨套印本

清宣统元年（1909）上海扫叶山房石印本

2015 年上海古籍出版社影印本

宋别集

南海百咏一卷

（宋）方信孺撰

清光绪八年（1882）学海堂刻本

清光绪十四年（1888）会稽木活字印本

民国二十五年（1936）上海商务印书馆铅印《丛书集成初编》本

1985 年中华书局影印《丛书集成初编》本

2010 年广东人民出版社点校本

2015 年广州出版社影印《广州大典》本

南涧甲乙稿二十二卷

（宋）韩元吉撰（清）南海吴荣光重修

清道光八年（1828）刻本

文溪集二十卷

（宋）李昂英撰（宋）李春叟编（明）顺德李际明重编

清康熙七年（1668）李氏刻本

清光绪二十三年（1897）刻本

随如百咏一卷

（宋）南海刘镇撰

民国二十年（1931）国立中央研究院历史语言研究所铅印《校辑宋金元人词》本

民国铅印《唐五代宋辽金元名家词集六十种》本

九峰先生集三卷首一卷附录一卷

（宋）顺德区仕衡撰

清道光二十年（1840）南海伍氏诗雪轩刻《粤十三家集》本

1989 年台北新文丰出版公司影印《丛书集成续编》本

1996 年上海古籍出版社影印《续修四库全书》本

2015 年广州出版社影印《广州大典》本

见面亭遗集一卷

（宋）顺德张镇孙撰

清道光二十五年（1845）番禺张氏刻本

2015 年广州出版社影印《广州大典》本

元别集

双溪醉隐集六卷

（元）耶律铸撰（清）顺德李文田笺

清光绪十八年（1892）顺德龙氏刻《知服斋丛书》朱印本

民国二十年至二十三年（1931—1934）大连辽海书社铅印本

2015 年广州出版社影印《广州大典》本

明别集

西庵集九卷

（明）顺德孙蕡撰

清乾隆三十五年（1770）孙氏桂馥堂

刻本

清道光十年（1830）姑苏叶初春刻本

2012 年北京出版社影印《文渊阁四库
全书》本

2013 年国家图书馆出版社影印《原国
立北平图书馆甲库善本丛书》本

2015 年广州出版社影印《广州大典》本

南海新声五卷

（明）南海欧著撰

清荔枝庄刻本

2015 年广州出版社影印《广州大典》本

易庵集十卷

（明）南海李德撰

清嘉庆十九年（1814）刻本

清同治二年（1863）据嘉庆本重印本

汇堂摘奇一卷

（明）南海王佐著

明嘉靖刻《明世学山》本

明万历刻《百陵学山》本

民国二十五年（1936）上海商务印书
馆影印《丛书集成初编》本

民国二十七年（1938）上海商务印书馆
影印《景印元明善本丛书十种》本

鸡肋集不分卷

（明）南海王佐著

民国五年（1916）刻本

1985 年中华书局影印《丛书集成初编》本

1994 年中山大学出版社校注本

2004 年海南出版社点校本

白沙子集八卷

（明）陈献章撰（明）湛若水辑（清）
佛山陈炎宗补辑

明嘉靖刻本

民国上海商务印书馆据明嘉靖刻本影
印本

闲居百咏一卷李抱真先生诗录一卷

（明）顺德李孔修撰（清）南海李长
荣辑

清刻本

2015 年广州出版社影印《广州大典》本

竹庐诗集不分卷

（清）南海吴璉撰

明嘉靖九年（1530）刻本

2015 年广州出版社影印《广州大典》本

吹剑集十二卷

（明）顺德苏葵撰

清光绪六年（1880）苏氏穗德堂刻本

2015 年广州出版社影印《广州大典》本

郁洲遗稿十卷（梁文康公文集）

（明）顺德梁储撰

明嘉靖四十五年（1566）刻本

清咸丰二年（1852）刻本

民国元年（1912）顺德梁丝纶堂刻本

2012 年北京出版社影印《文渊阁四库
全书》本

2015 年广州出版社影印《广州大典》本

古愚集四卷

（明）顺德苏仲撰

清光绪七年（1881）苏氏穗德堂刻本

2015 年广州出版社影印《广州大典》本

伦迁冈稿一卷

（明）佛山伦文叙撰（清）俞长城选评

清康熙步月楼令德堂刻《可仪堂一百
二十名家制义》本

清乾隆三年（1738）文盛堂怀德堂刻
《可仪堂一百二十名家制义》本

笔峰文集不分卷

（明）顺德王灵凤撰

明抄本

1997 年齐鲁书社影印《四库全书存目
丛书》本

渭厓文集十五卷

（明）南海霍韬撰

明嘉靖三十一年（1552）霍与瑕刻本

渭厓文集十卷

（明）南海霍韬撰（明）南海霍与瑕辑

明万历四年（1576）霍与瑕刻本

清康熙四十八年（1709）霍氏刻本

1997 年齐鲁书社影印《四库全书存目
丛书》本

霍文敏公全集十卷

（明）南海霍韬撰

清同治元年（1862）南海石头书院刻本

2015 年广西师范大学出版社影印《西
樵历史文化文献丛书》本

2015 年广州出版社影印《广州大典》本

五岭文集二卷附录一卷

（明）南海邝元乐撰

明清秘阁朱丝栏抄本

清道光湖南明德堂刻本

2015 年广州出版社影印《广州大典》本

庞弼唐先生遗言四卷首一卷

（明）南海庞嵩撰

清光绪十八年（1892）刻本

2015 年广州出版社影印《广州大典》本

天山草堂存稿六卷

（明）南海何维柏撰（明）叶梦熊辑

清乾隆至嘉庆沙滘何氏家藏抄本

1997 年齐鲁书社影印《四库全书存目

丛书》本

2014 年广西师范大学出版社影印《西
樵历史文化文献丛书》本

2015 年广州出版社影印《广州大典》本

五鹊别集二卷

（明）南海卢宁撰

明嘉靖三十八年（1559）刘珙刻本

1997 年齐鲁书社影印《四库全书存目
丛书》本

罗司勋文集八卷外集一卷

（明）顺德罗虞臣撰

清康熙五十年（1711）顺德罗虞献刻本

清乾隆刻本

清咸丰八年（1858）刻本

1997 年齐鲁书社影印《四库全书存目
丛书》本

2015 年广州出版社影印《广州大典》本

陈庶常遗集四卷附一卷

（明）南海陈万言撰

明崇祯三年（1630）王起隆刻本

钘园集十四卷

（明）南海陈万言撰

明天启王起隆刻本

2003 年广西师范大学出版社影印《美
国哈佛大学哈佛燕京图书馆藏中文
善本汇刊》本

欧仑山集六卷

（明）顺德欧大任等撰

清同治九年（1870）南海陈氏樵山草
堂刻《南园后五先生诗》本

1990 年中山大学出版社整理《岭南丛
书》本

2001 年齐鲁书社影印《四库全书存目

丛书补编》本

欧司训集一卷

（明）顺德欧大任撰

明隆庆刻《盛明百家诗》本

欧虞部集十五种七十二卷附一种四卷

（明）顺德欧大任撰

明隆庆至万历刻本

清道光刻本

1988 年北京图书馆出版社影印《北京
图书馆古籍珍本丛刊》本

2000 年北京出版社影印《四库禁毁书
丛刊》本

子目

百越先贤志四卷

欧虞部文集二十二卷

旅燕集四卷

浮淮集七卷

韶中稿一卷

广陵十先生传一卷

游梁集七卷

南纛集一卷

北辕集一卷

麚馆集四卷

西署集八卷

秣陵集八卷

诏归集一卷

蓬园集二卷

都下赠言一卷（清）南海庐师孔编

附李英集四卷（清）顺德李英撰

欧虞部集十五种七十九卷

（明）顺德欧大任撰

明万历刻清印本

清道光刻本

2015 年广州出版社影印《广州大典》本

子目

百越先贤志四卷

思玄堂集八卷

旅燕集四卷

浮淮集七卷

韶中稿一卷

广陵十先生传一卷

游梁集七卷

南纛集一卷

北辕集一卷

麚馆集四卷

西署集八卷

秣陵集八卷

诏归集一卷

蓬园集二卷

欧虞部文集二十二卷

欧虞部文集二十卷

（明）顺德欧大任撰

明万历十二年（1584）新都程懋易程
烈卿刻本

篁庄遗稿二卷

（明）顺德欧阳建撰

清咸丰三年（1853）刻本

2015 年广州出版社影印《广州大典》本

梁中舍集一卷

（明）顺德梁孜撰

明嘉靖至隆庆刻《盛明百家诗》本

2015 年广州出版社影印《广州大典》本

兰汀存稿八卷附录一卷

（明）顺德梁有誉撰

明嘉靖四十四年（1565）刻万历增修本

清康熙二十四年（1685）梁氏诒燕堂
刻本

1996 年上海古籍出版社影印《续修四库全书》本

2013 年国家图书馆影印《原国立北平图书馆甲库善本丛书》本

2015 年广州出版社影印《广州大典》本

梁比部集五卷

（明）顺德梁有誉撰

清同治九年（1870）南海陈氏樵山草堂刻《南园后五先生诗》本

1990 年中山大学出版社整理《岭南丛书》本

2001 年齐鲁书社影印《四库全书存目丛书补编》本

霍勉斋集二十二卷首一卷

（明）南海霍与瑕撰

清道光三年（1823）刻咸丰七年（1857）补刻本

清光绪十二年（1886）南海石头书院重刻本

1997 年齐鲁书社影印《四库全书存目丛书》本

2014 年广西师范大学出版社影印《西樵历史文化文献丛书》本

2015 年广州出版社影印《广州大典》本

百可亭摘稿文集七卷诗集二卷

（明）南海庞尚鹏撰

明万历二十七年（1599）庞英山刻本

清道光十二年（1832）叠滘庞敦睦堂刻本

1997 年齐鲁书社影印《四库全书存目丛书》本

2015 年广州出版社影印《广州大典》本

优斋诗录一卷

（明）来瞿唐撰（清）南海李长荣辑

清刻本

绿墅堂遗集二卷

（明）顺德吴誉闻撰（清）顺德吴文正重辑

清乾隆十年（1745）顺德吴氏刻本

清道光二十年（1840）顺德吴氏刻《吴氏家集》本

2015 年广州出版社影印《广州大典》本

勾漏集五卷咏史诗一卷

（明）顺德郑学醇撰（清）顺德郑凤翔（清）顺德郑时达重辑

清康熙六十一年（1722）郑时达刻本

清乾隆三十九年（1774）刻本

2015 年国家图书馆出版社影印《中国古籍珍本丛刊·广东省立中山图书馆卷》本

2015 年广州出版社影印《广州大典》本

四留堂稿三十卷

（明）南海卢龙云撰

明万历刻本

2013 年国家图书馆出版社影印《原国立北平图书馆甲库善本丛书》本

2015 年广州出版社影印《广州大典》本

区太史集三种附二种

（明）高明区大相撰

清康熙刻本

子目

诗集二十七卷

文集十二卷

区子四书翼六卷

附

游江门稿一卷

疏稿一卷

区太史诗集二十七卷

（明）高明区大相撰

明万历刻本

日本江户写本

清康熙刻本

清道光十年（1830）端溪区氏刻本

清道光二十年（1840）南海伍氏诗雪
轩刻《粤十三家集》本

1989 年商务印书馆影印《丛书集成续
编》本

2013 年国家图书馆出版社影印《原国
立北平图书馆甲库善本丛书》本

区太史诗集二十卷

（明）高明区大相撰

明崇祯十六年（1643）刻本

2017 年齐鲁书社点校本

区太史文集十二卷

（明）高明区大相撰

清康熙刻《区太史集》本

清雍正刻本

民国汪宗衍抄本

2017 年齐鲁书社点校本

区罗阳稿不分卷

（明）高明区大伦撰

民国聂崇一抄本

区罗阳集一卷

（明）高明区大伦撰

清初刻本

2017 年齐鲁书社点校本

清晖馆稿不分卷

（明）南海朱完撰

明刻本

2015 年广州出版社影印《广州大典》本

定香楼全集四卷

（明）南海区庆云撰

民国四年（1915）铅印本

民国十六年（1927）铅印本

2014 年广西师范大学出版社影印《西
樵历史文化文献丛书》本

偶然堂遗集三卷附一卷年谱一卷

（明）顺德梁元柱撰

清嘉庆二十五年（1820）梁廷枏刻本

清同治二年（1863）顺德春晖堂重刻本

清抄本

玄超堂藏稿一卷

（明）高明区怀年撰

明崇祯十年（1637）刻本

清初刻本

琅玕巢稿四卷

（明）高明区怀瑞撰

明天启至崇祯刻本

2013 年黄山书社影印《明别集丛刊》本

读易堂遗稿二卷

（明）顺德苏升撰

清光绪七年（1881）顺德苏氏种德堂
刻本

2015 年广州出版社影印《广州大典》本

欧子建集十九卷

（明）顺德欧必元撰

明万历刻本

子目

琭玉斋稿十四卷

罗浮稿二卷

溪上草一卷

勾漏草一卷

杂咏一卷

欧子建集十八卷

（明）顺德欧必元撰

清刻本

2015 年广州出版社影印《广州大典》本

子目

琭玉斋稿十四卷

罗浮稿二卷

溪上草一卷

勾漏草一卷

海忠介先生备忘集十卷

（明）海瑞著（清）王元士补遗（清）

南海朱子虚辑

清康熙十九年（1680）补刻本

清康熙三十五年（1696）海廷芳刻本

陈岩野先生集三卷

（明）顺德陈邦彦撰

清道光二十八年（1848）泾县潘氏袁

江节署刻《乾坤正气集》本

清光绪元年（1875）七年（1881）十

八年（1892）据道光刻本重印本

陈岩野先生全集四卷（雪声堂集）

（明）顺德陈邦彦撰（清）顺德温汝

能辑

清嘉庆十年（1805）听松阁刻本

1977 年香港何氏至乐楼影印本

1986 年顺德县志办公室点校《顺德文

献丛书》本

2015 年广州出版社影印《广州大典》本

邝海雪集笺十二卷

（明）南海邝露撰（清）南海邝廷瑶笺

清咸丰元年（1851）绮错楼刻本

2015 年广州出版社影印《广州大典》本

峤雅二卷

（明）南海邝露撰

明崇祯南海邝氏海雪堂刻本

清道光南海邝氏海雪堂刻本

1990 年广东高等教育出版社点校注释

本

2015 年广州出版社影印《广州大典》本

清别集

知鸿堂文集不分卷

（清）顺德陈诗撰

清道光三十年（1850）刻本

2015 年广州出版社影印《广州大典》本

鹿冈集四卷

（清）汪后来撰

清乾隆刻本

抄本

2015 年广州出版社影印《广州大典》本

二丸居集选九卷续集一卷外集一卷

（清）顺德黎景义撰

清光绪元年（1875）顺德黎氏光泽堂

重刻本

2015 年广州出版社影印《广州大典》本

绮园蕉筒三卷

（清）顺德梁祐逮撰

清康熙刻本

2015 年广州出版社影印《广州大典》本

柳盟园诗集二卷

（清）顺德胡天球撰

清道光三十年（1850）重刻本

2015 年广州出版社影印《广州大典》本

旅草一卷

（清）顺德胡天宠撰

清康熙刻本

2015 年广州出版社影印《广州大典》本

香眉堂诗集四卷

（清）顺德胡天宠撰

清光绪刻本

2015 年广州出版社影印《广州大典》本

海日堂集七卷补遗一卷

（清）南海程可则撰

清康熙二十八年（1689）刻本

清道光五年（1825）程氏刻本

2010 年上海古籍出版社影印《清代诗
文集汇编》本

2012 年广西师范大学出版社影印《西
樵历史文化文献丛书》本

2015 年广州出版社影印《广州大典》本

湟榛诗选一卷

（清）南海程可则撰

清康熙十一年（1672）吴氏鉴古堂刻本

2015 年广州出版社影印《广州大典》本

粤台征雅录一卷

（清）南海罗元焕辑（清）南海陈仲
鸿注

清乾隆刻本

清道光三十年（1850）南海伍氏粤雅
堂刻本

1960 年商务印书馆铅印《丛书集成初
编》本

1985 年中华书局影印《丛书集成初
编》本

2015 年广州出版社影印《广州大典》本

万石堂诗文稿四卷

（清）南海罗元焕撰

清抄本

2015 年广东人民出版社影印《七编清
代稿钞本》本

2015 年广州出版社影印《广州大典》本

南枝堂集诗钞一卷文钞一卷

（清）顺德薛始亨撰　顺德蔡哲夫辑

清末民国抄《琴趣轩笔记》本

民国二十七年（1938）抄本

蒯缑馆十一草一卷

（清）顺德薛始亨撰

民国香山莫氏片玉书斋抄本叶恭绰校本

民国三十七年（1948）上海商务印书
馆影印《广东丛书》本

2016 年广东人民出版社影印《海外广
东珍本文献丛刊》本

南枝堂稿不分卷

（清）顺德薛始亨撰

清稿本

清马氏冬青堂绿丝栏抄本

民国香山莫氏片玉书斋抄本

1974 年香港何氏至乐楼影印《何氏至
乐楼丛书》本

2016 年广东人民出版社影印《海外广
东珍本文献丛刊》本

灌园吟一卷

（明）顺德陈诗撰

明抄本

不去庐集十四卷附墓志集外文诗一卷

（明）顺德何绛撰

清抄本

民国抄本

1973 年香港何氏至乐楼影印《何氏至
乐楼丛书》本

独漉堂诗集不分卷

（清）顺德陈恭尹撰

清抄本

独漉堂诗稿六卷赋一卷

（清）顺德陈恭尹撰

清康熙十三年（1674）刻本

2015年广州出版社影印《广州大典》本

元孝诗四卷

（清）顺德陈恭尹撰

清康熙五十二年（1713）静远堂刻

《五大家诗》本

独漉堂集诗十五卷文十五卷续编一卷陈
**　　独漉先生年谱一卷**

（清）顺德陈恭尹撰（清）陈赣编

　　顺德温肃编

清道光五年（1825）刻本

清宣统元年（1909）刻本

民国八年（1919）广东超华斋刻本

1996年上海古籍出版社影印《续修四

　　库全书》本

2010年上海古籍出版社影印《清代诗

　　文集汇编》本

2015年广州出版社影印《广州大典》本

2018年人民文学出版社点校《明清别

　　集丛刊》本

独漉诗笺五卷

（清）顺德陈恭尹著　顺德陈荆鸿笺

稿本

1995年香港据手稿影印本

2009年广东人民出版社影印本

独漉堂诗选八卷

（清）顺德陈恭尹撰　顺德黎骚选

民国二十五年（1936）黄华出版社铅

印本

选选楼遗诗不分卷

（清）南海岑征撰

清康熙刻本

民国抄本

民国二十六年（1937）广州南华社铅

印本

1978年香港何氏至乐楼影印本

2015年广州出版社影印《广州大典》本

南海集二卷

（清）王士禛撰

清康熙刻本

清乾隆刻本

1997年齐鲁书社影印《四库全书存目

丛书》本

2015年广州出版社影印《广州大典》本

天山草堂稿三卷

（清）顺德李文灿撰

清康熙二十四年（1685）刻本

2015年广州出版社影印《广州大典》本

东轩诗略一卷

（清）顺德陈励撰

清抄本

清道光三十年（1850）刻本

2015年广州出版社影印《广州大典》本

东皋草堂文集十卷

（清）韩海撰　顺德胡蓉编

清乾隆刻本

2015年广州出版社影印《广州大典》本

白兰堂诗一卷

（清）南海冯公亮撰

清乾隆三年（1738）刻本

宦游草一卷附陵阳别言一卷秋浦骊歌一卷

（清）顺德苏正学撰

清乾隆十三年（1748）苍葭堂写刻

清光绪四年（1878）刻本

2015 年广州出版社影印《广州大典》本

安舟遗稿不分卷

（清）顺德苏珥撰

清嘉庆十九年（1814）种德堂刻本

2010 年上海古籍出版社影印《清代诗
文集汇编》本

2015 年广州出版社影印《广州大典》本

碍云台诗钞一卷粤秀诗钞一卷鼍江吟一卷

（清）顺德佘锡纯撰

清雍正五年（1727）刻本

2015 年广州出版社影印《广州大典》本

白侍亭诗钞一卷语山堂诗钞一卷岭外吟
一卷

（清）顺德佘锡纯撰

清康熙至雍正刻本

2015 年广州出版社影印《广州大典》本

佘广文诗选十卷

（清）顺德佘锡纯撰

清乾隆二十六年（1761）语山堂刻本

战古堂集七卷

（清）顺德黄璞撰

清乾隆刻本

2015 年广州出版社影印《广州大典》本

愧斋遗诗一卷

（清）顺德梁诗拔撰

清道光二十六年（1846）写刻本

2015 年广州出版社影印《广州大典》本

天章阁诗钞五卷行状一卷

（清）顺德龙应时撰（清）顺德龙廷

槐等撰行状

清嘉庆十一年（1806）刻本

民国二十一年（1932）铅印本

2015 年广州出版社影印《广州大典》本

弼亭遗文四卷

（清）顺德梁泉撰

清道光八年（1828）梁廷枬刻本

2015 年广州出版社影印《广州大典》本

清溪吟草二卷首一卷

（清）南海陈汪撰

清道光十年（1830）刻本

2015 年广州出版社影印《广州大典》本

九畹堂诗文集不分卷

（清）顺德潘兰皋撰

清嘉庆元年（1796）刻本

2015 年广州出版社影印《广州大典》本

崔翰林遗集二卷

（清）南海崔舜球撰

清光绪十四年（1888）刻本

2010 年上海古籍出版社影印《清代诗
文集汇编》本

2015 年广州出版社影印《广州大典》本

传经堂诗钞四卷

（清）南海冯城撰

清嘉庆刻本

2001 年齐鲁书社影印《四库全书存目
丛书补编》本

2015 年广州出版社影印《广州大典》本

樱宁山房遗稿一卷

（清）南海王亮撰

清道光写刻本

2015 年广州出版社影印《广州大典》本

贯珠五集九卷（碧梧园凤冈集）

（清）顺德李殿苞撰

清道光一篑山房刻本

2015 年广州出版社影印《广州大典》本

乳峰堂诗集六卷

（清）南海周大樽撰

清刻本

2015 年广州出版社影印《广州大典》本

取斯堂存稿不分卷

（清）顺德梁泽撰

清乾隆二十二年（1757）刻本

2015 年广州出版社影印《广州大典》本

瘦晕山房诗删十三卷续编一卷

（清）顺德罗天尺撰

清乾隆二十五年（1760）石湖写刻本

2000 年北京出版社影印《四库未收书辑刊》本

2010 年上海古籍出版社影印《清代诗文集汇编》本

2015 年广州出版社影印《广州大典》本

瘦晕山房诗钞十卷

（清）顺德罗天尺撰

清乾隆刻本

2015 年广州出版社影印《广州大典》本

芦溪诗钞三卷

（清）南海杨震青撰

清乾隆三十七年（1772）抱璞堂刻本

2008 年甘肃文化出版社影印《回族典藏丛书》本

2008 年上海古籍出版社影印《回族文献丛刊》本

2015 年国家图书馆出版社影印《中国古籍珍本丛刊·广东省立中山图书馆卷》本

2015 年广州出版社影印《广州大典》本

嗣农遗诗一卷

（清）南海何如铨撰

清光绪抄本

2010 年广东人民出版社影印《三编清代稿钞本》本

2015 年广州出版社影印《广州大典》本

匊芳园诗钞八卷

（清）南海何梦瑶撰

清乾隆十七年（1752）龙门廖氏刻本

2014 年广西师范大学出版社影印《西樵历史文化文献丛书》本

2015 年国家图书馆出版社影印《中国古籍珍本丛刊·广东省立中山图书馆卷》本

2015 年广州出版社影印《广州大典》本

梅花四体诗一卷

（清）胡方撰（清）南海何梦瑶笺

清抄本

清乾隆刻本

柔存堂诗草一卷

（清）顺德陈贤撰

清刻本

阮斋文钞四卷诗钞六卷

（清）南海劳孝舆撰

清乾隆刻本

清末刻本

2015 年广州出版社影印《广州大典》本

复斋诗钞一卷

（清）顺德陈华封撰

清抄本

2007 年广东人民出版社影印《清代稿

钞本》本

2015 年广州出版社影印《广州大典》本

南归诗钞六卷

（清）顺德潘宪勋撰

清嘉庆十九年（1814）藜光阁刻本

2015 年广州出版社影印《广州大典》本

鹤墅诗钞四卷

（清）顺德潘宪勋撰

清嘉庆十九年（1814）藜光阁刻本

2015 年广州出版社影印《广州大典》本

太仓诗钞三卷

（清）顺德潘宪勋撰

清嘉庆十九年（1814）藜光阁刻本

2015 年广州出版社影印《广州大典》本

辅园诗钞八卷

（清）顺德潘宪勋撰

清嘉庆十九年（1814）藜光阁刻本

2015 年广州出版社影印《广州大典》本

药房诗稿七卷

（清）顺德梁麟生撰

清雍正三年（1725）式谷堂刻本

2015 年广州出版社影印《广州大典》本

2015 年国家图书馆出版社影印《中国古籍珍本丛刊·广东省立中山图书馆卷》本

水冬集不分卷

（清）顺德陈份撰

清乾隆三十四年（1769）慕荆楼刻本

2009 年天津古籍出版社影印《天津图书馆珍藏清人别集善本丛刊》本

楚庭偶存稿四卷

（清）顺德何邵撰

清乾隆十八年（1753）刻本

清乾隆三十三年（1768）管峰草堂刻本

2015 年广州出版社影印《广州大典》本

寸知堂遗草一卷

（清）顺德梁翰撰

清道光二十六年（1846）十二石山斋刻本

2015 年广州出版社影印《广州大典》本

竹西遗草一卷

（清）顺德岑裁斌撰

清乾隆二十五年（1760）刻本

2015 年广州出版社影印《广州大典》本

静斋小稿一卷

（清）顺德陈广逊撰

清乾隆刻本

2015 年国家图书馆出版社影印《中国古籍珍本丛刊·广东省立中山图书馆卷》本

2015 年广州出版社影印《广州大典》本

竹堂诗钞二卷

（清）顺德温汝遵撰

清嘉庆刻本

2015 年广州出版社影印《广州大典》本

鉴塘诗钞不分卷

（清）顺德梁善长撰

清刻本

2015 年广州出版社影印《广州大典》本

荷经堂文钞三卷

（清）南海劳潼撰

清道光十七年（1837）刻本

2015 年广州出版社影印《广州大典》本

荷经堂诗钞二卷

（清）南海劳潼撰

清道光刻本

2015 年广州出版社影印《广州大典》本

碧霞书屋诗钞二卷

（清）南海梁昌圣撰

清嘉庆十三年（1808）云日轩刻本

2015 年广州出版社影印《广州大典》本

赐书楼诗草初集一卷续集一卷附录一卷

（清）顺德胡亦常撰

清嘉庆二十一年（1816）五山胡崇本
堂刻本

2015 年广州出版社影印《广州大典》本

2018 年广西师范大学出版社影印《西
樵历史文化文献丛书》本

逃虚阁诗钞不分卷

（清）顺德张锦芳撰

抄本

逃虚阁诗集六卷

（清）顺德张锦芳撰

清嘉庆六年（1801）刻本

清光绪十年（1884）羊城合成斋重刻本

清光绪十年（1884）龙江张氏余庆家
塾刻本

2015 年广州出版社影印《广州大典》本

凤园诗钞一卷

（清）高明潘鸣歧撰

清嘉庆十九年（1814）刻本

晕碧轩偶存二卷

（清）罗瀚隆撰（清）李诹（清）南
海吴逎材校

清同治五年（1866）刻本

五百四峰堂诗钞二十五卷

（清）顺德黎简撰

清同治十三年（1874）南海陈氏重刻本

1996 年上海古籍出版社影印《续修四
库全书》本

2000 年中山大学出版社整理本

2010 年上海古籍出版社影印《清代诗
文集汇编》本

2015 年广州出版社影印《广州大典》本

五百四峰堂续集二卷

（清）顺德黎简撰

民国十五年（1926）番禺微尚斋刻本

2010 年上海古籍出版社影印《清代诗
文集汇编》本

黎二樵诗不分卷

（清）顺德黎简撰

民国姜园抄本

黎二樵未刻诗不分卷

（清）顺德黎简撰

清稿本

2010 年上海古籍出版社影印《清代诗
文集汇编》本

五百四峰草堂诗稿残本不分卷

（清）顺德黎简撰

清稿本

2016 年广东人民出版社影印《海外广
东珍本文献丛刊》本

芙蓉亭乐府二卷

（清）顺德黎简撰

清抄本

民国抄本

1952 年广州南州书楼传抄本

东坡和陶合笺四卷陶诗汇评四卷

（晋）陶潜（宋）苏轼撰（清）顺德
温汝能编

清嘉庆十一年（1806）刻本

清光绪十八年（1892）上海五彩公司
石印本

清宣统二年（1910）上海扫叶山房石
印本

民国八年（1919）上海扫叶山房石印本

2015 年广州出版社影印《广州大典》本

谦山文钞二卷

（清）顺德温汝能撰

清嘉庆九年（1804）刻本

2015 年广州出版社影印《广州大典》本

少游草一卷

（清）顺德张锦麟撰

清道光十四年（1834）刻本

2015 年广州出版社影印《广州大典》本

饮月轩诗文存稿合钞七卷

（清）三水唐廷诏撰

清道光二十一年（1841）刻本

2010 年上海古籍出版社影印《清代诗
文集汇编》本

敬学轩文集十二卷

（清）顺德龙廷槐撰

清道光二十二年（1842）刻本

民国十一年（1922）刻本

2007 年广西师范大学出版社影印《北
京师范大学图书馆藏稀见清人别集
丛刊》本

2015 年广州出版社影印《广州大典》本

清芬阁诗集四卷

（清）顺德张青选撰

清末刻本

2015 年广州出版社影印《广州大典》本

渐斋诗钞一卷附行状家传墓表一卷

（清）南海桂鸿撰

清咸丰七年（1857）刻本

2015 年广州出版社影印《广州大典》本

退一步斋诗钞二卷

（清）顺德温汝达撰

清嘉庆刻本

2015 年广州出版社影印《广州大典》本

携雪斋文钞三卷诗钞六卷首三卷诗续一卷

（清）顺德温汝适撰

清道光三年（1823）刻光绪二十一年
（1895）补刻本

清咸丰四年（1854）刻本

清末广州竹香斋刻本

2010 年上海古籍出版社影印《清代诗
文集汇编》本

2015 年广州出版社影印《广州大典》本

南垞诗钞四卷

（清）顺德温汝骧撰

清嘉庆二十年（1815）刻本

2015 年广州出版社影印《广州大典》本

印可斋诗钞二卷

（清）顺德温汝造撰

清嘉庆二十四年（1819）刻本

2015 年广州出版社影印《广州大典》本

常惺惺斋诗二卷

（清）南海谢兰生撰

清稿本

2014 年广东人民出版社整理《广州史
志丛书》本

2015 年广州出版社影印《广州大典》本

常惺惺斋文集一卷

（清）南海谢兰生撰

清稿本

2009 年广东人民出版社影印《续编清
代稿钞本》本

2014 年广东人民出版社整理《广州史
志丛书》本

2015 年广州出版社影印《广州大典》本

潘资政公遗稿一卷

（清）南海潘进撰

清光绪六年（1880）刻本

2015 年广州出版社影印《广州大典》本

花隐诗集八卷

（清）顺德胡方城撰（清）顺德胡贞
干等编校

清嘉庆十五年（1810）马冈梁体元写
刻本

2015 年广州出版社影印《广州大典》本

游吴集三卷

（清）顺德胡梦龄撰

清道光二十四年（1844）刻本

2015 年广州出版社影印《广州大典》本

灵渊诗钞二卷

（清）顺德温汝骥撰

清嘉庆二十三年（1818）刻本

2015 年广州出版社影印《广州大典》本

寄厓诗钞二卷

（清）顺德温汝科撰

清嘉庆刻本

2015 年广州出版社影印《广州大典》本

倚啸阁诗钞二卷

（清）南海李鳞撰

清末刻本

2015 年广州出版社影印《广州大典》本

无怠懈斋诗稿一卷

（清）顺德梁蔼如撰（清）顺德梁邦
俊编

清道光二十二年（1842）梁九图写刻本

2015 年广州出版社影印《广州大典》本

橘天园诗钞四卷

（清）南海招茂章撰

清道光刻本

2015 年广州出版社影印《广州大典》本

濂渚诗钞二卷

（清）顺德温丕谟撰

清嘉庆刻本

2015 年广州出版社影印《广州大典》本

玉峰诗钞十八卷

（清）顺德张琳撰

清刻本

2015 年广州出版社影印《广州大典》本

五云诗钞不分卷

（清）顺德尤步星撰

清道光二十九年（1849）刻本

2015 年广州出版社影印《广州大典》本

野航诗钞二卷

（清）顺德严仙藜撰

清道光十三年（1833）刻本

2010 年上海古籍出版社影印《清代诗
文集汇编》本

湛华堂佚稿四卷

（清）顺德廖赤麟撰

清同治九年（1870）顺德黄莲松石山
房重刻本

2015 年广州出版社影印《广州大典》本

华平山人诗钞一卷

（清）南海李可蕃撰

清光绪二年（1876）影抄本

2015 年广州出版社影印《广州大典》本

知不足斋诗草十卷

（清）南海邓翔撰

清咸丰十年（1860）羊城富文斋刻本

2012 年台中文听阁图书有限公司影印
《晚清四部丛刊》本

2015 年广州出版社影印《广州大典》本

冯孟文二卷

（清）顺德冯龙官撰

清道光十三年（1833）刻本

2015 年广州出版社影印《广州大典》本

吟秋馆诗草不分卷

（清）顺德张思齐（清）顺德张思植撰

清抄本

2007 年广东人民出版社影印《清代稿
钞本》本

2015 年广州出版社影印《广州大典》本

古人今我斋诗八卷

（清）顺德吴维彰撰（清）顺德梁廷
枏编校

清嘉庆二十五年（1820）刻本

清道光五年（1825）刻本

2010 年上海古籍出版社影印《清代诗
文集汇编》本

2015 年广州出版社影印《广州大典》本

慎诚堂集二卷

（清）南海邓士宪撰

清稿本

2007 年广东人民出版社影印《清代稿
钞本》本

2012 年广西师范大学出版社影印《西
樵历史文化文献丛书》本

2015 年广州出版社影印《广州大典》本

慎诚堂诗钞一卷

（清）南海邓士宪撰

清抄本

2015 年广州出版社影印《广州大典》本

石云山人诗集二十三卷文集五卷奏议六卷词选一卷分体诗选六卷

（清）南海吴荣光撰

清道光南海吴氏筠清馆刻本

2015 年广州出版社影印《广州大典》本

石云山人诗集二十三卷文集五卷奏议六卷

（清）南海吴荣光撰

清道光二十一年（1841）南海吴氏筠
清馆刻本

1996 年上海古籍出版社影印《续修四
库全书》本

2010 年上海古籍出版社影印《清代诗
文集汇编》本

石云山人自书诗稿不分卷

（清）南海吴荣光撰

清道光稿本

2010 年广东人民出版社影印《三编清
代稿钞本》本

2015 年广州出版社影印《广州大典》本

石云山人集不分卷石云山人诗集不分卷

（清）南海吴荣光撰　邓屺望跋

清抄本

2007 年广东人民出版社影印《清代稿
钞本》本

抢榆小阁诗略五卷

（清）顺德吴绳泽撰

清道光刻本

春华集二卷

（清）顺德龙元任撰

清光绪十九年（1893）刻本

2015 年广州出版社影印《广州大典》本

安心竟斋诗钞四卷

（清）顺德黄玉衡撰

清道光五年（1825）顺德黄氏刻本

2015 年广州出版社影印《广州大典》本

饮虹阁诗钞二卷

（清）顺德何惠群撰

清道光二十年（1840）顺德饮虹阁刻本

民国七年（1918）重刻本

2015 年广州出版社影印《广州大典》本

听秋草堂诗钞一卷

（清）南海颜斯总撰

清道光刻本

2015 年广州出版社影印《广州大典》本

津寄斋诗钞四卷

（清）顺德温汝进撰

清嘉庆二十四年（1819）刻本

2015 年广州出版社影印《广州大典》本

罗萝村文稿一卷

（清）南海罗文俊撰

清稿本

2007 年广东人民出版社影印《清代稿
钞本》本

2015 年广州出版社影印《广州大典》本

绿萝书屋遗集四卷附录一卷

（清）南海罗文俊撰

清光绪二十三年（1897）广州刻本

2010 年上海古籍出版社影印《清代诗
文集汇编》本

2015 年广州出版社影印《广州大典》本

吉羊溪馆诗钞三卷

（清）南海熊景星撰

清同治五年（1866）羊城萃文堂刻本

2015 年广州出版社影印《广州大典》本

2016 年广东人民出版社影印《海外广
东珍本文献丛刊》本

毋自欺斋诗略一卷

（清）三水梁元撰

清同治七年（1868）刻本

2015 年广州出版社影印《广州大典》本

篲篛山人诗集十卷

（清）南海岑澂撰（清）顺德梁思问
参校

清咸丰七年（1857）顺德梁氏十二石
山斋刻本

2015 年广州出版社影印《广州大典》本

岳雪楼诗存四卷

（清）南海孔继勋撰

清咸丰十年（1860）刻本

2015 年广州出版社影印《广州大典》本

面城楼集钞四卷

（清）南海曾钊撰

清光绪刻《学海堂丛刻》本

2002 年上海古籍出版社影印《续修四
库全书》本

2010 年上海古籍出版社影印《清代诗
文集汇编》本

2015 年广州出版社影印《广州大典》本

春雨楼稿四卷

（清）南海李鸣盛撰

清嘉庆二十二年（1817）羊城信古斋
刻本

2015 年广州出版社影印《广州大典》本

古风今雨楼诗钞四卷

（清）顺德谈子粲撰

清道光二十一年（1841）刻本

2015 年广州出版社影印《广州大典》本

自怡堂诗草三卷

（清）南海招健升撰

清嘉庆二十年（1815）刻本

2015 年广州出版社影印《广州大典》本

自怡堂小草续集三卷

（清）南海招健升撰

清道光二十二年（1842）续刻本

2015 年广州出版社影印《广州大典》本

岱云编三卷续编三卷归云编一卷续编一卷

（清）顺德吴梯撰

清道光六年至三十年(1826—1850)刻本

南海百咏续编四卷

（清）樊封撰

清道光二十九年（1849）刻本

清光绪十九年（1893）学海堂刻本

清末王宗彝抄本

2010 年广东人民出版社点校本

2015 年广州出版社影印《广州大典》本

瑞桂堂诗一卷附今雨轩诗一卷紫藤花馆
诗一卷

（清）南海黄祖谦（清）南海黄虎拜
（清）南海黄璇撰

清光绪四年（1878）刻本

2015 年广州出版社影印《广州大典》本

枣香书屋诗钞一卷

（清）顺德黄乐之撰（清）张维屏等
鉴评

清同治元年（1862）顺德黄氏枣香书
屋刻本

2015 年广州出版社影印《广州大典》本

鄂城表忠诗一卷

（清）南海劳光泰撰

清咸丰三年（1853）锦城刻本

2015 年广州出版社影印《广州大典》本

榕坡存稿不分卷

（清）南海劳光泰撰

清咸丰刻本

2015 年广州出版社影印《广州大典》本

惜阴轩吟草二卷续集一卷

（清）南海黄廷彪撰

清道光二十一年（1841）红棉书屋刻本

2015 年广州出版社影印《广州大典》本

晚香吟馆诗集一卷

（清）南海廖甡撰

清同治三年（1864）刻本

2002 年国际文化出版公司影印《清代
名人手札汇编》本

2015 年广州出版社影印《广州大典》本

拙园诗选一卷

（清）南海冯赓飏撰

清同治元年（1862）南海冯氏写刻本

2015 年广州出版社影印《广州大典》本

蝉吟小草七卷

（清）南海岑宗远撰

清道光二十三年（1843）刻本

2015 年广州出版社影印《广州大典》本

海桐吟馆诗集二卷

（清）南海庞霖撰（清）张维屏批校
周连宽跋

清道光刻本

2015 年广州出版社影印《广州大典》本

饮兰露馆诗钞六卷词钞一卷试帖一卷

（清）南海吴林光撰

清道光二十九年（1849）南海吴氏饮
兰露馆刻本

2015 年广州出版社影印《广州大典》本

安所遇轩侨西稿四卷首一卷

（清）南海何世文撰

清道光十八年（1838）何淮刻本

2015 年广州出版社影印《广州大典》本

安所遇轩西游草三卷首一卷

（清）南海何世文撰

清同治三年（1864）梁氏萃古精舍刻本

2015 年广州出版社影印《广州大典》本

樵湖诗钞一卷

（清）南海陈莹达撰

清道光二十五年（1845）刻本

清同治十二年（1873）刻本

2015 年广州出版社影印《广州大典》本

敝帚斋诗钞四卷文钞二卷

（清）顺德廖卓然撰

清咸丰五年（1855）顺德廖氏敝帚斋
刻本

清光绪二年（1876）顺德廖氏敝帚斋
重刻本

2015 年广州出版社影印《广州大典》本

色香俱古之室诗钞七卷

（清）顺德赖瀛撰

清光绪七年（1881）刻本

2015 年广州出版社影印《广州大典》本

张如农稿不分卷

（清）南海张惟勤撰

清稿本

2013 年广东人民出版社影印《五编清
代稿钞本》本

2015 年广州出版社影印《广州大典》本

知非堂未定稿不分卷

（清）南海招广涛撰

清道光抄本

2007 年广东人民出版社影印《清代稿
钞本》本

2015 年广州出版社影印《广州大典》本

有不为斋诗存四卷

（清）南海招广涛撰

清咸丰九年（1859）羊城正文堂刻本

2015 年广州出版社影印《广州大典》本

藤花亭散体文初集十卷

（清）顺德梁廷枏撰

清刻本

2015 年广州出版社影印《广州大典》本

藤花亭诗集四卷

（清）顺德梁廷枏撰

清道光刻本

2001 年暨南大学出版社点校《艺文汇
编》本

2015 年广州出版社影印《广州大典》本

藤花亭骈体文集三卷

（清）顺德梁廷枏纂

清道光二十九年（1849）刻本

仙航山馆诗稿一卷续草一卷

（清）南海何世麟撰

清宣统二年（1910）羊城翰藻斋刻本

2015 年广州出版社影印《广州大典》本

识桐轩诗钞四卷

（清）顺德蔡锷铼撰

清同治六年（1867）顺邑龙江少有山

房刻本

2015 年广州出版社影印《广州大典》本

觉不觉轩诗钞十二卷

（清）顺德简钧培撰

清道光十八年（1838）广州龙藏街萃文堂刻本

2015 年广州出版社影印《广州大典》本

味辛堂诗存四卷

（清）南海倪济远撰

清道光五年（1825）刻本

2010 年上海古籍出版社影印《清代诗文集汇编》本

2015 年广州出版社影印《广州大典》本

秘图山馆诗钞六卷

（清）南海伍观澜撰

清道光二十四年（1844）广州刻本

2015 年广州出版社影印《广州大典》本

绿窗庭课吟卷一卷诗余一卷

（清）顺德邱掌珠撰

清光绪二十二年（1896）龙山邱园刻本

清末民国黄任恒刻《粤闺诗汇》本

泛香斋诗钞四卷

（清）顺德温承悌撰

清咸丰五年（1855）刻本

2015 年广州出版社影印《广州大典》本

止斋文钞二卷

（清）顺德马福安撰

清同治七年（1868）刻本

清光绪刻《学海堂丛刻》本

2015 年广州出版社影印《广州大典》本

倚松阁诗钞十五卷

（清）南海冯锡镛撰

清同治九年（1870）刻本

2015 年广州出版社影印《广州大典》本

凌虚阁诗草一卷凌虚阁试帖一卷

（清）南海冯炽宗撰

清同治六年（1867）广州聚升堂刻本

2015 年广州出版社影印《广州大典》本

寸莲斋散体文集六卷附骈体文三卷

（清）顺德陈勤胜撰

清咸丰八年（1858）刻本

2015 年广州出版社影印《广州大典》本

仰高轩诗草二卷

（清）南海黄亨撰

清道光二十七年（1847）抄本

仰高轩诗草五卷

（清）南海黄亨撰

清咸丰五年（1855）聚贤堂刻本

2012 年广西师范大学出版社影印《西樵历史文化文献丛书》本

2015 年广州出版社影印《广州大典》本

诗迹小钞二卷

（清）南海冯日初撰

清同治七年（1868）刻本

2015 年广州出版社影印《广州大典》本

花南溪馆诗钞四卷

（清）顺德黎应祺撰

清道光二十九年（1849）茹香书屋刻本

2015 年广州出版社影印《广州大典》本

海鹤巢诗草五卷

（清）顺德欧阳溟撰

清咸丰十一年（1861）欧阳尚友堂刻本

2015 年广州出版社影印《广州大典》本

月岩诗钞二卷

（清）顺德吴昭良撰

清光绪十一年（1885）刻本

2015 年广州出版社影印《广州大典》本

兰樵遗集一卷

（清）南海陈湘撰

清道光二十五年（1845）增城单小泉
刻本

2015 年广州出版社影印《广州大典》本

啸碧池馆诗草六卷

（清）顺德翁清撰

清咸丰七年（1857）刻本

2015 年广州出版社影印《广州大典》本

化柔堂集二十六卷

（清）顺德陈淦撰

清同治六年（1867）顺德陈氏化柔堂
刻本

2015 年广州出版社影印《广州大典》本

小邓尉梅花园诗文集二卷

（清）南海邓维霖撰

清抄本

2015 年广州出版社影印《广州大典》本

睫巢吟草一卷

（清）南海廖松撰

清抄本

清光绪二年（1876）刻本

2015 年广州出版社影印《广州大典》本

2017 年广东人民出版社影印《八编清
代稿钞本》本

东岸草堂诗钞一卷文钞一卷

（清）顺德廖亮祖撰

清光绪三年（1877）顺德廖氏东岸草
堂刻本

2015 年广州出版社影印《广州大典》本

委怀书舫遗草二卷

（清）南海李保孺撰

清同治九年（1870）刻本

2015 年广州出版社影印《广州大典》本

入梦纪诗集四卷

（清）南海劳仰之撰

清末刻本

2015 年广州出版社影印《广州大典》本

月波楼诗钞四卷

（清）南海伍元葵撰

清同治八年（1869）万松园刻本

2015 年广州出版社影印《广州大典》本

怡云山馆赋稿一卷附录一卷

（清）南海梁绍献撰

清同治十一年（1872）广州藏修堂刻本

2015 年广州出版社影印《广州大典》本

巢蚊睫斋诗稿二卷

（清）南海陈谦撰

清同治六年（1867）鹤塘书屋刻本

2015 年广州出版社影印《广州大典》本

淡香吟馆诗钞四卷

（清）顺德杨康撰

清光绪刻本

2015 年广州出版社影印《广州大典》本

是汝师斋遗诗一卷

（清）南海朱次琦撰

清光绪十一年（1885）刻《学海堂丛
刻》本

2015 年广州出版社影印《广州大典》本

朱次琦文一卷

（清）南海朱次琦撰

清抄本

2015 年广州出版社影印《广州大典》本

朱九江先生集十卷首一卷

（清）南海朱次琦撰

清光绪二十三年（1897）刻本

2002 年上海古籍出版社影印《续修四库全书》本

2010 年上海古籍出版社影印《清代诗文集汇编》本

2015 年广州出版社影印《广州大典》本

朱子襄先生杂稿不分卷

（清）南海朱次琦撰

清末民国抄本

2016 年广东人民出版社影印《海外广东珍本文献丛刊》本

朱九江先生集注不分卷

（清）南海朱次琦撰　张启煌注

清道光至咸丰刻本

民国十九年（1930）刻本

五岳游草一卷

（清）顺德陈体元撰

清道光十年（1830）顺德刻本

清末抄本

2015 年广州出版社影印《广州大典》本

六太居士集五卷

（清）南海康国熺撰

清光绪十一年（1885）刻本

2015 年广州出版社影印《广州大典》本

六太居士遗稿一卷

（清）南海康国熺撰

清同治六年（1867）瑞圃书室刻本

2015 年广州出版社影印《广州大典》本

东岸草堂诗钞一卷文钞一卷

（清）顺德廖亮祖撰

清光绪三年（1877）顺德廖氏东岸草堂刻本

2015 年广州出版社影印《广州大典》本

铅刀集四卷首一卷

（清）南海徐台英撰

清光绪十年（1884）刻本

2015 年广州出版社影印《广州大典》本

足吾好斋诗钞六卷凝香集一卷

（清）南海叶应铨撰

清咸丰六年（1856）广州正文堂刻本

2015 年广州出版社影印《广州大典》本

诵芬堂诗草一卷

（清）南海罗廷琛撰

清光绪二十三年（1897）广州刻本

2015 年广州出版社影印《广州大典》本

矼香簃诗存一卷词存一卷

（清）顺德温承皋撰

清光绪二十五年（1899）温子森据同治四年（1865）温氏刻《见山堂全集》重印本

2015 年广州出版社影印《广州大典》本

安事一室吟草四卷

（清）南海谭瑀撰

清咸丰十一年（1861）广州富文斋刻本

清同治刻本

2015 年广州出版社影印《广州大典》本

证真画斋诗钞一卷

（清）顺德陈子清撰

清光绪刻本

2020 年广东人民出版社影印《广东省文史馆藏岭南珍稀古籍丛刊》本

眠琴馆诗钞四卷

（清）顺德胡斯镈撰

清道光十四年（1834）刻本

2015 年广州出版社影印《广州大典》本

绿篠山房诗二卷

（清）顺德胡斯球撰

清道光二十二年（1842）刻本

2015 年广州出版社影印《广州大典》本

竹畦诗钞二卷

（清）顺德胡斯球撰

清道光二十二年（1842）刻本

半村草堂文钞一卷

（清）顺德黎如玮撰

民国黄慈博抄本

2007 年广东人民出版社影印《清代稿
　　钞本》本

2015 年广州出版社影印《广州大典》本

集义轩咏史诗钞六十卷

（清）顺德罗惇衍撰

清同治十三年（1874）刻本

清光绪刻本

2002 年上海古籍出版社影印《续修四
　　库全书》本

2010 年上海古籍出版社影印《清代诗
　　文集汇编》本

2014 年三秦出版社校注本

2015 年广州出版社影印《广州大典》本

罗文恪公遗集五种六卷

（清）顺德罗惇衍撰

清同治至光绪顺德罗氏刻本

2015 年广州出版社影印《广州大典》本

子目

谢恩折一卷

奏疏二卷

赋一卷

论一卷

试律一卷

邹征君存稿一卷

（清）南海邹伯奇撰

清同治十二年（1873）广州拾芥园刻
　　《邹征君遗书》本

1996 年上海古籍出版社影印《续修四
　　库全书》本

2010 年上海古籍出版社影印《清代诗
　　文集汇编》本

2015 年广州出版社影印《广州大典》本

怀清阁诗钞二卷岳麓草堂诗集二卷

（清）南海陈如龙撰

清光绪五年（1879）稿本

2009 年广东人民出版社影印《清代稿
　　钞本》本

2015 年广州出版社影印《广州大典》本

泷水吟二卷

（清）顺德何仁镜撰

清咸丰刻本

洛如花廎诗册八卷

（清）顺德何仁镜撰

清同治元年（1862）刻本

2015 年广州出版社影印《广州大典》本

何淡如孝廉文钞一卷

（清）南海何淡如撰

清光绪二十三年（1897）抄本

2010 年广东人民出版社影印《三编清
　　代稿钞本》本

2015 年广州出版社影印《广州大典》本

侣樊草堂诗钞六卷

（清）顺德黎原超撰

清光绪十年（1884）江西刻本

2010 年广西师范大学出版社影印《南开
大学图书馆藏稀见清人别集丛刊》本

2012 年台中文听阁图书有限公司影印
《晚清四部丛刊》本

2015 年广州出版社影印《广州大典》本

侣樊草堂诗钞二卷

（清）顺德黎原超撰

清同治十三年（1874）刻《寄南园二
子诗钞》本

谭风月轩诗钞一卷

（清）南海徐同善撰

稿本

2007 年广东人民出版社影印《清代稿
钞本》本

2015 年广州出版社影印《广州大典》本

小南海遗文一卷附抗吟社诗钞一卷

（清）南海徐同善撰

清光绪二十五年（1899）刻本

2015 年广州出版社影印《广州大典》本

小南海集诗钞二卷

（清）南海徐同善撰

清同治五年（1866）刻本

2015 年广州出版社影印《广州大典》本

佩韦斋诗钞一卷

（清）潘贞敏撰（清）南海李长荣辑

清咸丰至同治广州富文斋刻本

岭南集钞不分卷

（清）程含章著（清）南海李长荣辑

清咸丰十一年（1861）广州萃文堂刻本

听鹂轩诗钞一卷

（清）戴燮元撰（清）南海李长荣辑

清咸丰广州刻本

松心诗录十卷

（清）张维屏撰（清）南海李长荣
（清）沈世良编

清咸丰四年（1854）刻本

2010 年上海古籍出版社影印《清代诗
文集汇编》本

寿苏集初编一卷

（清）南海李长荣撰

清光绪元年（1875）羊城富文斋刻本

民国十年（1921）谈月色手抄本

2015 年广州出版社影印《广州大典》本

蝶花吟馆诗钞四卷

（清）孙橒撰（清）南海李长荣辑

清同治刻本

2007 年广西师范大学出版社影印《北
京师范大学图书馆藏稀见清人别集
丛刊》本

静山诗草一卷

（清）毓寿撰（清）南海李长荣评

清同治十三年（1874）粤省城富文斋
刻本

用晦草堂骈文二卷

（清）南海李树恭撰

清末抄本

2007 年广东人民出版社影印《清代稿
钞本》本

2015 年广州出版社影印《广州大典》本

用晦草堂诗不分卷

（清）南海李树恭撰

清末抄本

2007 年广东人民出版社影印《清代稿
钞本》本

2015 年广州出版社影印《广州大典》本

仰蘧书屋诗稿一卷

（清）南海岑灼文撰

清同治七年（1868）羊城富文斋刻本

2015 年广州出版社影印《广州大典》本

目耕轩诗存一卷

（清）南海李采中撰

清咸丰二年（1852）刻本

2015 年广州出版社影印《广州大典》本

养和堂诗钞一卷

（清）顺德蔡球撰

清咸丰五年（1855）刻本

2015 年广州出版社影印《广州大典》本

南游剩稿一卷

（清）顺德张槐撰

清光绪二十八年（1902）龙江张氏刻本

2015 年广州出版社影印《广州大典》本

甘泉北轩诗钞一卷

（清）顺德蔡云缃撰

清咸丰五年（1855）刻本

典三剩稿十二卷

（清）顺德周寅清撰

清咸丰七年（1857）崇礼堂刻本

典三剩稿二卷诗存一卷杂著一卷

（清）顺德周寅清撰

清同治十年（1871）省城龙藏街萃文
堂刻本

2015 年广州出版社影印《广州大典》本

典三杂著一卷

（清）顺德周寅清撰

清咸丰三年（1853）刻本

清同治十年（1871）广州萃文堂刻本

2015 年广州出版社影印《广州大典》本

庾园诗草二卷

（清）南海何秀棣撰

清光绪九年（1883）羊城萃文堂刻本

2015 年广州出版社影印《广州大典》本

紫藤馆诗钞一卷

（清）顺德梁九图撰

清道光二十四年（1844）顺德梁九图
写梁思问精印本

2015 年广州出版社影印《广州大典》本

十悔斋诗钞四卷

（清）顺德吴炳南撰

清佛山多宝堂刻本

2015 年广州出版社影印《广州大典》本

留有余斋诗草二卷

（清）南海李广绥撰

清光绪二十九年（1903）羊城森宝阁
铅印本

2015 年广州出版社影印《广州大典》本

寸草山房诗钞四卷续一卷试帖附一卷

（清）顺德潘鸣球撰

清咸丰十一年（1861）潘宝俭堂刻本

2015 年广州出版社影印《广州大典》本

紫墟诗钞一卷

（清）南海颜薰著

清光绪二年（1876）广州刻本

2015 年广州出版社影印《广州大典》本

百尺楼百首诗钞一卷

（清）南海陈次壬撰

清宣统三年（1911）刻本

2015 年广州出版社影印《广州大典》本

味雪楼步吟草一卷

（清）顺德黎敬荃撰

清光绪二十五年（1899）刻本

2015 年广州出版社影印《广州大典》本

清修阁稿八卷文草续编一卷诗草续编一卷

（清）南海张品桢撰

清光绪刻本

2015 年广州出版社影印《广州大典》本

昶园积逮斋诗集八卷

（清）顺德梁乔岳撰

清光绪十二年（1886）顺邑梁氏昶园
刻本

2015 年广州出版社影印《广州大典》本

木笔花馆诗钞四卷

（清）南海曹为霖撰

清光绪十一年（1885）木笔花馆刻本

2015 年广州出版社影印《广州大典》本

四山吟草一卷

（清）顺德陈国栋撰

清光绪抄本

2015 年广州出版社影印《广州大典》本

2016 年广东人民出版社影印《民国稿
抄本》本

一角亭诗草二卷

（清）顺德陈璧光撰

清咸丰十年（1860）刻本

2015 年广州出版社影印《广州大典》本

寸心草堂诗集六卷集外诗二卷补遗一卷

（清）南海李欣荣撰

清光绪十六年（1890）海幢经坊刻本

2010 年上海古籍出版社影印《清代诗
文集汇编》本

2015 年广州出版社影印《广州大典》本

寸心草堂文钞初编一卷

（清）南海李欣荣撰

清光绪四年（1878）海幢寺经坊刻本

2015 年广州出版社影印《广州大典》本

陶邨别集二卷

（清）南海李欣荣撰

清光绪二十年（1894）刻本

2015 年广州出版社影印《广州大典》本

卧游吟草四卷

（清）顺德李献能撰

清同治刻本

2015 年广州出版社影印《广州大典》本

劳儒门诗钞二卷续刻一卷

（清）南海劳重勋撰

清刻本

2015 年广州出版社影印《广州大典》本

煮葵堂诗钞三卷词钞一卷

（清）南海颜师孔撰

清光绪十四年（1888）一龛古佛刻本

清光绪十七年（1891）琴止斋刻本

2015 年广州出版社影印《广州大典》本

拟明史乐府一卷

（清）尤侗撰（清）南海叶官桃注

清末王道平抄本

2009 年广东人民出版社影印《续编清
代稿钞本》本

2015 年广州出版社影印《广州大典》本

碧树山房集一卷

（清）南海叶官桃（清）南海叶官兰撰

清抄本

2009 年广东人民出版社影印《续编清
代稿钞本》本

蒨士赋稿不分卷

（清）南海叶官桃撰

清抄本

2009 年广东人民出版社影印《续编清
代稿钞本》本

2015 年广州出版社影印《广州大典》本

蒨士文稿一卷

（清）南海叶官桃撰

清抄本

2009 年广东人民出版社影印《续编清
代稿钞本》本

2015 年广州出版社影印《广州大典》本

蒨士骈文不分卷

（清）南海叶官桃撰

清抄本

2009 年广东人民出版社影印《续编清
代稿钞本》本

2015 年广州出版社影印《广州大典》本

蒨士诗稿不分卷

（清）南海叶官桃撰

清抄本

2009 年广东人民出版社影印《续编清
代稿钞本》本

2015 年广州出版社影印《广州大典》本

荆花书屋诗钞一卷余编一卷

（清）南海蔡士尧撰

清咸丰三年（1853）刻本

2015 年广州出版社影印《广州大典》本

昙花阁诗钞初集一卷次集一卷三集一卷

（清）顺德刘慧娟撰

清光绪六年（1880）石印本

2015 年广州出版社影印《广州大典》本

孔广陶手稿五种五卷

（清）南海孔广陶撰

清稿本

潜虚先生文集一卷

（清）戴名世撰（清）顺德李文田校注

清抄本

李文诚公遗诗一卷

（清）顺德李文田撰

民国十四年（1925）杭州徐氏铅印
《心园丛刻》本

2010 年上海古籍出版社影印《清代诗
文集汇编》本

铁画楼全集三种八卷

（清）南海张荫桓撰

清光绪二十三年（1897）京都刻本

2010 年上海古籍出版社影印《清代诗
文集汇编》本

2013 年上海古籍出版社影印《张荫桓
诗文珍本集刊》本

子目

铁画楼骈文二卷

铁画楼诗钞四卷

铁画楼诗续钞二卷

铁画楼诗钞五卷骈文二卷

（清）南海张荫桓撰

清光绪二十三年（1897）京都刻本

2015 年广州出版社影印《广州大典》本

铁画楼诗钞四卷

（清）南海张荫桓撰

清光绪二十三年（1897）京都刻本

2010 年上海古籍出版社影印《清代诗
文集汇编》本

2013 年上海古籍出版社影印《张荫桓
诗文珍本集刊》本

铁画楼诗续钞二卷

（清）南海张荫桓撰

清光绪二十八年（1902）观复斋刻本

2010 年上海古籍出版社影印《清代诗文集汇编》本

2013 年上海古籍出版社影印《张荫桓诗文珍本集刊》本

铁画楼骈文二卷

（清）南海张荫桓撰

清光绪二十三年（1897）京都刻本

2010 年上海古籍出版社影印《清代诗文集汇编》本

2013 年上海古籍出版社影印《张荫桓诗文珍本集刊》本

2015 年广州出版社影印《广州大典》本

海目庐诗草六卷

（清）南海冯栻宗撰

清光绪六年（1880）刻本

清光绪二十年（1894）刻本

2015 年广州出版社影印《广州大典》本

韶石诗存一卷

（清）顺德邓显撰

清光绪二十六年（1900）顺德邱园刻本

2015 年广州出版社影印《广州大典》本

寄榆盦诗钞续集一卷

（清）顺德黄建笅撰

清光绪二十九年（1903）刻本

2015 年广州出版社影印《广州大典》本

冯山人遗诗一卷

（清）南海冯雍撰

清光绪刻本

2015 年广州出版社影印《广州大典》本

舫楼诗草四卷

（清）南海唐大经撰

清稿本

2007 年广东人民出版社影印《清代稿钞本》本

2015 年广州出版社影印《广州大典》本

寸知室略存稿不分卷

（清）南海黎维枞撰

清稿本

2015 年广州出版社影印《广州大典》本

2015 年广东人民出版社影印《七编清代稿钞本》本

琅环仙馆诗稿六卷

（清）南海招衡玉撰

清稿本

2009 年广东人民出版社影印《续编清代稿钞本》本

2015 年广州出版社影印《广州大典》本

吴城竹枝词一卷

（清）顺德赖学海撰

清末抄本

2007 年广东人民出版社影印《清代稿钞本》本

2015 年广州出版社影印《广州大典》本

虚舟诗草四卷

（清）顺德赖学海撰（清）顺德邱诰桐辑

清光绪二十一年（1895）邱园刻本

2015 年广州出版社影印《广州大典》本

所托山房诗集四卷首一卷

（清）顺德周遐桃撰

清光绪刻本

2015 年广州出版社影印《广州大典》本

静香阁诗存一卷

（清）顺德黎春熙撰

清光绪二十四年（1898）顺德龙氏刻

《螺树山房丛书》朱印本

清稿本黄任恒跋

2007 年广东人民出版社影印《清代稿
　　钞本》本

2015 年广州出版社影印《广州大典》本

四百三十二峰草堂诗不分卷

（清）南海黄璟撰

清光绪三年（1877）羊城鸿文堂刻本

清光绪十三年（1887）写刻本

清光绪十八年（1892）刻本

清光绪二十年（1894）刻本

2015 年广州出版社影印《广州大典》本

东瀛唱和录不分卷

（清）南海黄璟撰

民国铅印本

黎阳杂记不分卷

（清）南海黄璟撰

清光绪十一年（1885）刻本

铁石斋记事不分卷

（清）南海黄璟撰

清光绪二十三年（1897）刻本

2015 年广州出版社影印《广州大典》本

匏庵存稿四卷

（清）顺德陈书撰

清同治八年（1869）刻本

2015 年广州出版社影印《广州大典》本

寄寰宇斋吟草一卷

（清）顺德张炳垣撰

清抄本

2007 年广东人民出版社影印《清代稿
　　钞本》本

2015 年广州出版社影印《广州大典》本

蔼俦诗钞一卷

（清）南海梁玉森撰

清光绪二年（1876）羊城富文斋刻本

2015 年广州出版社影印《广州大典》本

熙朝乐府十四卷

（清）顺德周钧鳌撰

清光绪六年（1880）刻本

2015 年广州出版社影印《广州大典》本

希古轩外集二卷

（清）顺德周钧鳌撰

清光绪十年（1884）刻本

2015 年广州出版社影印《广州大典》本

踽荐试帖六卷律赋二卷

（清）南海潘衍桐撰

清光绪十五年（1889）刻本

2015 年广州出版社影印《广州大典》本

痴梦斋词草二卷

（清）顺德黄玉堂撰

民国四年（1915）羊城关东雅石印本

蜀游草一卷

（清）南海廖廷相撰

清光绪二十四年（1898）刻本

蕉雨轩稿一卷

（清）顺德龙吟芗撰

清光绪三十四年（1908）刻本

清芬集二卷

（清）南海潘誉征撰

清宣统三年（1911）广州刻本

2012 年广西师范大学出版社影印《西
　　樵历史文化文献丛书》本

2015 年广州出版社影印《广州大典》本

逢吉堂焚余稿一卷附题词一卷

（清）南海黄锡深撰（清）南海黄春辑

清光绪二十八年（1902）刻本

2015 年广州出版社影印《广州大典》本

霖盦遗稿二卷

（清）南海潘衍鋆撰

清光绪十五年（1889）刻本

2015 年广州出版社影印《广州大典》本

求实用斋诗存一卷（海岳游客集）

（清）南海劳伯言撰

清光绪二十七年（1901）广州超华斋
刻本

2015 年广州出版社影印《广州大典》本

养骚兰馆诗存不分卷

（清）南海邱长浚撰

清光绪三十一年（1905）抄本

2007 年广东人民出版社影印《清代稿
钞本》本

2015 年广州出版社影印《广州大典》本

碧萝仙馆文编二卷

（清）顺德何祖濂撰

抄本

2010 年广东人民出版社影印《三编清
代稿钞本》本

2015 年广州出版社影印《广州大典》本

俟园待梓诗钞二卷（俟园诗草）

（清）顺德苏逢圣撰

民国三年（1914）广东顺德大良笔街
昌兴印务局铅印本

耆香书室遗稿一卷

（清）顺德苏逢圣撰

民国九年（1920）大良昌兴印务局铅
印本

马贞榆残卷一卷

（清）顺德马贞榆撰

清末抄本

务滋书屋遗稿一卷

（清）顺德陈琪撰

清光绪十九年（1893）刻本

2015 年广州出版社影印《广州大典》本

伯芷遗诗二卷

（清）顺德梁朝澧撰

清光绪元年（1875）刻本

2015 年广州出版社影印《广州大典》本

文寿阁诗钞一卷

（清）南海罗慧卿撰

清宣统元年（1909）刻本

2015 年广州出版社影印《广州大典》本

绿绮阁诗钞一卷

（清）顺德李佩珍撰

清光绪二十六年（1900）蔡竹生甘泉
北轩刻本

2015 年广州出版社影印《广州大典》本

萧斋余事约刊三卷

（清）南海萧常撰

清稿本

清光绪二十八年（1902）刻本

2007 年广东人民出版社影印《清代稿
钞本》本

2015 年广州出版社影印《广州大典》本

暖姝轩诗选四卷

（清）顺德温子颖撰

清刻本

2015 年广州出版社影印《广州大典》本

丛桂山房集二卷

（清）顺德杨增晖撰

清末刻本

2015 年广州出版社影印《广州大典》本

龙佩荃诗集一卷

（清）顺德龙佩荃撰

清稿本

2007 年广东人民出版社影印《清代稿
钞本》本

2015 年广州出版社影印《广州大典》本

还读斋稽古集六卷还读斋杂咏诗一卷

（清）顺德潘廷元著

清光绪二年（1876）刻本

眺松阁诗钞一卷

（清）顺德蔡恺撰

清光绪十四年（1888）刻本

民国刻本

2015 年广州出版社影印《广州大典》本

鸣泉集二卷

（清）南海伍会同撰

清光绪十六年（1890）羊城富文斋刻本

2015 年广州出版社影印《广州大典》本

在山草堂烬余诗十四卷

（清）南海黄绍宪撰

清宣统三年（1911）铅印本

2010 年上海古籍出版社影印《清代诗
文集汇编》本

2015 年广州出版社影印《广州大典》本

五山草堂初编二卷

（清）顺德龙令宪撰

清光绪三十四年（1908）刻本

2015 年广州出版社影印《广州大典》本

狷斋丛钞四卷

南海冯愿撰

清稿本

2007 年广东人民出版社影印《清代稿
钞本》本

辛巳七十杂述一卷

（清）南海金保权撰

民国三十年（1941）铅印本

东游诗记一卷

（清）南海金保权撰

清光绪二十四年（1898）广州铅印本

2015 年广州出版社影印《广州大典》本

瓶守堂诗钞二卷

（清）南海潘誉恩撰

清光绪三十四年（1908）刻本

2015 年广西师范大学出版社影印《西
樵历史文化文献丛书》本

2015 年广州出版社影印《广州大典》本

樵山集一卷

（清）南海潘誉恩撰

清光绪十九年（1893）瓶守堂刻本

2015 年广西师范大学出版社影印《西
樵历史文化文献丛书》本

2015 年广州出版社影印《广州大典》本

南桥庐诗草二卷

（清）南海谭颐年著

民国广州刻本

鹤禅集一卷

（清）顺德岑光樾撰

清稿本

小雅楼诗集八卷遗文二卷首一卷

（清）顺德邓方撰

清光绪二十六年（1900）广州刻本

2012 年台中文听阁图书有限公司影印
《晚清四部丛刊》本

2015 年广州出版社影印《广州大典》本

师竹山房文集二卷

（清）三水欧阳锴撰

清光绪十七年（1891）刻本

碧萝仙馆吟草一卷

（清）顺德何祖濂撰

清宣统三年（1911）抄本

2010 年广东人民出版社影印《三编清
代稿钞本》本

绿野草堂诗钞八卷

（清）南海潘定祥著

民国十五年（1926）香港铅印本

养真草庐诗集二卷

（清）南海孔继芬撰

民国八年（1919）广州超华斋刻本

蕴香山房诗钞一卷

（清）南海梁绮石撰

清光绪六年（1880）刻本

2015 年广州出版社影印《广州大典》本

港澳旅游草一卷

（清）顺德梁乔汉撰

清光绪二十六年（1900）广州藏经阁
刻本

2015 年广州出版社影印《广州大典》本

龙田集稿一卷

（清）南海张惟勤撰

清稿本

2007 年广东人民出版社影印《清代稿
钞本》本

桂楼诗集一卷

（清）顺德杨廷科撰

清冠蓬山房刻本

倚铜琶馆词钞不分卷

（清）顺德温子颢撰

清稿本

2015 年广州出版社影印《广州大典》本

2016 年广东人民出版社影印《海外广
东珍本文献丛刊》本

萧伯瑶先生遗稿不分卷

（清）南海萧琼章撰

清宣统元年（1909）绣诗楼影印《绣
诗楼丛书》本

1972 年台北文海出版社影印《近代中
国史料丛刊》本

听春楼诗文存二卷

（清）南海黄昭融撰

民国二十年（1931）广州大中印刷局
铅印本

乐善草堂诗钞六卷

（清）南海潘镜波撰

清末广州天成福记铅印本

甲辰典试粤东闱中即事八首

（清）顺德龙启瑞撰

清光绪二十四年（1898）刻本

閟翠山房吟草不分卷

（清）顺德邱诰桐撰

清稿本

2007 年广东人民出版社影印《清代稿
钞本》本

2015 年广州出版社影印《广州大典》本

冯雨田佛山竹枝词一卷

（清）佛山冯雨田著

清光绪三十年（1904）刻本

罗度诗草不分卷

（清）南海罗度撰

清抄本

意园诗存一卷

（清）南海罗度撰

民国朱格抄本

2015 年广州出版社影印《广州大典》本

素馨田华农吟草一卷

（清）南海苏耀慈撰

稿本

2007 年广东人民出版社影印《清代稿
钞本》本

画荻吟草一卷

（清）顺德马雅文撰

民国二十四年（1935）广州登云阁铅
印本

民国别集

瘿庵诗集一卷集外诗一卷

顺德罗惇曧撰

民国十七年（1928）顺德刻本

2008 年中国书店影印《中国书店藏版
古籍丛刊》本

2009 年台中文听阁图书有限公司影印
《民国诗集丛刊》本

2017 年中国书店影印《中国书店藏版
古籍丛刊》本

赤雅吟一卷

顺德罗惇曧撰

清宣统元年（1909）铅印本

民国铅印本

瘿庵吟草一卷

顺德罗惇曧撰

民国石印本

凹园诗钞二卷附词一卷

三水黄荣康撰

民国五年（1916）南海黄任恒刻《重
编翠琅玕馆丛书》本

1994 年上海书店出版社影印《丛书集
成续编》本

凹园诗钞二卷续钞三卷清宫词本事一卷
击剑词钞一卷

三水黄荣康撰

民国十年（1921）黄任恒刻本

民国二十四年（1935）南海黄肇沂刻
《芋园丛书》本

凹园诗钞二卷续钞三卷

三水黄荣康撰

民国十年（1921）南海黄任恒刻本

1989 年台北新文丰出版公司影印《丛
书集成续编》本

求慊斋骈文四卷

三水黄荣康撰

民国二十三年（1934）铅印本

2008 年台中文听阁图书有限公司影印
《民国文集丛刊》本

求慊斋文集六卷

三水黄荣康纂修

民国二十三年（1934）铅印本

2008 年台中文听阁图书有限公司影印
《民国文集丛刊》本

介石斋诗文集七卷

南海何炳堃著

民国十四年（1925）刻本

胡翼南诗集不分卷

三水胡礼垣著

民国印本

2009 年台中文听阁图书有限公司影印
《民国诗集丛刊》本

2010 年上海古籍出版社影印《清代诗
文集汇编》本

兰斋诗词存五卷

南海江孔殷著

民国抄本

简竹居杂稿不分卷

顺德简朝亮撰

民国抄本

2017 年广东人民出版社影印《八编清
代稿钞本》本

读书堂集十三卷首一卷附注三卷

顺德简朝亮撰　梁应扬注

民国十九年（1930）读书堂刻本

康工部文不分卷

南海康有为撰

清光绪十九年（1893）刻本

2015 年广州出版社影印《广州大典》本

康南海文钞不分卷

南海康有为撰

民国四年（1915）上海文明书局铅印
《现代十大家文钞》本

民国五年（1916）上海共和编译局石
印本

康南海文钞四卷

南海康有为撰

民国五年（1916）上海中国图书公司
铅印《当代八大家文钞》本

民国十五年（1926）上海商务印书馆
铅印《当代八大家文钞》本

康南海文集不分卷

南海康有为撰

民国三年（1914）上海共和编译局石
印本

1976 年台北宏业书局影印《康南海先
生遗著汇刊》本

2008 年台中文听阁图书有限公司影印
《民国文集丛刊》本

2010 年上海古籍出版社影印《清代诗
文集汇编》本

康南海文集汇编八卷

南海康有为撰

民国四年（1915）上海炼石斋群学社
石印本

民国六年（1917）交通图书馆石印本

最近康南海文集六卷

南海康有为撰

民国三年（1914）上海国华书局石印本

康南海先生戊戌遗稿不分卷

南海康有为撰

民国初年影印本

康有为文集八卷

南海康有为撰

民国四年（1915）上海群学社石印本

2009 年线装书局影印《中国近现代名
人文库》本

南海先生遗稿一卷

南海康有为撰

民国上海有正书局石印本

南海先生诗集四卷

南海康有为撰　梁启超抄

清宣统三年（1911）珂罗版印本

清宣统三年（1911）日本影印梁启超
抄本

2009 年台中文听阁图书有限公司影印

《民国诗集丛刊》本

2010 年上海古籍出版社影印《清代诗
文集汇编》本

康有为出镜诗一卷

南海康有为撰并书

民国珂罗版印本

康南海书牍二卷

南海康有为撰

民国四年（1915）上海图书局石印本

民国六年（1917）上海文瑞楼书庄石
印本

民国八年（1919）上海图书局石印本

**康南海先生自写诗集序墨迹一卷梁任公
先生写南海诗集墨迹一卷**

南海康有为　梁启超书

民国二年（1913）上海广智书局印本

康南海先生戊戌遗笔一卷

南海康有为撰

民国七年（1918）印本

南海先生戊戌书稿后跋一卷

南海康有为撰

民国花县江天铎印本

奉诏求救文不分卷

南海康有为撰

民国十五年（1926）朱丝栏抄本

康南海先生赐寿谢恩遗折一卷

南海康有为撰

民国印本

邹崖诗稿三卷

顺德何藻翔撰

稿本

2015 年广州出版社影印《广州大典》本

邹崖诗集一卷附年谱一卷

顺德何藻翔撰

稿本

1958 年香港印本

邹崖遗稿五卷附录一卷

顺德何藻翔撰

1958 年张丹意兰书舍铅印本

邹崖诗翰一卷

顺德何藻翔撰　邓尔雅辑

民国抄本

狷夏堂诗集四卷首三卷

南海李辅廷撰

民国十四年（1925）刻本

北村类稿不分卷

南海崔师贯著

民国二十二年（1933）大良中和园铅
印本

简师韩文一卷诗一卷

顺德简咏述撰

民国二十一年（1932）佛山同文堂书
局铅印本

负暄山馆古今联话一卷

顺德黄棣华辑录　劳世选校

民国香港印本

**负暄山馆六十纪事诗钞一卷叠韵诗钞一
卷嵌字诗钞一卷**

顺德黄棣华撰

民国二十一年（1932）香港永发印务
有限公司铅印本

负暄山馆诗草一卷

顺德黄棣华撰

民国十六年（1927）香港永发印务有

限公司铅印本

知稼稿斋大连采风吟草一卷

　　顺德黄棣华撰

　　民国十年（1921）大连元昌印书局印本

蒹葭楼诗选一卷

　　顺德黄节撰

　　民国抄本

蒹葭楼诗二卷

　　顺德黄节撰

　　民国二年（1913）铅印本

　　民国二十三年（1934）铅印本

　　2004年江苏广陵古籍刻印社影印《五

　　桂山房丛书》本

蒹葭楼诗稿不分卷

　　顺德黄节撰　李沧萍集录

　　民国稿本暨抄本暨铅印暨油印本

　　1998年广东人民出版社整理《岭南文

　　丛》本

蜕庵集二卷附录一卷

　　顺德麦孟华撰

　　民国二十五年（1936）铅印本

秫音集一卷

　　顺德黎国廉　陈洵著

　　民国三十七年（1948）广州印本

春晖草堂诗集二卷

　　顺德梁乔云撰　顺德梁燮唐编

　　民国抄本

温文节公集四卷

　　顺德温肃撰

　　民国三十六年（1947）铅印本

　　2015年广州出版社影印《广州大典》本

寒琼遗稿二卷

　　顺德蔡守撰　顺德谈月色辑

　　民国三十二年（1943）顺德铅印本

村居杂话一卷

　　顺德廖平子撰

　　民国十年（1921）广州东华印务局铅

　　印本

自怡室诗钞乙集不分卷

　　顺德廖平子撰

　　民国二十年（1931）铅印本

**媚秋堂诗二卷媚秋堂连语一卷小媚秋堂
词一卷**

　　顺德马复　顺德马庆馀撰

　　民国六年（1917）铅印本

　　1967年香港铅印本

秭园诗集十四种

　　南海关赓麟撰

　　民国二十四年（1935）南海关氏秭园

　　铅印本

　　民国南京中国仿古印书局铅印本

　　民国二十三年至二十四年（1934—

　　1935）中国全国铁路协会铅印本

子目

　　小园集一卷

　　南行集一卷

　　辰巳集一卷

　　饴乡集四卷

　　广饴乡集四卷

　　远志集二卷

　　盔声甲集二卷

　　荒伧集二卷

　　囊中集一卷

　　借山楼集一卷

留都集一卷

吾土集一卷

水精如意馆集二卷

盔声乙集一卷

岑学吕尺牍不分卷

顺德岑学吕撰

民国十年（1921）顺德容奇文华铅印本

岑学吕诗略山外集一卷忆得集一卷

顺德岑学吕撰

民国三十一年（1942）顺德耀昌铅印本

民国三十七年（1948）顺德耀昌铅印本

偕隐簪乱离吟二种

顺德胡熊锷撰

民国三十五年（1946）铅印本

子目

乱稿一卷

噫稿一卷

余氏词笔一卷

南海余肇湘撰

民国影印本

苣庵遗翰一卷

南海余肇湘撰　南海余祖明辑

民国二十六年（1937）广州登云阁影
印本

2007年凤凰出版社影印《清词珍本丛
刊》本

苏曼殊诗酬韵集一卷

苏曼殊撰　佛山霍洁尘编

民国二十三年（1934）尘影斋铅印本

披云楼诗草一卷

南海李景康撰

民国十四年（1925）香港石印本

李健儿文稿一卷

三水李应伟撰

民国二十一年（1932）铅印本

兢生遗稿一卷

南海黄乾玮撰

民国十一年（1922）铅印本

芋园北江游草二卷

南海黄肇沂撰

民国十七年（1928）铅印本

李劲荪文稿不分卷

顺德李棪撰

民国稿本

胡翼南先生全集六十卷

三水胡礼垣著

民国五年（1916）广州刻本

1976年台北文海出版社影印《近代中
国史料丛刊续编》本

芳心尘影斋丛刊七种

佛山霍洁尘辑

民国二十三年（1934）尘影斋铅印本

子目

梵月碧泠词一卷　佛山霍洁尘撰

梵灯集二卷　佛山霍洁尘撰

和饮水词前集一卷　佛山霍洁尘撰

花雨涛琴集一卷　佛山霍洁尘撰

心经中道疏一卷　　（唐）释玄奘译
　　佛山霍洁尘疏

苏曼殊诗酬韵集一卷　苏曼殊　佛山
　　霍洁尘撰

芳尘集三卷　絮魂撰

勤补拙轩诗钞二卷

顺德何钟瀛撰

民国十七年（1928）广州光东印务公

司铅印本

红石室诗稿不分卷

南海程孔硕撰

民国三十七年（1948）铅印本

梦句楼弱冠草一卷

南海何铸撰

清宣统元年（1909）刻本

樾盦遗稿文录一卷诗录一卷联录一卷

南海陈应科撰　南海陈孟纨辑

民国二十八年（1939）铅印本

傲雪山房诗文杂草一卷

南海傅慧兰撰

民国二十二年（1933）广州龙藏街广
三商店铅印本

林棠风先生遗集不分卷

佛山林树熙撰　佛山霍洁尘编

民国生活印刷所铅印本

总集类

类编之属

岭南三大家诗选二十四卷

（清）梁佩兰（清）屈大均（清）顺
德陈恭尹撰（清）王隼辑

清康熙刻本

清道光十九年（1839）万卷楼刻本

清同治七年（1868）南海陈氏重刻本

2015 年广州出版社影印《广州大典》本

见山堂全集□种

（清）顺德温汝造等撰

清同治四年（1865）顺德龙山温氏刻
光绪二十五年（1899）补刻本

2015 年广州出版社影印《广州大典》本

子目

印可斋诗余一卷（清）顺德温汝造撰

纱香樆诗存一卷词存一卷（清）顺德
温承皋撰

津寄斋诗钞四卷（清）顺德温汝进撰

顺德师著述三种

（清）顺德李文田撰

民国九年（1920）江阴缪氏刻《烟画
东堂小品》本

子目

西游录注一卷

和林金石考一卷

朔方备乘札记一卷

选集之属

唐音类选二十四卷拾遗一卷附古今律吕
考一卷诗人名氏一卷

（明）顺德潘光统辑

明嘉靖四十三年（1564）刻本

清康熙四十九年（1710）潘铭刻本

2015 年广州出版社影印《广州大典》本

2017 年广东人民出版社影印《中山文
献》本

南园前五先生诗五卷首一卷

（明）赵介等撰（明）陈暹等辑

清同治九年（1870）南海陈氏樵山草
堂重刻本

1990 年中山大学出版社点校《岭南丛
书》本

2015 年广州出版社影印《广州大典》本

子目

赵临清集一卷（明）赵介撰

孙西庵集一卷（明）顺德孙蕡撰

王听雨集一卷 （明）南海王佐撰

李易庵集一卷 （明）南海李德撰

黄雪蓬集一卷 （明）黄哲撰

南园五先生诗二卷

（明）赵介等撰

清乾隆十三年（1748）一簣山房刻本

南园后五先生诗集二十五卷附南园花信诗一卷

（明）顺德欧大任等撰

清乾隆三十年（1765）顺德欧佐儒刻本

清同治九年（1870）南海陈氏樵山草堂刻本

1990 年中山大学出版社点校《岭南丛书》本

2001 年齐鲁书社影印《四库全书存目丛书补编》本

2015 年广州出版社影印《广州大典》本

子目

欧仑山集六卷 （明）顺德欧大任撰

梁兰汀集五卷 （明）顺德梁有誉撰

黎瑶石集七卷 （明）黎民表撰

吴兰皋集一卷 （明）南海吴旦撰

李青霞集六卷 （明）李时行撰

附南园花信诗一卷 （明）黎遂球撰

邓氏纳楹书屋存稿二十二卷

（明）顺德邓林等撰

稿本

2007 年广东人民出版社影印《清代稿钞本》本

2015 年广州出版社影印《广州大典》本

三苏文狐白四卷

（明）顺德黄士俊批选

明万历余绍崖新斋刻本

王太蒙先生类纂批评灼艾集十八卷

（明）万表辑 （明）南海王佐纂评

明刻本

雅音会编十二卷

（明）顺德康麟编

明天顺七年（1463）剡溪王钝刻本

明嘉靖二十四年（1545）沈勉学书院刻本

2001 年齐鲁书社影印《四库全书存目丛书补编》本

2015 年广州出版社影印《广州大典》本

香奁诗泐二卷奁制续泐五卷奁泐续补三卷奁诗泐补四卷

（清）三水范端昂辑

清康熙至雍正凤鸣轩刻本

1955 年胡氏复写本

1958 年广东省中山图书馆复写本

春霆集注释五卷

（清）李鸣谦选 （清）南海潘炳纲注释

清惠州府学刻本

广东古今名媛诗选二卷

（清）顺德胡廷梁选

清刻本

律赋精选一卷

（清）南海朱次琦等撰

清稿本

2009 年广东人民出版社影印《续编清代稿钞本》本

正雅集摘钞一卷

（清）陈澧（清）顺德胡斯镩同辑

清咸丰九年（1859）刻本

2015 年广州出版社影印《广州大典》本

吴顾赋稿合刻详注一卷

（清）吴锡麟（清）顾元熙同撰（清）
顺德黄蟾桂注

清咸丰十年（1860）刻本

清光绪十年（1884）羊城双门底元奎
阁刻本

子目

有正味斋赋稿一卷（清）吴锡麟撰

兰修馆赋稿一卷（清）顾元熙撰

异兰诗钞一卷

（清）顺德郭凤尧编

清道光二十四年（1844）刻本

2015 年广州出版社影印《广州大典》本

古赋首选一卷

（清）顺德梁有成集注

清同治八年（1869）梁镜古堂家刻本

民国十二年（1923）上海锦章书局石
印本

2015 年广州出版社影印《广州大典》本

戒缠足文钞三卷

（清）顺德赖振寰辑

清光绪二十七年（1901）顺德古榕书
屋刻本

2015 年广州出版社影印《广州大典》本

女学四五言合编不分卷

（清）顺德赖振寰著

清光绪三十年（1904）顺德古榕书屋
刻本

骈林摘艳五十卷

（清）南海胡又安编

清光绪十八年（1892）广州石经堂石

印本

清光绪二十二年（1896）上海点石斋
石印本

民国十三年（1924）上海科学图书社
石印本

2015 年广州出版社影印《广州大典》本

柳堂师友诗录不分卷

（清）南海李长荣辑

清同治十二年（1873）刻本

2015 年广州出版社影印《广州大典》本

子目

听松庐诗钞一卷（清）张维屏撰

李文恭公诗存一卷（清）李星沅撰

访粤集一卷（清）戴熙撰

息园诗钞一卷（清）苏廷魁撰

有嘉声斋剩草一卷（清）南海冯国倚撰

葆天爵斋遗草一卷（清）区昌豪撰

侣石山房诗草一卷（清）苏鸿撰

息踵轩剩草一卷（清）南海区玉章撰

慎诚堂诗钞一卷（清）南海邓士宪撰

陈礼部集一卷（清）陈其锟撰

岭海楼诗钞一卷（清）黄培芳撰

乐志堂诗集一卷（清）谭莹撰

挹瓮斋诗草一卷（清）蔡蕙清撰

春晖书屋诗集一卷（清）顺德何太青撰

子良诗存一卷（清）南海冯询撰

榕塘吟馆诗钞一卷（清）鲍俊撰

融谷诗草一卷（清）文守元撰

宜亭草一卷（清）文晟撰

啸剑山房剩草一卷（清）文星瑞撰

灵洲山人诗钞一卷（清）徐灏撰

诗义堂后集一卷（清）彭泰来撰

蓼东剩草一卷（清）李孟群撰

怀古田舍诗钞一卷（清）徐荣撰

通斋诗集一卷（清）蒋超伯撰

疆恕斋吟草一卷（清）梅启照撰

二知轩诗钞一卷（清）方濬颐撰

捉尘集一卷（清）樊封撰

醉鹤诗草一卷（清）冯锽撰

蔗境轩诗钞一卷（清）梁炯撰

遗经楼草一卷（清）金菁茅撰

洛川诗略一卷（清）杜游撰

岳雪楼诗存一卷（清）南海孔继勋撰

渔石剩草一卷（清）张璐撰

珍帚编诗集一卷（清）崔弼撰

知稼轩诗钞一卷（清）黄子高撰

公余闲咏诗钞一卷（清）张玉堂撰

绿云轩吟草一卷（清）尚昌懋撰

云圃诗钞一卷（清）周毓桂撰

军中草一卷（清）黄振成撰

梦花草堂诗录一卷（清）韩凤翔撰

日新楼诗草一卷（清）华定祁撰

柳村遗草一卷（清）陶应荣撰

至堂诗钞一卷（清）艾畅撰

海天楼诗钞一卷（清）喻福基撰

太华山人诗存一卷（清）王益谦撰

松石斋诗集一卷（清）王家齐撰

培根堂诗钞一卷（清）高继珩撰

爱庐吟草一卷（清）钱官俊撰

松寮诗访存一卷（清）邱对颜撰

樵湖诗钞一卷（清）南海陈莹达撰

红树山庄诗钞一卷（清）李景元撰

澧阳遗草一卷（清）许纫兰撰

枕琴仅存草一卷（清）顺德苏六朋撰

味镫阁诗钞一卷（清）罗珊撰

竹筼书屋诗钞一卷（清）南海陈华泽撰

梦鲤山房诗钞一卷（清）李有祺撰

插菊轩诗钞一卷（清）陈殿兰撰

二山剩稿一卷（清）黄承谷撰

迂翁诗草一卷（清）李志峣撰

黎斋诗草一卷（清）潘正衡撰

杏林庄吟草一卷（清）邓大林撰

寄沤馆拾余草一卷（清）刘庆生撰

未觉轩剩草一卷（清）徐兆鳌撰

修竹轩遗草一卷（清）李景云撰

六桥诗集一卷（清）谭锡朋撰

春藻堂诗集一卷（清）何朝昌撰

嵋君诗钞一卷（清）朱鉴成撰

山右吟草一卷（清）袁杲撰

四照堂诗集一卷（清）谭溥撰

芙生诗钞一卷（清）汪璩撰

曼陀罗盦诗钞一卷（清）倪鸿撰

宝墨楼诗册一卷（清）苏时学撰

如不及轩诗草一卷（清）陈起荣撰

务时敏斋诗集一卷（清）萧谏撰

耘花馆诗钞一卷（清）金元撰

听秋阁诗钞一卷（清）黎耀宗撰

云洋山馆诗钞一卷（清）潘世清撰

仰高轩诗草一卷（清）南海黄亨撰

知不足斋诗草一卷（清）南海邓翔撰

海鹤巢诗钞一卷（清）顺德欧阳溟撰

双桐圃诗钞一卷（清）潘恕撰

瑞香吟前遗草一卷（清）崔俊良撰

云根老屋诗钞一卷（清）罗嘉蓉撰

梦香圆剩草一卷（清）郑绩撰

槐花吟馆诗钞一卷（清）南海黄德华撰

评琴曹屋吟草一卷（清）潘名熊撰

红茑山房诗钞一卷（清）唐梦龄撰

倚鱼山阁诗集一卷（清）顺德冯培光撰

觉非堂稿一卷（清）欧阳经撰

巢云山房诗钞一卷（清）冯昕华撰

有絮吟馆诗钞一卷（清）冯晴华撰

雪鸿草一卷（清）冯晳华撰

玉仪轩吟草一卷（清）冯城宝撰

崎阳杂咏一卷（清）林子云撰

松云阁诗钞一卷（清）李灼光撰

剑生遗草一卷（清）何应图撰

六友堂剩草一卷（清）李国龙撰

小山园吟草一卷（清）梁杰庸撰

雪香斋吟草一卷（清）周文罳撰

退学吟庵诗钞一卷（清）王锟撰

朝珊剩草一卷（清）南海林彭年撰

樵西草堂诗钞一卷（清）南海陈次壬撰

安所遇轩诗钞一卷（清）南海何世文撰

湖海诗存一卷（清）陈徽言撰

春星阁诗钞一卷（清）杨季鸾撰

蓉舟遗诗一卷（清）南海潘镜泉撰

二半山房吟草一卷（清）李鸿仪撰

松菊山房诗删一卷（清）何时秋撰

不寐斋诗略一卷（清）何天衢撰

小摩围阁诗钞一卷（清）沈泽蕑撰

桃花仙馆诗钞一卷（清）三水梁伯显撰

潜修堂吟草一卷（清）三水麦启科撰

翠竹轩诗钞一卷（清）潘健荣撰

竹素园诗钞一卷（清）南海陈简书撰

心复心斋诗钞一卷（清）南海周子祥撰

听鹂轩诗钞一卷（清）戴燮元撰

六勿轩诗存一卷（清）李毓林撰

爱竹馆诗稿一卷（清）李瑞裕撰

孕花吟草一卷（清）徐鼐撰

悔昨斋诗录一卷（清）张深撰

巢蚊睫斋诗稿一卷（清）南海陈谦撰

蓬蓬馆诗稿一卷（清）南海陈东撰

焦琴吟草一卷（清）南海陈湘生撰

潇碧亭吟稿一卷（清）南海陈智渊撰

觉鹿轩诗草一卷（清）南海陈彤莲撰

龟树根馆诗草一卷（清）顺德李肇生撰

三十二兰亭室诗钞一卷（清）刘湜年撰

佩韦斋诗钞一卷（清）潘贞敏撰

怀花庵诗钞一卷（清）宋泽元撰

自怡斋诗钞一卷（清）颜培瑚撰

眠琴馆诗钞一卷（清）顺德胡斯镡撰

秦瓦砚斋诗钞一卷（清）简士良撰

虚舟诗草一卷（清）顺德赖学海撰

诗愚余草一卷（清）黄熙虞撰

秩堂剩稿一卷（清）何大猷撰

磐舟遗稿一卷（清）颜叙适撰

醉客诗草一卷（清）单光亨撰

小泉诗草一卷（清）单子廉撰

惜阴轩诗草一卷（清）单玉骐撰

双青堂诗钞一卷（清）关少白撰

蕉雨山房诗集一卷（清）李家瑞撰

鸣琴仙馆诗钞一卷（清）文星昭撰

裒遗草堂诗钞一卷（清）杨翰撰

揽芳园诗钞一卷（清）顺德谭楷撰

不懈斋诗钞一卷（清）周庆麟撰

曼园诗钞一卷（清）梁燕撰

雌伏吟一卷（清）苏念礼撰

养拙斋诗钞一卷（清）孙汝霖撰

蝶花吟馆诗钞一卷（清）孙榗撰

绿绮楼诗钞一卷（清）张振烈撰

荣宝堂诗钞一卷（清）林玉衡撰

如不及斋诗钞一卷（清）陈坤撰

养志书屋诗钞一卷（清）崇祐撰

纪游吟草一卷（清）顺德杜凤岐撰

洗俗斋诗草一卷（清）果尔敏撰

海雪诗龛诗钞一卷（清）胡仁撰

银月山房诗草一卷（清）李傅煃撰

丰寿山樵诗钞一卷（清）吕祖海撰

欣所遇斋诗存一卷（清）吴家懋撰

念先堂诗稿一卷（清）周履方撰

桐桂轩课孙草一卷（清）官焕扬撰

紫薇山馆遗草一卷（清）官桢扬撰

绿云山房遗草一卷（清）官志春撰

偶香园诗草一卷（清）韦康元撰

金台诗钞一卷（清）毓寿撰

嘉谷山房诗草一卷（清）张君玉撰

草草草堂诗草一卷（清）南海何仁山撰

一得山房诗钞一卷（清）张景阳撰

竹坪诗草一卷（清）三水范奉常撰

澹虚斋诗草一卷（清）潘启荣撰

思齐草堂诗钞一卷（清）李桂兰撰

海岳堂诗稿一卷（清）江有灿撰

绿榕书屋剩草一卷（清）张廷栋撰

味闲轩诗钞一卷（清）顺德周棠芬撰

欣寄小集一卷（清）顺德曾骏章撰

问鹂山馆诗钞一卷（清）杨炳勋撰

稻乡樵唱一卷（清）黄宝田撰

子新遗诗一卷（清）黄宝铭撰

子熙剩草一卷（清）宋绍濂撰

守默斋诗稿一卷（清）何应祺撰

清芬阁诗草一卷（清）尹树琪撰

珊洲别墅诗钞一卷（清）尹士选撰

绿芸吟馆诗钞一卷（清）朱尔田撰

公余寄咏诗钞一卷（清）罗璋撰

月岩诗钞一卷（清）顺德吴昭良撰

澹园吟草一卷（清）陈璃撰

枕上吟一卷（清）汪云撰

古香楼诗钞一卷（清）汪琡撰

鳌山存真草一卷（清）三水邓章撰

岭南游草一卷（清）蔡愚若撰

天觉楼诗集一卷（清）王国宾撰

中州集一卷（清）倪明进撰

涧南遗草一卷（清）倪元藻撰

梅花书屋诗钞一卷（清）陈方平撰

揽香阁诗稿一卷（清）陈子玑撰

毋自欺斋诗稿一卷（清）陈其藻撰

宦游吟草一卷（清）蔡锦青撰

松寿轩诗钞一卷（清）李联蕃撰

陶情小草一卷（清）李联芬撰

寄影轩诗钞一卷（清）张观美撰

笠山诗草一卷（清）李纶光撰

鹿洲吟草一卷（清）梁永泰撰

驾海楼稿一卷（清）曾镇鳌撰

抗怀山房诗钞一卷（清）林栋撰

玉兰花榭诗存一卷（清）顺德李文灿撰

委怀书舫遗草一卷（清）李孝昌撰

绿珊轩诗草一卷（清）刘士忠撰

延正学斋诗集一卷（清）冯潏撰

花南溪馆诗钞一卷（清）顺德黎应祺撰

慧海小草一卷（清）南海释契生撰

片云行草一卷（清）释相益撰

龙藏山人剩草一卷（清）南海释笑平撰

小浮山斋诗一卷（清）释成果撰

互禅偶存草一卷（清）南海释互禅撰

簪花阁诗钞一卷（清）郭润玉撰

镜香剩草一卷（清）顺德余菱撰

绿窗吟草一卷（清）苏念淑撰

顺叔吟草一卷〔日〕藤宏光撰

问鹂山馆诗钞一卷

（清）杨炳勋撰（清）南海李长荣辑

清光绪二十四年（1898）刻本

同门诗钞四种四卷

（清）南海倪济远等撰

清道光十六年（1836）刻本

2015年广州出版社影印《广州大典》本

子目

铁泉诗钞一卷（清）南海岑澂撰

逊敏堂诗钞一卷 （清）南海余观懋撰

味辛堂诗钞一卷 （清）南海倪志远撰

翠声阁诗钞一卷 （清）张燮撰

柳塘诗钞前集四卷后集二十六卷

（清）顺德温汝适等编

清嘉庆二十四年（1819）顺德温氏刻本

2015 年广州出版社影印《广州大典》本

咏梅集古诗三十首一卷

（清）顺德刘杰辑

清嘉庆写刻本

清道光九年（1829）广州效文学堂刻本

2015 年广州出版社影印《广州大典》本

哀蝉集四卷

（清）顺德周莲峰辑

清咸丰十一年（1861）养晦斋写刻本

2015 年广州出版社影印《广州大典》本

邱园八咏一卷

（清）顺德邱诰桐辑

清光绪十九年（1893）顺德邱园刻本

2015 年广州出版社影印《广州大典》本

江村题襟集三卷

（清）顺德温子颢等撰

清同治四年（1865）刻本

2015 年广州出版社影印《广州大典》本

肄城舆颂一卷增江舆颂一卷

（清）三水龙泉（清）周从谏等撰

清光绪八年至十年（1882—1884）广
　州森宝阁铅印本

2015 年广州出版社影印《广州大典》本

遂初楼同人集一卷

（清）顺德梁进祥辑

清光绪刻本

2015 年广州出版社影印《广州大典》本

菊坡精舍集二十卷

（清）陈澧撰 （清）南海廖廷相重订

清光绪二十三年（1897）羊城富文斋
　刻本

2015 年广州出版社影印《广州大典》本

约选墨中四卷

（清）顺德梁有成编

清同治七年（1868）聚文堂刻本

清同治十年（1871）刻本

2015 年广州出版社影印《广州大典》本

唐人赋钞六卷

（清）顺德邱先德选 （清）顺德邱士
　超笺

清嘉庆十八年（1813）羊城允经楼刻本

清同治七年（1868）粤东翰宝楼重刻本

清光绪二十三年（1897）广州麟书阁
　朱墨套印本

2015 年广州出版社影印《广州大典》本

骈体正宗二编不分卷

（清）南海张荫桓辑

清稿本

两浙辑轩续录五十四卷补遗六卷

（清）南海潘衍桐辑

清光绪十七年（1891）浙江书局刻本

1996 年上海古籍出版社影印《续修四
　库全书》本

不忍杂志汇编初集六卷二集六卷

南海康有为编

民国三年（1914）上海书局石印本

粤闺诗汇六种六卷

（清）潘飞声编

清光绪刻本

2015 年广州出版社影印《广州大典》本

子目

绿窗庭课吟卷一卷（清）顺德邱掌珠撰

凝香阁诗钞一卷（清）黄芝台撰

静香阁诗存一卷（清）顺德黎春熙撰

蕉雨轩稿一卷（清）顺德龙吟芗撰

飞素阁遗稿一卷（清）南海梁霭撰

倚云楼诗钞一卷（清）刘月娟撰

六出集不分卷

南海冯秋雪等辑

民国铅印本

垞簏集三卷

三水杜燿垣等撰

民国三十二年（1943）曲江铅印本

七绝求声六卷

顺德何让编辑

民国抄本

粤两生集五卷

朱祖谋辑

民国十年（1921）归安朱氏刻本

子目

弱盦诗二卷词一卷　南海潘之博撰

蜕盦诗一卷词一卷　顺德麦孟华撰

汉魏乐府风笺十五卷补遗一卷校勘表一卷

顺德黄节撰

民国十二年（1923）铅印本

2008年中华书局整理本

古诗歌读本二卷

顺德黄节编

清宣统元年（1909）国学保存会铅印本

皇朝经世文新编三十二卷

顺德麦仲华辑

清光绪二十八年（1902）上海书局石

印本

2015年广州出版社影印《广州大典》本

郡邑之属

广州四先生诗集四卷

（明）□□编

清抄本

1986年台湾商务印书馆影印《文渊阁四库全书》本

2012年北京出版社影印《文渊阁四库全书》本

2015年广州出版社影印《广州大典》本

南海杂咏十卷

（明）张诩撰

明弘治十八年（1505）袁宾刻本

1997年齐鲁书社影印《四库全书存目丛书》本

2015年上海古籍出版社整理《岭南思想家文献丛书》本

2015年广州出版社影印《广州大典》本

2019年文物出版社影印《海上丝绸之路历史文化丛书》本

番禺黎氏存诗汇选二十一卷

（清）顺德陈恭尹编

清康熙三十三年（1694）黎延祖刻本

2015年广州出版社影印《广州大典》本

广东诗粹十二卷补编一卷

（清）顺德梁善长辑

清乾隆十二年（1747）达潮堂写刻本

1997年齐鲁书社影印《四库全书存目丛书》本

2015年广州出版社影印《广州大典》本

粤东诗海序目一卷

（清）顺德温汝能辑

清道光至光绪抄本

民国蓝格抄本

粤东诗海一百卷补遗六卷

（清）顺德温汝能辑

清嘉庆十八年（1813）文畬堂刻本

清同治五年（1866）顺德龙山聚文堂
刻本

1999 年中山大学出版社整理本

2015 年广州出版社影印《广州大典》本

粤东文海六十六卷

（清）顺德温汝能辑

清嘉庆十八年（1813）文畬堂刻本

2015 年广州出版社影印《广州大典》本

岭南鼓吹八卷

（清）南海曾文锦（清）陈观光编

清嘉庆二十年（1815）晚香圃刻本

2015 年广州出版社影印《广州大典》本

**广东文献初集十八卷二集九卷三集十七
卷四集二十六卷**

（清）顺德罗学鹏辑

清嘉庆二十四年（1819）顺德罗学鹏
春晖堂刻《广东文献》本

清同治二年（1863）顺德罗学鹏春晖
堂重印《广东文献》本

2015 年广州出版社影印《广州大典》本

子目

初集

张文献公曲江集一卷（唐）张九龄撰

张文献公金鉴录一卷（唐）张九龄撰

崔清献公菊坡集一卷（宋）崔与之撰

李忠简公文溪集一卷（宋）李昂英撰

陈文恭公白沙集一卷（明）陈献章撰

湛文简公甘泉集一卷（明）湛若水撰

邱文庄公琼台集一卷（明）邱濬撰

梁文康公郁洲集一卷（明）顺德梁储撰

海忠介公备忘集一卷（明）海瑞撰

南园前五子孙西庵集一卷（明）顺德
孙蕡著

南园前五子王听雨集一卷（明）南海
王佐著

南园前五子李易庵集一卷（明）南海
李德撰

南园前五子黄雪篷集一卷（明）黄哲撰

南园前五子赵临清集一卷（明）赵介撰

南园后五子欧仑山集一卷（明）顺德
欧大任撰

南园后五子梁兰汀集一卷（明）顺德
梁有誉撰

南园后五子黎瑶石集一卷（明）黎民
表撰

南园后五子李青霞集一卷（明）李时
行撰

南园后五子吴兰皋集一卷（明）南海
吴旦撰

二集

余襄公武溪集一卷（宋）余靖撰

陈忠烈公岩野集一卷（明）顺德陈邦
彦撰

陈忠烈公中兴政要一卷（明）顺德陈
邦彦撰

邝中翰峤雅集一卷（明）南海邝露撰

邝中翰赤雅集一卷（明）南海邝露撰

黎烈愍公莲须集一卷（明）黎遂球撰

韩节愍公月峰集一卷（明）韩上桂撰

潘郡博广州乡贤传一卷（清）潘楫元撰

曾大父列郡名贤录一卷（清）顺德罗
良会撰

三集

李征君抱真集一卷（明）顺德李孔修撰

霍文敏公渭厓集一卷（明）南海霍韬撰

黄文裕公泰泉集一卷（明）黄佐撰

黄文裕公庸言一卷（明）黄佐撰

杨文懿公复所集一卷（明）杨起元撰

陈信阳学蔀通辨一卷（明）陈建撰

叶民部石洞集一卷（明）顺德叶春及撰

庞曲靖弼唐集一卷（明）南海庞嵩撰

何忠靖公诗集一卷（明）何真撰

罗都宪公诗集一卷（明）罗亨信撰

彭都宪公诗集一卷（明）彭谊撰

卢都宪公行素集一卷（明）卢祥撰

袁经略诗文集一卷（明）袁崇焕撰

庞惠敏公百可亭集一卷（明）南海庞
　尚鹏撰

叶太保诗文集一卷（明）叶梦熊撰

李忠定公松柏轩集一卷（明）佛山李
　待问撰

梁侍御偶然堂集一卷（明）顺德梁元
　柱撰

四集

莫状元诗一卷（唐）莫宣卿撰

郑仆射诗一卷（唐）郑愚撰

邵太学诗一卷（唐）邵谒撰

苏神童集一卷（明）苏福撰

陈少宗集一卷（明）陈琏撰

祁方伯冷庵集一卷（明）祁顺撰

伦四元集一卷（清）顺德罗学鹏辑

袁大参集一卷（明）袁昌祚撰

尹太仆集一卷（明）尹瑾撰

袁尚宝集一卷（明）袁崇友撰

唐征君主一集一卷（明）唐璧撰

罗司勋集一卷（明）顺德罗虞臣撰

韩比部雪鸿集一卷（明）韩殷撰

陈郡丞南墅集一卷（明）顺德陈克侯撰

谢大田抱膝居集一卷（明）谢与思撰

区海目集诗选一卷（明）高明区大相撰

何征君不去庐集一卷（明）顺德何绛撰

欧明经自耕轩集一卷（明）顺德欧主
　遇撰

国初七子集一卷（清）顺德罗学鹏辑

凤城五子集一卷（清）顺德罗学鹏辑

何监州集一卷（清）南海何梦瑶撰

冯缙云集一卷（清）南海冯慈撰

黎射洪集一卷（清）顺德黎伟光撰

胡孝廉集一卷（清）顺德胡亦常撰

陈茂才集一卷（清）陈官撰

潘征君集一卷（清）顺德潘文因撰

粤东七子诗六卷

（清）谭敬昭（清）林联桂（清）顺
　德黄玉衡（清）顺德吴梯（清）张
　维屏（清）黄培芳（清）黄钊撰
　（清）盛大士辑

清道光二年（1822）刻本

2015 年广州出版社影印《广州大典》本

岭南风雅三卷

（清）顺德陈兰芝编

清乾隆五十年（1785）刻本

2015 年国家图书馆出版社影印《中国
　古籍珍本丛刊·广东省立中山图书
　馆卷》本

2015 年广州出版社影印《广州大典》本

2017 年广东人民出版社影印《中山文
　献》本

鲁蜀文献二卷

（清）顺德陈兰芝辑

清乾隆五十年（1785）刻本

2015 年广州出版社影印《广州大典》本

岭南四家诗钞四卷

（清）刘彬华辑

清嘉庆十八年（1813）刻本

2015 年广州出版社影印《广州大典》本

子目

逃虚阁诗钞一卷（清）顺德张锦芳撰

鸿雪斋诗钞一卷（清）顺德黄丹书撰

五百四峰堂诗钞一卷（清）顺德黎简撰

迟删集诗钞一卷（清）吕坚撰

岭南即事杂咏□□卷

（清）顺德何惠群等撰

清光绪十三年（1887）文经堂刻本

岭南即事杂咏六卷

（清）顺德何惠群等撰

清光绪二十年（1894）佛山昌华堂刻本

岭南即事杂咏七集

（清）顺德何惠群等撰

清光绪二十七年（1901）禅山翰文堂
刻本

岭南即事杂咏十一集

（清）顺德何惠群等撰

清光绪二十一年（1895）佛山文光楼
刻本

2016 年台北经学文化事业有限公司影
印《稀见清代四部辑刊》本

岭南即事杂咏五卷

（清）顺德何惠群等撰

清光绪十六年（1890）广州五桂堂刻本

岭南即事十集

（清）顺德何惠群等撰

清光绪十三年（1887）广州守经堂刻本

2015 年广州出版社影印《广州大典》本

潮州耆旧集二十种三十七卷

（清）顺德冯奉初辑

清道光二十七年（1847）顺德冯氏刻本

清道光二十九年（1849）爱吾鼎斋李
氏刻本

清光绪三十四年（1908）潮州王有文
楼刻本

1980 年香港潮州会馆董事会缩印本

2016 年暨南大学出版社点校本

文明里诗会诗一卷

（清）顺德卢福普辑（清）张维屏评阅

清道光二十八年（1848）顺德卢氏丽
春堂刻本

明岭表诗传六卷国朝岭表诗传十卷

（清）顺德梁九图（清）顺德吴炳南
同辑

清道光二十三年（1843）顺德紫藤馆
刻本

2015 年广州出版社影印《广州大典》本

灵岩八咏一卷

（清）顺德胡斯镇等撰

清道光十四年（1834）问春亭刻本

2015 年广州出版社影印《广州大典》本

纪风七绝二十一卷

（清）顺德梁九图辑

清光绪十九年（1893）刻本

2015 年广州出版社影印《广州大典》本

莲峰赋钞二卷首一卷

（清）南海霍履初编

清同治三年（1864）刻本

清光绪二十二年（1896）南海霍履初
刻本

2015 年广州出版社影印《广州大典》本

聊闲缘轩诗钞一卷

（清）南海简熊飞辑

清同治十年（1871）刻本

2015 年广州出版社影印《广州大典》本

聊闲缘轩诗一卷

（清）南海简熊飞编

清刻本

2015 年广州出版社影印《广州大典》本

枕泉仙馆赋钞一卷诗钞一卷

（清）南海叶蔼生辑（清）杨黼香评

清咸丰四年（1854）夏教叶启秀堂刻本

2015 年广州出版社影印《广州大典》本

蔬笋庐诗略一卷韶石诗存一卷

（清）潘飞声（清）顺德邱诰桐编

清光绪二十六年（1900）顺德邱园刻本

2015 年广州出版社影印《广州大典》本

揽芳园诗钞二卷

（清）顺德谭楷辑（清）顺德欧阳溟
校字（清）顺德蔡锦泉编

清道光二十八年（1848）顺德成章堂
刻本

清同治十二年（1873）刻本

2015 年广州出版社影印《广州大典》本

听潮吟馆唱和诗录初刻一卷二刻一卷

（清）顺德张青选编

清嘉庆顺德张氏刻本

2015 年广州出版社影印《广州大典》本

莳兰堂诗社汇选二卷

（清）南海冯公亮撰

清乾隆三年（1738）刻本

三泷诗选十卷

（清）顺德陈华封（清）彭沃辑

清乾隆二十五年（1760）思燕阁刻本

阳春县观风诗文选一卷

南海孔昭度辑

民国二十年（1931）阳江同文印务局
铅印本

龙山乡竹枝词一卷

（清）顺德赖振寰撰

清光绪二十五年（1899）刻本

2010 年广东高等教育出版社整理《广
东竹枝词》本

岭南诗存不分卷

顺德何藻翔辑

民国十四年（1925）上海商务印书馆
铅印本

1997 年香港至乐楼艺术发展有限公司
影印《何氏至乐楼丛书》本

2016 年国家图书馆出版社影印《历代
地方诗文总集汇编》本

寒山社诗钟选甲集五卷乙集十卷

南海关赓麟编

民国四年（1915）北京正蒙书局铅印本

2013 年国家图书馆出版社影印《清末
民国旧体诗结社文献汇编》本

稊园癸卯吟集未定稿

南海关赓麟编

民国印本

2013 年国家图书馆出版社影印《清末
民国旧体诗结社文献汇编》本

青溪诗社诗钞第一辑

南海关赓麟辑

民国二十五年（1936）南京铅印本

2013 年国家图书馆出版社影印《清末
民国旧体诗结社文献汇编》本

氏族之属

方氏一家言不分卷

（清）南海方秋白编

清乾隆十二年（1747）刻本

2015 年广州出版社影印《广州大典》本

梁氏家集二种

（清）顺德梁蔼如（清）顺德梁九图撰

清道光刻本

崇祀节孝诗二卷

（清）南海横沙招留香堂辑

清咸丰四年（1854）羊城传经堂刻本

因竹斋合集二卷

（清）南海黄鸣时（清）南海黄呈兰撰

清刻本

2015 年广州出版社影印《广州大典》本

子目

醒堂诗集一卷（清）南海黄鸣时撰

云谷诗草一卷（清）南海黄呈兰撰

双节堂诗存四卷首一卷

（清）南海陈霖泽（清）南海陈华泽编

清道光十七年（1837）刻本

2015 年广州出版社影印《广州大典》本

朱氏传芳集八卷首一卷

（清）南海朱次琦（清）南海朱宗琦辑

清咸丰十一年（1861）南海朱氏刻本

2010 年广东人民出版社影印《三编清

代稿钞本》本

2015 年广州出版社影印《广州大典》本

吴氏家集三十卷

（清）顺德吴梯撰

清道光二十年（1840）顺德吴氏刻本

2015 年广州出版社影印《广州大典》本

温诵芬堂诗存不分卷

顺德温诵芬堂诗会编

民国十年（1921）广州墨宝楼刻本

酬唱之属

法性禅院倡和诗六卷续集六卷

（清）南海周大樽编

清康熙蔷薇楼刻本

2015 年广州出版社影印《广州大典》本

时斋倡和诗不分卷

（清）张允和（清）顺德张锡麟辑

清乾隆三十三年（1768）刻本

庚申修禊集不分卷

（清）南海李长荣（清）谭寿衢同辑

清咸丰十年（1860）广州萃文堂刻本

2015 年广州出版社影印《广州大典》本

汾江草庐唱和诗二卷

（清）顺德梁九图辑

清道光三十年（1850）刻本

两广节制介春公入京总督瑞麟晋京送行诗册一卷

（清）南海林庆祺等撰

清道光二十八年（1848）抄本

青南舆颂六卷首一卷附青村送行图一卷

（清）南海芸香草堂诸子编

清咸丰八年（1858）刻本

正声吟社诗钟集不分卷

南海谭汝俭辑

民国二十一年（1932）香港中华印务

局铅印本

黄岗留别唱酬诗一卷

（清）顺德张殿雄等撰

清光绪十三年（1887）粤东省城富文
斋刻本

友声集一卷

（清）南海叶应铨编

清咸丰刻本

2015 年广州出版社影印《广州大典》本

珠江送别诗一卷

（清）顺德冯兆年编

清光绪刻本

2015 年广州出版社影印《广州大典》本

芸香草堂雅集唱和诗一卷

（清）南海冯树勋编

清咸丰九年（1859）南海冯氏芸香草
堂刻本

2015 年广州出版社影印《广州大典》本

榕阴唱和集一卷闽中饯别诗一卷

（清）顺德梁植荣辑

清咸丰十年（1860）刻本

2015 年广州出版社影印《广州大典》本

樵山银儿墓志不分卷

（清）南海简熊飞编

清同治十一年（1872）刻本

2015 年广州出版社影印《广州大典》本

容山鹏贤诗社汇草一卷

（清）顺德陈寿清编

清光绪二十七年（1901）省城翰章印
务局铅印本

2015 年广州出版社影印《广州大典》本

蓺黍堂唱和诗钞四卷

（清）顺德黄文之等撰

清光绪七年（1881）顺德耕畲堂刻本

2015 年广州出版社影印《广州大典》本

郡中酬唱集四卷

（清）南海陈次壬等撰

清云海楼刻本

汾江酬唱集三卷

陈征文辑　佛山戴鸿惠署检

民国七年（1918）铅印本

诗赋精华合璧二卷

佛山李众胜堂编

民国十五年（1926）佛山民国日报影
印本

神农外夷诗集精华一卷

佛山李众胜堂辑

民国十一年（1922）佛山影印本

蓬莱慕平甫先生七十寿言

南海谭祖任等辑

民国铅印本

琴音三叠集二卷

（清）南海金保权编著

清光绪二十六年（1900）刻本

周甲诗记一卷

（清）南海金保权撰

民国二十年（1931）铅印本

周甲和诗集一卷

（清）南海金保权辑

民国二十年至二十一年（1931—1932）
铅印本

湖海唱酬一卷

（清）南海金保权撰

民国二十三年（1934）铅印本

艺谷初集不分卷

顺德谈月色　顺德蔡哲夫撰

民国二十一年（1932）广州印本

松苔馆花甲唱酬集一卷介寿集一卷

　　南海伍德彝等撰　　陈思齐编辑

　　民国十二年（1923）铅印本

知稼穑斋五十寿文诗汇刊不分卷

　　顺德黄棣华辑

　　民国十一年（1922）佛山商报文业公司铅印本

朱九江先生纪念堂诗文集一卷

　　黄汉鳞辑

　　民国二十五年（1936）广州中山印务局铅字红印本

步苏唱和集一卷

　　南海劳宝胜等辑

　　清光绪二十二年（1896）刻本

　　2015年广州出版社影印《广州大典》本

爱日草堂寿言一卷首一卷

　　南海黄春编

　　民国十年（1921）广州精华印务局铅印本

杯海吟馆唱酬集一卷

　　南海张阶平编

　　民国七年（1918）杯海吟馆珂罗版印本

苏曼殊诗酬韵集梵月碧冷词合刊一卷

　　苏曼殊撰　　佛山霍洁尘撰辑

　　民国二十三年（1934）尘影斋铅印本

白云洞诗卷一卷

　　（清）□□辑

　　清刻本

　　2015年广州出版社影印《广州大典》本

江亭修禊诗不分卷

　　南海谭祖任　　廉泉等撰

　　民国十四年（1925）铅印本

题咏之属

梅关步武图咏不分卷

　　（清）南海伍观瑞辑

　　清道光十八年（1838）刻本

　　清道光三十年（1850）刻本

　　2015年广州出版社影印《广州大典》本

白云洞诗合编不分卷

　　（清）张维屏等编

　　清道光二十年（1840）刻本

　　2014年广西师范大学出版社影印《西樵历史文化文献丛书》本

三松精舍图咏一卷

　　（清）南海李应鸿撰　　南海李宗颢辑

　　民国抄本

黄花晚节图题词一卷续一卷

　　三水黄荣康辑

　　清稿本

　　民国十年（1921）刻本

　　清光绪二十八年（1902）黄云礽堂刻本

　　2015年广州出版社影印《广州大典》本

棉市春光图题咏录一卷

　　三水杜之英编

　　民国三十二年（1943）铅印本

苗风百咏一卷

　　顺德伍颂圻撰

　　民国二十五年（1936）顺德刻本

蟾溪九老会征诗一卷

　　南海周泳笙辑

　　民国十六年（1927）南邑盐步艺精铅印本

尺牍之属

尺牍新样一卷
（清）南海劳少乔辑
清光绪二十年（1894）广州迁乔书塾
刻本

信札
（清）顺德冯龙官（清）李黼平书
写本

李仲约侍郎与刘忠诚尺牍
（清）顺德李文田撰
清光绪影印本
清光绪三十一年（1905）石印本

安所遇轩同人尺牍一卷
（清）顺德梁兆凤辑
清同治三年（1864）梁氏萃古精舍刻本

三十一家书札
（清）王懿荣（清）翁同龢（清）顺
德李文田等撰
清稿本

商衍鎏商承祚藏朱次琦康有为信翰
（清）南海朱次琦　南海康有为撰
清稿本
2008 年文物出版社影印本

廖桐史岑学吕尺牍合刻
顺德廖桐史　顺德岑学吕撰
民国影印本

增订宝库全书尺牍规则一卷
顺德简咏述撰
民国刻本

课艺之属

制义约钞不分卷
（清）南海何文绮编
清道光二十八年（1848）刻本
清光绪五年（1879）广州翰苑楼刻本
清光绪六年（1880）广东粤秀书院刻本

同治癸酉科拟墨一卷广东闱墨一卷
（清）佛山戴鸿慈等撰
清同治十二年（1873）广州聚奎堂刻本
2015 年广州出版社影印《广州大典》本

撷英堂课艺一卷
（清）顺德梁有成编
清光绪元年（1875）刻本

陈兰甫先生批菊坡课卷
（清）南海金俊基等撰
清抄本

癸卯课艺全集六卷
（清）南海梁宝常编
清光绪三十一年（1905）广州从新书
局石印本

甲辰课艺日新六卷附算学图一卷
（清）伦迈等撰（清）南海凌鹤书
（清）南海梁宝常　张学华评
清光绪三十年（1904）石印本

温藻裳先生制义不分卷
顺德温黻廷撰　顺德温肃辑
民国十三年（1924）温肃铅印本

诗文评类

春秋诗话五卷首一卷
（清）南海劳孝舆辑

清乾隆十六年（1751）南海劳氏刻本

清道光至同治南海伍氏粤雅堂刻《岭
南遗书》本

1996 年广东高等教育出版社点校本

1997 年齐鲁书社影印《四库全书存目
丛书》本

2015 年广州出版社影印《广州大典》本

读杜姑妄三十六卷

（清）顺德吴梯撰

清咸丰四年（1854）刻本

2015 年广州出版社影印《广州大典》本

东坡和陶合笺四卷

（清）顺德温汝能编

清嘉庆十一年（1806）顺德温氏刻本

民国八年（1919）上海扫叶山房石印本

2015 年广州出版社影印《广州大典》本

雪庐诗话一卷

（清）顺德赖学海撰（清）顺德邱诰
桐校

清光绪十八年（1892）刻本

2015 年广州出版社影印《广州大典》本

小厓说诗八卷

（清）顺德梁邦俊撰

清道光刻本

2015 年广州出版社影印《广州大典》本

十二石山斋诗话十卷

（清）顺德梁九图撰

清末黄梅花屋校抄本

清道光二十六年（1846）顺德梁氏十
二石山斋刻本

清同治五年（1866）刻本

2015 年广州出版社影印《广州大典》本

缉雅堂诗话二卷

（清）南海潘衍桐撰

清光绪十七年（1891）杭州浙江书局
刻本

2015 年广州出版社影印《广州大典》本

读书草堂明诗四卷

顺德简朝亮撰

民国十八年（1929）上海中华书局铅
印本

诗律六卷

顺德黄节编

民国十四年（1925）铅印本

2007 年天津古籍出版社影印《黄节诗
学诗律讲义》本

诗学一卷

顺德黄节撰

民国八年（1919）北京大学出版部铅
印本

民国十八年（1929）北京大学出版部
铅印本

2007 年天津古籍出版社影印《黄节诗
学诗律讲义》本

白氏长庆集伪文一卷

顺德岑仲勉著

民国三十五年（1946）抽印本

论白氏长庆集源流并评东洋本白集一卷

顺德岑仲勉著

民国三十七年（1948）抽印本

唐集质疑一卷

顺德岑仲勉著

民国二十六年（1937）印本

文学史概十篇

顺德黄节等编

民国铅印本

国文文法一卷

顺德黄楚璧撰

清宣统三年（1911）顺德守愚书屋刻本

词类

独漉堂诗余不分卷

（清）顺德陈恭尹撰

民国刻《惜阴堂丛书》朱印本

浙江迎銮词二卷

（清）顺德梁廷枏撰

清抄《复庄今乐府选》本

陈紫清词一卷

（清）南海陈如龙撰

稿本

2016 年广东人民出版社影印《民国稿
　抄本》本

写韵楼词一卷

（清）南海吴尚熹撰

清稿本

清刻本

清光绪二十二年（1896）南陵徐氏刻本

玉鬘楼词钞五卷

顺德黎国廉撰

1949 年广州蔚兴印刷场铅印本

白香词谱笺四卷学宋斋词韵一卷

（清）舒梦兰辑（清）南海谢朝徵笺
（清）南海张荫桓校

清光绪十一年（1885）刻本

清宣统二年（1910）上海扫叶山房石
　印本

民国八年（1919）上海文明书局石印本

民国二十一年（1932）上海扫叶山房
　石印本

1981 年广东人民出版社整理本

1982 年中华书局整理本

1994 年上海书店影印《丛书集成续编》本

2015 年广州出版社影印《广州大典》本

清宫词本事一卷

三水黄荣康辑

民国二十四年（1935）刻本

凹园词钞一卷

三水黄荣康纂修

民国五年（1916）广州刻《翠琅玕馆
　丛书》本

民国十年（1921）刻本

1994 年上海书店影印《丛书集成续编》本

2016 年国家图书馆出版社影印《民国
　词集丛刊》本

击剑词一卷

三水黄荣康纂修

清末民国羊城粤华兴印务局铅印本

清光绪三十四年（1908）《求慊斋丛
　稿》稿本

2015 年广州出版社影印《广州大典》本

甲申夏词附女楼词一卷

南海冯平撰

民国三十四年（1945）油印本

曲类

粤讴一卷

（清）顺德招子庸编

清道光八年（1828）广州登云阁刻本

清光绪十七年（1891）广州石经堂书
局石印本

清光绪粤东佛山翰文堂石印书局石印本

清宣统二年（1910）广州麟书阁刻本

2016 年广东人民出版社影印《海外广
东珍本文献丛刊》本

藤花亭曲话五卷

（清）顺德梁廷枏撰

清道光十年(1830)刻《藤花亭十种》本

1959 年中国戏剧出版社影印《中国古
曲戏曲论著集成》本

1980 年中国戏剧出版社重印本

2001 年暨南大学出版社点校《艺文汇
编》本

2004 年山东画报出版社整理本

2015 年广州出版社影印《广州大典》本

藤花亭小四梦四卷

（清）顺德梁廷枏撰

清抄本

清道光刻本

2001 年暨南大学出版社点校《艺文汇
编》本

2006 年全国图书馆文献缩微复制中心
影印《中国古代杂剧文献辑录》本

子目

昙花梦四折

江梅梦四折

断缘梦四折

园香梦四折

苏娘叹五更不分卷

（清）顺德何惠群等撰

清广州醉经堂刻本

红拂传剧词不分卷

顺德罗惇曧编

民国顺德罗氏影印本

新刻阴阳宝扇全本四集十卷

题（清）顺德南溪幽闲主人撰

清光绪佛山近文堂刻本

2006 年台北"中央"研究院历史语言
研究所影印《俗文学丛刊》本

董永卖身三卷

（清）顺德马学愚编

民国广州五桂堂刻本

十二寡妇征西九集六卷九十回

（清）顺德马学愚订

清末广州五桂堂刻本

红拂传一卷

顺德罗惇曧编

1959 年北京宝文堂书店印本

1989 年台北新文丰出版公司影印《丛
书集成续编》本

佳偶兵戎一卷

南海马师曾编

民国香港时文阁印本

薛觉先四集

□□编

民国广州华兴书局印本

小说类

我佛山人札记小说目录四卷

（清）佛山吴趼人撰

民国四年（1915）瑞华书局石印本

民国十一年（1922）上海扫叶山房石
印本

1972 年台北文海出版社影印本

月月小说

（清）佛山吴趼人　周桂笙同编

清光绪印本

1979 年台北文海出版社影印本

情魔不分卷

（清）佛山吴趼人述

民国二十四年（1935）上海广智书局
铅印本

中国侦探案不分卷

（清）佛山吴趼人述

清光绪三十二年（1906）上海广智书
局铅印本

1984 年花城出版社点校《我佛山人短
篇小说集》本

1998 年北方文艺出版社校点本

2015 年广州出版社影印《广州大典》本

曾芳四奇传不分卷

（清）佛山吴趼人撰

清光绪三十三年（1907）刻本

清宣统元年（1909）小说月报社铅印
《名家传奇》本

狄公案不分卷

（清）佛山吴趼人撰

2011 年吉林大学出版社影印《国学经
典》本

2011 年云南人民出版社影印《中国古
典名著百部藏书》本

2014 年线装书局影印《中国公案小
说》图文珍藏本

二十年目睹之怪现状八卷

（清）佛山吴趼人撰

清光绪三十二年至宣统二年（1906—
1910）刻本

1959 年台北世界书局印本

1959 年人民文学出版社印本

1978 年人民文学出版社印本

1984 年台北广雅出版公司印本

2011 年上海古籍出版社点校本

2015 年人民文学出版社点注本

2015 年广州出版社影印《广州大典》本

发财秘诀不分卷

（清）佛山吴趼人撰

清光绪三十三年（1907）刻本

1987 年中州古籍出版社印本

1988 年花城出版社点校本

海上名妓四大金刚奇书不分卷

（清）佛山吴趼人撰

清光绪石印本

1998 年北方文艺出版社整理《吴趼人
全集》本

恨海十回

（清）佛山吴趼人撰

清光绪三十二年（1906）上海广智书
局铅印本

1957 年台北世界书局印本

1988 年花城出版社校点本

2011 年百花洲文艺出版社影印《晚清
言情艳情小说》本

2015 年广州出版社影印《广州大典》本

糊涂世界十二卷十二回

（清）佛山吴趼人撰

清光绪三十二年（1906）刻本

1988 年江西人民出版社影印《中国近
代小说大系》本

1997 年上海古籍出版社标点本

2015 年广州出版社影印《广州大典》本

趼廛笔记不分卷

（清）佛山吴趼人撰

清宣统二年（1910）上海广智书局铅
印本

1984 年花城出版社辑校《我佛山人短
篇小说集》本

1998 年岳麓书社校点本

2015 年广州出版社影印《广州大典》本

趼廛剩墨不分卷

（清）佛山吴趼人撰

清宣统二年（1910）上海广智书局铅
印本

1984 年花城出版社辑校《我佛山人短
篇小说集》本

2015 年广州出版社影印《广州大典》本

近十年之怪现状不分卷

（清）佛山吴趼人撰

民国十七年（1928）世界书局铅印本

1960 年中华书局影印《晚清文学丛
钞》本

1995 年黑龙江人民出版社影印《谴责
小说名篇系列》本

1998 年岳麓书社校点《晚清谴责小说
系列》本

2001 年时代文艺出版社影印《中国历
代谴责小说大系》本

九命奇冤三卷三十六回

（清）佛山吴趼人撰

清光绪三十二年（1906）刻本

民国三十六年（1947）民智书店印本

1958 年台北世界书局影印《世界文
库》本

1981 年福建人民出版社印本

1981 年上海古籍出版社印本

1984 年台北广雅出版公司整理《晚清
小说大系》本

1986 年花城出版社点校本

两晋演义二十三回

（清）佛山吴趼人撰

清宣统二年（1910）群学社刻本

1988 年江西人民出版社影印《中国近
代小说大系》本

迷信小说瞎骗奇闻八回

（清）佛山吴趼人撰

清光绪三十四年（1908）商务印书馆
铅印本

2015 年广州出版社影印《广州大典》本

剖心记

（清）佛山吴趼人撰

清光绪三十三年（1907）刻本

1988 年江西人民出版社点校《中国近
代小说大系》本

1998 年北方文艺出版社点校《吴趼人
全集》本

情变二卷八回

（清）佛山吴趼人撰

清宣统二年（1910）刻本

1984 年台北广雅出版公司印本

1993 年华东师范大学出版社点校《中
国现代言情小说大系》本

2011 年百花洲文艺出版社点校《晚清
言情艳情小说》本

2015 年广州出版社影印《广州大典》本

痛史二十七回

（清）佛山吴趼人撰

民国二十七年（1938）上海风雨书屋
铅印《海角遗编》本

1957 年上海文化出版社校注本

1981 年福建人民出版社印本

1984 年台北广雅出版公司印本

1988 年广州花城出版社校点本

1998 年北方文艺出版社点校《吴趼人
全集》本

2019 年北方文艺出版社点校《吴趼人
全集》本

新石头记四十回

（清）佛山吴趼人撰

清光绪三十四年（1908）刻本

1988 年江西人民出版社点校《中国近
代小说大系》本

1998 年北方文艺出版社点校《吴趼人
全集》本

2015 年海燕出版社本

2016 年内蒙古人民出版社点校本

我佛山人滑稽谈不分卷

（清）南海吴趼人撰

民国上海扫叶山房石印本

最近社会龌龊史

（清）佛山吴趼人撰

清末印本

1988 年花城出版社校点《我佛山人作
品选本》本

1998 年北方文艺出版社点校《吴趼人
全集》本

2001 年中国文史出版社点校《中国近
代谴责小说文库》本

2019 年北方文艺出版社点校《吴趼人

全集》本

电术奇谈二十四回

〔日〕菊池幽芳原著　方庆周译述
（清）佛山吴趼人衍义

清《新小说》抽印合订本

1998 年北方文艺出版社点校《吴趼人
全集》本

2019 年北方文艺出版社校点本

活地狱八卷四十三回

（清）李宝嘉（清）佛山吴趼人撰
（清）愿雨楼评

清末商务印书馆铅印本

1998 年北方文艺出版社点校《吴趼人
全集》本

2015 年广州出版社影印《广州大典》本

正德皇帝游江南四卷

（清）顺德何梦梅撰

清道光十二年（1832）刻本

清光绪十九年（1893）上海书局石印本

1995 年岳麓书社标点《古典通俗小说
文库》本

新刻大唐平贵全传四卷

（清）顺德马学愚编

清佛山文光楼刻本

2015 年广州出版社影印《广州大典》本

新刻董永全套仲舒寻母全本

（清）顺德马学愚编

清末香港五桂堂刻本

类 丛 部

类书类

北堂书钞注一百六十卷首一卷
（唐）虞世南撰（清）南海孔广陶注

清光绪十四年（1888）南海孔氏三十
有三万卷堂刻本

1998 年学苑出版社影印本

2015 年广州出版社影印《广州大典》本

续李氏蒙求注四卷
（清）顺德何仁镜撰（清）顺德何太
青纂注

清道光十一年（1831）刻本

2015 年广州出版社影印《广州大典》本

金石摛藻二卷
南海李宗颢辑

清稿本

2012 年广东人民出版社影印《四编清
代稿钞本》本

2015 年广州出版社影印《广州大典》本

廿二子汇隽二卷
南海李宗颢辑

稿本

2015 年广州出版社影印《广州大典》本

选诗均编五卷
南海李宗颢辑

稿本

2015 年广州出版社影印《广州大典》本

对料集成四卷
（清）南海袁福溥编

清光绪十九年（1893）广州麟书阁石
印本

民国九年（1920）上海广益书局石印本

丛书类

何笔山诗文集七种
（清）顺德何焱撰

清道光刻本

2015 年广州出版社影印《广州大典》本

子目

讲易见心一卷

照中楼文集一卷

理学精醇一卷

格言辑要一卷

先正模范二十卷

何笔山诗集二卷

王文成公杂咏二卷

冯氏清芬集三种
（清）南海冯询辑

清光绪二年（1876）上海榷署重刻本

2015 年广州出版社影印《广州大典》本

子目

水豹堂诗集一卷（清）南海冯仕正著

白兰堂诗选一卷（清）南海冯公亮著

拙园诗选一卷（清）南海冯赓飏著

藤花亭十种

（清）顺德梁廷枏撰

清道光八年（1828）刻本

2015 年广州出版社影印《广州大典》本

子目

论语古解十卷

南汉书十八卷

南汉书考异十八卷

南汉丛录二卷

南汉文字略四卷

金石称例四卷

续金石称例一卷

书余一卷

碑文摘奇一卷

曲话五卷

邹征君遗书八种附刻二种

（清）南海邹伯奇撰

清同治十二年（1873）南海邹达泉拾
　　芥园刻本

2015 年广州出版社影印《广州大典》本

子目

学计一得二卷

补小尔雅释度量衡三篇

格术补一卷

对数尺记一卷

乘方捷术三卷

邹征君存稿一卷

舆地全图

赤道南北恒星图

附

夏氏算学四种（清）夏鸾翔撰

　　少广缒凿一卷

　　洞方术图解二卷

　　致曲术一卷

　　致曲图解一卷

徐氏算学三种（清）徐有壬撰

　　造各表简法一卷

　　截球解义一卷

　　椭圆求周术一卷

温氏诗钞三种

（清）顺德温贤超等撰

清嘉庆二十二年（1817）刻本

子目

自怡草二卷自怡草补遗一卷附录一卷
　　（清）顺德温贤超撰

醇斋诗钞一卷（清）顺德温士刚撰

碧池诗钞一卷（清）顺德温闻源撰

明人子史汇钞十二种

（清）南海孔氏岳雪楼重编

清抄本

子目

青溪暇笔二卷（明）姚福撰

国初礼贤录一卷（明）□□撰

菽园杂记五卷（明）陆容撰

悬笥琐探一卷（明）刘昌撰

瑯环漫钞一卷（明）文林撰

君子堂日询手镜二卷（明）王济撰

寓圃杂记二卷（明）王锜撰

大狩龙飞录一卷（明）世宗朱厚熜撰

损斋备忘志二卷（明）梅纯撰

彭文宪公笔记一卷（明）彭时撰

病逸漫记一卷（明）陆钐撰

蒹胜野闻一卷（明）徐祯卿撰

前闻记二卷（明）祝允明撰

南海孔氏岳雪楼丛钞

（清）南海孔广陶辑

清光绪南海孔氏岳雪楼抄本

子目

经部

朱子五经语类八十卷（清）程川撰

易学辨惑一卷（宋）邵伯温撰

了斋易说一卷（宋）陈瓘撰

周易窥余十五卷（宋）郑刚中撰

易变体义十二卷（宋）都絜撰

周易经传集解三十六卷（宋）林栗撰

杨氏易传二十卷（宋）杨简撰

厚斋易学五十卷附录二卷（宋）冯椅撰

周易总义二十卷（宋）易祓撰

周易详解十六卷（宋）李杞撰

涞山读周易二十一卷首一卷（宋）方
　　寔孙撰

读易举要四卷（宋）俞琰撰

易象义十六卷统论一卷（宋）丁易东撰

易筮通变三卷（宋）雷思齐撰

易纂言外翼八卷（元）吴澄撰

周易原旨八卷（元）宝巴撰

读易考原一卷（元）萧汉中撰

易精蕴大义十二卷（元）解蒙撰

易学变通六卷（元）曾贯撰

周易爻变义蕴四卷首一卷（元）陈应
　润撰

读易余言五卷（明）崔铣撰

易学启蒙意见五卷（明）韩邦奇撰

读易述十七卷（明）潘士藻撰

像象管见九卷（明）钱一本撰

周易札记三卷（明）逯中立撰

周易孔义三卷（明）高攀龙撰

易义古象通八卷首一卷（明）魏濬撰

周易像象述十卷首一卷（明）吴桂森撰

易原就正十二卷首一卷（清）包仪撰

周易浅释四卷（清）潘思榘撰

周易洗心七卷首二卷（清）任启运撰

尚书讲义二十卷（宋）史浩撰

五诰解四卷（宋）杨简撰

书传会选六卷（明）刘三吾等撰

尚书疑义五卷（明）马明衡撰

尚书疏衍四卷（明）陈第撰

尚书埤传十五卷书经首一卷补二卷末
　　一卷考异一卷（清）朱鹤龄撰

书经衷论四卷（清）张英撰

禹贡后论一卷（宋）程大昌撰

禹贡山川地理图二卷（宋）程大昌撰

禹贡长笺十二卷（清）朱鹤龄撰

颖滨先生诗集传十九卷（宋）苏辙撰

毛诗讲义十二卷（宋）林岊撰

诗童子问十卷（宋）辅广撰

慈湖诗传二十卷（宋）杨简撰

诗经疏义会通二十卷纲领一卷图一卷
　　（元）朱公迁撰（明）王逢辑录
　　（明）何英增释

诗传旁通十五卷类目一卷（元）梁益撰

诗缵绪十八卷（元）刘玉汝撰

诗说解颐总论二卷正释三十卷字义八
　　卷（明）季本撰

重订诗经疑问十二卷（明）姚舜牧撰

诗故十卷（明）朱谋㙔撰

读诗略记六卷（明）朱朝瑛撰

诗经通义十二卷（清）朱鹤龄撰

诗经札记一卷（清）杨名时撰

读诗质疑三十一卷首十五卷（清）严
　　虞撰

诗传名物集览十二卷（清）陈大章撰

诗识名解十五卷（清）姚炳撰

周官总义三十卷（宋）易祓撰

周礼传十卷翼传二卷（明）王应电撰

内外服制通释七卷（宋）车垓撰

檀弓疑问一卷（清）邵泰衢撰

月令解十二卷（宋）张虑撰

深衣考一卷（清）黄宗羲撰

律吕成书二卷（元）刘瑾撰

春秋左传谳二十二卷（宋）叶梦得撰

春秋左氏传续说十二卷（宋）吕祖谦撰

春秋左传属事二十卷（明）傅逊撰

左氏释二卷（明）冯时可撰

春秋经解二十卷（宋）崔子方撰

春秋通训六卷（宋）张大享撰

沈先生春秋比事二十卷（宋）沈棐撰

春秋讲义八卷（宋）戴溪撰

春秋集义五十卷纲领三卷（宋）李明
　　复撰

春秋说三十卷（宋）洪咨夔撰

春秋纂言十二卷总例二卷（元）吴澄撰

春秋谳义十二卷（元）王元杰撰

春秋胡氏传纂疏三十卷（元）汪克宽撰

春秋胡氏传辨疑二卷（明）陆粲撰

春秋明志录十二卷（明）熊过撰

春秋亿六卷（明）徐学谟撰

春秋孔义十二卷（明）高攀龙撰

读春秋略记十卷（明）朱朝瑛撰

春秋平义十二卷（清）俞汝言撰

春秋四传纠正一卷（清）俞汝言撰

春秋管窥十二卷（清）徐庭垣撰

左传折诸二十八卷首二卷公羊折诸六
　　卷首一卷谷梁折诸六卷首一卷（清）
　　张尚瑗撰

春秋究遗十六卷（清）叶西撰

榘庵集十五卷附录一卷（元）同恕撰

孝经注疏三卷（唐）玄宗李隆基注
　　（唐）陆德明音义（宋）邢昺疏

孝经述注一卷（明）项霦撰

御纂孝经集注一卷（清）世宗胤禛撰

论语拾遗一卷（宋）苏辙撰

论语全解十卷（宋）陈祥道撰

孟子解一卷（宋）苏辙撰

孟子传二十九卷（宋）张九成撰

蒙斋中庸讲义四卷（宋）袁甫撰

学庸正说三卷（明）赵南星撰

四书经疑贯通八卷（元）王充耘撰

四书留书六卷（明）章世纯撰

四如讲稿六卷（宋）黄仲元撰

泉斋简端录十二卷（明）邵宝撰

经稗十二卷（清）郑方坤撰

经咫一卷（清）陈祖范撰

篆隶考异八卷（清）周靖撰

史部

史记疑问三卷（清）邵泰衢撰

读史记十表十卷（清）汪越撰（清）
　　徐克范补

后汉书补逸二十一卷（清）姚之骃撰

纲目续麟汇览三卷（明）张自勋撰

大事记续编七十七卷（明）王祎撰

通鉴续编二十四卷（明）陈桱撰

钦定平定金川方略三十二卷（清）来
　　保等撰

十六国春秋不分卷（三国魏）崔鸿撰

孝肃包公奏议十卷（宋）包拯撰

关中奏议钞十二卷（明）杨一清撰

王李书简一卷（明）杨一清撰

讷溪奏疏一卷（明）周怡撰

谭襄敏奏议十卷（明）谭纶撰

廉吏传二卷（宋）费枢撰

闽中理学渊源考九十二卷（清）李清
　　馥撰

宁海将军固山贝子功绩录一卷（□）
□□撰

朝邑志二卷（明）韩邦靖撰（清）李
松林校（清）汪能肃重校

闽政会要不分卷（清）孙平叔辑

营平二州地名记一卷（清）顾炎武撰

异域录一卷（清）图理琛撰

赤松山志一卷（宋）倪守约撰

直隶河渠志一卷（清）陈仪撰

坤舆图说不分卷　□□撰

明谥记汇编二十五卷（明）郭良翰撰

十七史纂古今通要十七卷（元）胡一
桂撰

史纂通要后集三卷（元）董鼎撰

学史十三卷（明）邵宝撰

顾氏诗史十四卷（明）顾正谊撰

史纠六卷（明）朱明镐撰

子部

儒志编一卷（宋）王开祖撰

准斋杂说二卷（宋）吴如愚撰

朱子读书法四卷（宋）张洪齐辑

丽泽论说集录十卷（宋）吕祖俭辑

心经一卷（宋）真德秀撰

慈溪黄氏日钞分类古今纪要十九卷
（宋）黄震撰

性理群书句解二十三卷（宋）熊节撰

治世龟鉴一卷（元）苏天爵撰

理学类编八卷（明）张九韶撰

士翼四卷（明）崔铣撰

呻吟语摘二卷（明）吕坤撰

呻吟语四卷（明）吕坤撰（明）杨廷
筠编

历体略三卷（明）王英明撰

中星谱一卷（清）胡亶撰

全史日至源流三十二卷（清）许伯政撰

测圆海镜分类释术十卷首一卷（明）
顾应祥撰

新法算书一百卷附录十四卷（明）徐
光启撰

表度说一卷（意）熊三拔撰

数度衍二十三卷首一卷（清）方中通撰

数学钥六卷（清）杜知耕撰

少广补遗一卷（清）陈世仁撰

几何论约七卷（清）杜知耕撰

庄氏算学八卷（清）庄亨阳撰

大衍索隐三卷（宋）丁易东撰

皇极经世书解十二卷首二卷（清）王
植撰

皇极经世观物外篇衍义九卷（宋）张
行成撰

天元玉历祥异赋图解不分卷（□）
□□撰

易通变四十卷（宋）张行成撰

玉照定真经一卷　题（晋）郭璞撰
（晋）张颙注

法书名画见闻表一卷南阳法书表一卷
南阳名书画表一卷清水河秘箧书画
表一卷（明）张丑撰

香乘二十八卷（清）周嘉胄撰

东园丛说二卷（宋）李如篪撰

书斋夜话四卷（宋）俞德邻撰

本语六卷（明）高拱撰

名义考十二卷（明）周祈撰

义府二卷（清）黄生撰

经外杂钞二卷（宋）魏了翁撰

台湾外志十二卷（清）江日昇撰

北堂书钞一百六十卷（唐）虞世南辑

元和姓纂十卷（唐）林宝撰

小字录一卷（宋）陈思辑

全芳备祖前集二十七卷后集三十一卷
　　（宋）陈景沂辑

名贤氏族言行类稿六十卷（宋）章定撰

纯正蒙求三卷（元）胡炳文撰

同姓名录十二卷（明）余寅撰（明）
　　周应宾撰补一卷

别号录九卷（清）葛万里辑

老子翼三卷老子考异一卷（明）焦竑撰

老子说略二卷（清）张尔岐撰

道德宝章一卷（宋）葛长庚注

周易参同契解三卷（宋）陈显微撰

周易参同契发挥三卷释疑一卷（宋）
　　俞琰撰

亢仓子注九卷（宋）何粲注（明）黄
　　谏音释

易外别传一卷（宋）俞琰撰

山带阁注楚辞余论二卷楚辞说韵一卷
　　首一卷（清）蒋骥撰

集部

王子安集十六卷（唐）王勃撰

王司马集八卷（唐）王建撰

文泉子集一卷（唐）刘蜕撰

广成集十二卷（五代）杜光庭撰

咸平集三十卷（宋）田锡撰

晏元献遗文一卷（宋）晏殊撰

古灵集二十五卷（宋）陈襄撰

郧溪集二十八卷（宋）郑獬撰

太史范公文集五十五卷（宋）范祖禹撰

南阳集三十卷（宋）韩维撰

节孝语录一卷（宋）徐积撰

乐圃余稿十卷附录一卷（宋）朱长文撰

龙云集三十二卷（宋）刘弇撰

云溪居士集三十卷附录一卷（宋）华

镇撰

乐静集三十卷（宋）李昭玘撰

浮溪文粹十五卷（宋）汪藻撰

灌园集二十卷（宋）吕南公撰

筠溪集二十四卷（宋）李弥逊撰

华阳集四十卷（宋）张纲撰

苕溪集五十五卷（宋）刘一止撰

相山集三十卷（宋）王之道撰

大隐集十卷（宋）李正民撰

初寮集八卷（宋）王安中撰

丹阳集二十四卷（宋）葛胜仲撰

忠惠集十卷附录一卷（宋）翟汝文撰

澹斋集十八卷（宋）李流谦撰

卢溪集五十卷（宋）王庭珪撰

北海集四十六卷（宋）綦崇礼撰

崧庵集六卷（宋）李处权撰

鄱阳集四卷（宋）洪皓撰

东莱诗集二十卷附录一卷（宋）吕本
　　中撰

五峰集五卷（宋）胡宏撰

斐然集三十卷（宋）胡寅撰

默堂集二十二卷（宋）陈渊撰

唯室集四卷（宋）陈长方撰

汉滨集十六卷（宋）王之望撰

拙斋文集二十卷拾遗一卷附录一卷
　　（宋）林之奇撰

太仓稊米集七十卷（宋）周紫芝撰

鄮峰真隐漫录五十卷（宋）史浩撰

海陵集二十三卷外集一卷（宋）周麟
　　之撰

竹洲文集二十卷（宋）吴儆撰

棣华杂著一卷附录一卷（宋）吴俯撰

高峰文集十二卷（宋）廖刚撰

方舟集二十四卷（宋）李石撰

香山集十六卷（宋）喻良能撰

蒙隐集二卷（宋）陈棣撰

乐轩集八卷（宋）陈藻撰

澹轩集八卷（宋）李吕撰

尊白堂集六卷（宋）虞俦撰

慈湖遗书十八卷（宋）杨简撰

云庄集二十卷（宋）刘爚撰

定斋集二十卷（宋）蔡戡撰

诚斋集一百三十二卷附录一卷（宋）
　　杨万里撰

放翁诗选前集十卷（宋）陆游撰
　　（宋）罗椅辑　后集八卷（宋）陆
　　游撰（宋）刘辰翁辑　别集一卷

东塘集二十卷（宋）袁说友撰

客亭类稿十四卷（宋）杨冠卿撰

莲峰集十卷（宋）史尧弼撰

山房集九卷（宋）周南撰

后乐集二十卷（宋）卫泾撰

梅山续稿十七卷（宋）姜特立撰

信天巢遗稿一卷（宋）高翥撰（清）
　　高士奇辑

林湖遗稿一卷（宋）高鹏飞撰

江村遗稿一卷（宋）高选（宋）高迈
　　等撰（清）高士奇辑

疏寮小集一卷（宋）高似孙撰

漫塘文集三十六卷（宋）刘宰撰

洺水集三十卷（宋）程珌撰

重校鹤山先生大全集一百十卷（宋）
　　魏了翁撰

康范集一卷附录三卷（宋）汪晫撰

鹤林集四十卷（宋）吴泳撰

东润集十四卷（宋）许应龙撰

浣川集十卷（宋）戴栩撰

铁庵集三十七卷（宋）方大琮撰

默斋遗稿二卷（宋）游九言撰

臞轩集十六卷（宋）王迈撰

敝帚稿略八卷（宋）包恢撰

清正存稿六卷附录一卷（宋）徐鹿卿撰

可斋杂稿三十四卷续稿八卷续后稿十
　　二卷（宋）李曾伯撰

矩山存稿五卷（宋）徐经孙撰

雪窗集二卷附录一卷（宋）孙梦观撰

楳埜集十二卷（宋）徐元杰撰

灵岩集十卷（宋）唐士耻撰

唐僧弘秀集十卷（宋）李龏撰

雪坡姚舍人文集五十卷（宋）姚勉撰

陈本堂先生文集九十四卷（宋）陈著撰

竹溪鬳斋十一卷续集三十卷（宋）林
　　希逸撰

兰皋集三卷（宋）吴锡畴撰

碧梧玩芳集二十四卷（宋）马廷鸾撰

牟氏陵阳集二十四卷（宋）牟巘撰

潜斋集十一卷（宋）何梦桂撰

铁牛翁遗稿一卷（宋）何景福撰

存潜斋集十一卷　佚名撰

梅岩集十卷（宋）胡次焱撰

四如集四卷附录一卷（宋）黄仲元撰

佩韦斋集十六卷（宋）俞德邻撰

则堂集六卷（宋）家铉翁撰

存雅堂遗稿五卷（宋）方凤撰

九华诗集一卷（宋）陈岩撰

苇航漫游稿四卷（宋）胡仲弓撰

东山诗集二卷（宋）葛绍体撰

燕堂诗稿一卷（宋）赵公豫撰

沧洲缶编十四卷（宋）程公许撰

在轩集一卷（宋）黄公绍撰

涉斋集十八卷（宋）许纶撰

东窗集十六卷（宋）张扩撰

秋声集六卷（宋）卫宗武撰

定庵类稿四卷（宋）卫博撰

华亭百咏一卷（宋）许尚撰

潜山集十二卷（宋）释文珦撰

云庄集五卷（宋）曾协撰

松隐文集三十四卷（宋）曹勋撰

稼村类稿三十卷（元）王义山撰

养蒙集十卷（元）张伯淳撰

墙东类稿二十卷（元）陆文圭撰

青山集八卷（元）赵文撰

桂隐诗集四卷附录一卷（元）刘诜撰

桂隐文集四卷（元）刘诜撰

巴西文集一卷（元）邓文原撰

玉斗山人集三卷（元）王奕撰

谷响集三卷（元）释善住撰

东庵集四卷（元）滕安上撰

青崖集五卷（元）魏初撰

畏斋集六卷（元）程端礼撰

默庵集五卷（元）安熙撰

云峰集十卷（元）胡炳文撰

曹文贞公诗集十卷（元）曹伯启撰

芳谷集二卷（元）徐明善撰

兰轩集十六卷（元）王旭撰

霞外诗集十卷（元）马臻撰

西岩集二十卷（元）张之翰撰

蒲室集十五卷（元）释大欣撰

弁山小隐吟录二卷（元）黄玠撰

定宇集十六卷附录一卷（元）陈栎撰

艮斋诗集十四卷（元）侯克中撰

云林集六卷（元）贡奎撰

中庵集二十卷（元）刘敏中撰

惟实集八卷附录二卷（元）刘鹗撰

勤斋集八卷（元）萧□撰

榘庵集十五卷附录一卷（元）同恕撰

伊滨集二十四卷（元）王沂撰

闲居丛稿二十六卷（元）蒲道源撰

燕石集十五卷（元）宋褧撰

安雅堂集十三卷（元）陈旅撰

瓢泉吟稿五卷（元）朱晞颜撰

俟庵集三十卷（元）李存撰

青阳集四卷（元）余阙撰

圭峰集二卷（元）卢琦撰

五峰集六卷（元）李孝光撰

梦观集五卷（元）释大圭撰

子渊诗集六卷（元）张仲深撰

午溪集十卷（元）陈镒撰

羽庭集十卷（元）刘仁本撰

不系舟渔集十五卷附录一卷（元）陈
　高撰

居竹轩集四卷（元）成廷珪撰

傲轩吟稿一卷（元）胡天游撰

师山文集八卷遗文五卷（元）郑玉撰

北郭诗集六卷补遗一卷（元）许恕撰

山窗余稿一卷（元）甘复撰

吾吾类稿三卷（元）吴皋撰

云阳集十卷（元）李祁撰

佩玉斋类稿十卷（元）杨翮撰

云松巢集三卷（元）朱希晦撰

樗隐集六卷（元）胡行简撰

庸庵集十四卷（元）宋禧撰

可闲老人集四卷（元）张昱撰

小亨集六卷（元）杨弘道撰

麟原后集十二卷（元）王礼撰

学言稿六卷（元）吴当撰

知非堂稿六卷（元）何中撰

壶山四六一卷（元）□□撰

桐山老农四卷（元）鲁贞撰

石门集七卷（明）梁寅撰

密庵集八卷（明）谢肃撰

白云稿十一卷（明）朱右撰

始丰稿十四卷（明）徐一夔撰

沧螺集六卷（明）孙作撰

春草斋集十卷附录一卷（明）乌斯道撰

望云集五卷（明）郭奎撰

竹斋集三卷续集一卷附录一卷（元）
　王冕撰

蚓窍集十卷（明）管时敏撰

西郊笑端集二卷（明）董纪撰

颐庵文选二卷（明）胡俨撰

抑庵文前集十三卷后集三十七卷（明）
　王直撰

于忠肃集十三卷（明）于谦撰

倪文僖集三十二卷（明）倪谦撰

竹岩集二卷（明）柯潜撰

清风亭稿八卷（明）童轩撰

东园文集十三卷附录一卷（明）郑纪撰

郁洲遗稿十卷首一卷（明）顺德梁储撰

顾华玉集三十九卷（明）顾璘撰

竹涧集十二卷（明）潘希曾撰

小鸣稿十卷（明）朱诚泳撰

正杨集四卷（明）陈耀文撰

梦泽集二十三卷（明）王廷陈撰

小山类稿二十卷（明）张岳撰

天马山房遗集八卷（明）朱淛撰

方麓居士集十三卷（明）王樵撰

谷城山馆诗集二十卷文集四十二卷
　（明）于慎行撰

璇玑图诗读法一卷（明）康万民撰

沙溪集二十三卷（明）孙绪撰

荥阳外史集一百卷（明）郑真撰

南宋群贤小集一百二十九卷（宋）陈
　起辑

巽斋小集一卷（宋）危稹撰

雪坡小稿二卷（宋）罗与之撰

菊磵小集一卷（宋）高翥撰

北窗诗稿一卷（宋）余观复撰

欧渚微吟一卷（宋）赵崇鉘撰

学吟一卷（宋）朱南杰撰

雅林小稿一卷（宋）王琮撰

菊潭诗集一卷（宋）吴惟信撰

庸斋小集一卷（宋）沈说撰

学诗初稿一卷（宋）王同祖撰

西麓诗稿一卷（宋）陈允平撰

橘潭诗稿一卷（宋）何应龙撰

吾竹小稿一卷（宋）毛珝撰

皇荂曲一卷（宋）邓林撰

梅屋诗稿一卷融春小缀一卷梅屋三稿
　一卷梅屋四稿一卷（宋）许棐撰

竹庄小稿一卷（宋）胡仲参撰

东斋小集一卷（宋）陈鉴之撰

芸隐横舟稿一卷倦游稿一卷（宋）施
　枢撰

竹所吟稿一卷（宋）徐集孙撰

云卧诗集一卷（宋）吴汝式撰

适安藏拙余稿一卷乙稿一卷（宋）武
　衍撰

疏寮小集一卷（宋）高似孙撰

靖逸小集一卷（宋）叶绍翁撰

秋江烟草一卷（宋）张弋撰

雪林删余一卷（宋）张至龙撰

癖斋小集一卷（宋）杜旃撰

招山小集一卷（宋）刘仙伦撰

看云小集一卷（宋）黄文雷撰

抱拙小稿一卷（宋）赵希橹撰

桧庭吟稿一卷（宋）葛起耕撰

骳稿一卷（宋）利登撰

云泉诗一卷（宋）薛嵎撰

无怀小集一卷（宋）葛天民撰

渔溪诗稿一卷乙稿一卷（宋）俞桂撰

小山集一卷（宋）刘翰撰

雪窗小集一卷（宋）张良臣撰

臞翁诗集一卷（宋）敖陶孙撰

静佳乙稿一卷静佳龙寻稿一卷（宋）
　朱继芳撰

斗野稿支卷一卷（宋）张蕴撰

露香拾稿一卷（宋）黄大受撰

竹溪十一稿诗选一卷（宋）林希逸撰

山居存稿一卷（宋）陈必复撰

端隐吟稿一卷（宋）林尚仁撰

雪蓬稿一卷（宋）姚镛撰

心游摘稿一卷（宋）刘翼撰

雪岩吟草一卷（宋）宋伯仁撰

石屏续集四卷（宋）戴复古撰

龙洲集一卷（宋）刘过撰

白石道人诗一卷诗说一卷（宋）姜夔撰

孝诗一卷（宋）林同撰

蒙泉诗稿一卷（宋）李涛撰

方泉先生诗集三卷（宋）周文璞撰

瓜庐诗集三卷（宋）薛师石撰

野谷诗集六卷（宋）赵汝鐩撰

端平诗集四卷（宋）周弼撰

梅花衲一卷（宋）李龏撰

剪绡集二卷（宋）李龏撰

亚愚江浙纪行集句七卷（宋）释绍嵩撰

采芝集一卷（宋）释斯植撰

采芝续集一卷（宋）□□撰

云泉诗集一卷（宋）释永颐撰

芸居乙稿一卷（宋）陈起撰

增广高僧诗选前集一卷后集三卷续集
　一卷（宋）陈起编

前贤小集拾遗五卷（宋）陈起编

雪矶丛稿五卷（宋）雷乐发撰

退庵先生遗集二卷（宋）吴渊撰

苇碧轩集一卷（宋）翁卷撰

清苑斋集一卷（宋）赵师秀撰

芳兰轩集一卷（宋）徐照撰

二薇亭集一卷（宋）徐玑撰

中兴群公吟稿戊集七卷（宋）陈起撰

群贤小集补遗□卷（宋）陈起撰

江湖后集二十四卷（宋）陈起编

唐宋元名表四卷（明）胡松编

会稽怀古诗一卷（明）唐之淳撰

唐愚士诗四卷（明）唐之淳撰

中兴间气集二卷附遗二卷（唐）高仲
　武撰

南岳唱酬集一卷附录一卷（宋）朱熹撰

三国志文类六十卷　□□辑

诚斋诗话一卷（宋）杨万里撰

修辞鉴衡二卷（元）王构撰

周易四卷（元）董中行撰

乔氏易俟十八卷首一卷（清）乔莱撰

周官集传十六卷（元）毛应龙撰

皇明实录不分卷（明）胡广等修

天玉经内传三卷外编一卷（唐）杨筠
　松撰

绘事备考八卷（清）王毓贤撰

营造法式三十四卷首一卷（宋）李诫撰

竹友集十卷（宋）谢薖撰

宋忠肃陈了斋四明尊尧集十一卷（宋）
　陈瓘撰

皇朝仕学规范四十卷（宋）张镃撰

天台前集三卷前集别编一卷续集三卷
　续集别编六卷（宋）李庚辑（宋）
　林师葴增辑

野趣有声画二卷（元）杨公远撰

滇略十卷（明）谢肇淛撰

六艺之一录四百六卷目录十卷续编十二卷（清）倪涛撰

校注橘山四六二十卷（宋）李廷忠撰（明）孙云翼注

春秋事义全考十六卷（明）姜宝撰

春秋分纪九十卷（宋）程公说撰

汴京遗迹志二十四卷（明）李濂撰

黄御史集十卷附录一卷（唐）黄滔撰

李义山四六选本不分卷（唐）李商隐撰

韩集举正一卷外集举正一卷（宋）方崧卿撰

西渡集二卷补遗一卷（宋）洪炎撰

庄简集十八卷（宋）李光撰

楚辞灯四卷（清）林云铭撰（清）南海孔昭仁校并跋

三礼图四卷（明）刘绩撰

明太宗实录一百三十卷（明）张辅等纂修

雪楼集三十卷附录一卷（元）程钜夫撰

皇朝实录稿一百六十卷（清）巴泰等辑

明儒言行录□□卷（清）沈佳撰

昭明太子集六卷（南朝梁）萧统撰

刘子十卷（北齐）刘昼撰

东皋子集三卷（唐）王绩撰

杼山集十卷（唐）释皎然撰

咏史诗二卷（唐）胡曾撰

古文龙虎经注疏三卷（宋）王道撰

石文字禅三十卷（宋）释觉范撰

众妙集一卷（宋）赵师秀撰

荆溪林下偶谈四卷（宋）吴子良撰

皇朝太平治迹统类三十卷（宋）彭百川撰

密斋笔记五卷续一卷（宋）谢采伯撰

吾汶稿十卷（宋）王炎午撰

张平叔悟真篇集注五卷（宋）张伯端撰

南湖集七集（元）贡性之撰

革象新书五卷（元）赵友钦撰

韶舞九成乐补一卷（元）余载撰

还山遗稿二卷附录一卷（元）杨奂撰

震泽长语二卷（明）王鏊撰

颐山诗话二卷（明）安磐撰

诸葛忠武书十卷（明）杨时伟辑

拾遗录一卷（明）胡爌撰

今献备遗四十二卷（明）项笃寿撰

吴兴备志三十二卷（明）董斯张撰

格古要论三卷（明）曹昭撰

读史方舆纪要二百卷（清）顾祖禹撰

律吕阐微十卷首一卷（清）江永撰

龙沙纪略一卷（清）方式济撰

钦定外藩蒙古回部王公功绩表传一百二十卷（清）国史馆撰

勾股矩测解原二卷（清）黄百家撰

粤闽巡视纪略六卷（清）杜臻撰

图学辨惑一卷（清）黄宗炎撰

大金集礼四十卷（金）张暐等撰

西学富强丛书

（清）佛山张荫桓辑

清光绪二十二年（1896）上海鸿文书局石印本

清光绪二十五年（1899）小仓山房石印本

子目

算学

勾股六术一卷（清）项名达撰

算式集要四卷〔英〕哈司韦辑〔英〕傅兰雅口译（清）江衡笔述

九数外录一卷（清）顾观光撰

衍元要义一卷（清）谢家禾撰

弧田问率一卷（清）谢家禾撰

直积回求一卷（清）谢家禾撰

割圆连比例术图解三卷（清）董祐诚撰

椭圆求周术一卷（清）董祐诚撰

斜弧三边求角补术一卷（清）董祐诚撰

堆垛求积术一卷（清）董祐诚撰

三统术衍补一卷（清）董祐诚撰

器象显真四卷附图一卷［英］白力盖辑
　　［英］傅兰雅口译（清）徐建寅删述

电学

电学纲目一卷［英］田大里辑［英］
　　傅兰雅口译（清）周郇笔述

总论源流一卷

磨电学二卷

论吸铁气一卷

论生物电气一卷

论化学电气一卷

论电气吸铁一卷

论吸铁电气杂理一卷

论热电气一卷

论电气报一卷

论电气时辰钟及诸杂法一卷

化学

金石识别十二卷附英文表［美］代那撰
　　［美］玛高温口译（清）华蘅芳笔述

化学求数十五卷［德］富里西尼乌司撰
　　［英］傅兰雅口译（清）徐寿笔述

天学

谈天十八卷附表［英］侯失勒约翰原
　　本［英］伟烈亚力口译（清）李善
　　兰删述（清）徐建寅续述

测候丛谈四卷［美］金楷理口译

（清）华蘅芳笔述

地学

地学浅释三十八卷［英］雷侠儿撰
　　［美］玛高温口译（清）华蘅芳笔述

史学

万国总说三卷［日］冈本监辅撰

列国岁计政要十二卷［英］麦丁富得
　　力编［美］林乐知口译（清）郑昌
　　棪笔述

俄史辑译四卷（清）徐景罗译

法学

中西纪年谱交涉论勘记后一卷

各国交涉公法论总论一卷初集四卷二
　　集四卷三集八卷附校勘记［英］费
　　利摩罗巴德撰［英］傅兰雅口译
　　（清）俞世爵笔述

佐治刍言一卷［英］傅兰雅口译（清）
　　应祖锡笔述

矿学

冶金录三卷［美］阿发满撰［英］傅
　　兰雅口译（清）赵元益笔述

银矿指南一卷［美］亚伦撰［英］傅
　　兰雅口译（清）应祖锡笔述

炼钢要言一卷（清）徐家宝译述

开煤要法一卷［英］士密德辑

井矿工程三卷［英］白尔捺辑［英］
　　傅兰雅口译（清）赵元益笔述

工学

汽机必以十二卷首一卷附一卷［英］
　　蒲而捺撰［英］傅兰雅口译（清）
　　徐建寅笔述

兵船汽机六卷附录一卷［英］息尼德撰
　　［英］傅兰雅口译（清）华备钰笔述

工程致富论略十三卷附图［英］玛体生

撰〔英〕傅兰雅译（清）钟天纬译

海塘辑要十卷〔英〕韦更斯撰〔英〕
傅兰雅口译（清）赵元益笔述

行军铁路工程二卷附图〔英〕傅兰雅
译（清）汪振声译

炼石编三卷附图〔英〕亨利黎特撰
（清）舒高第（清）郑昌棪译

匠诲与规三卷〔英〕诺格德撰〔英〕
傅兰雅口译（清）徐建寅笔述

造管法一卷〔英〕傅兰雅口译（清）
徐寿笔述

色相留真一卷〔英〕傅兰雅口译
（清）徐寿笔述

造硫强水法一卷〔英〕傅兰雅口译
（清）徐寿笔述

回热炉法一卷〔英〕傅兰雅口译
（清）徐寿笔述

制肥皂法二卷〔美〕林乐知口译
（清）郑昌棪笔述

制油烛法一卷〔美〕林乐知口译
（清）郑昌棪笔述

机动图说一卷〔英〕傅兰雅口译
（清）徐寿笔述

镕金类罐一卷〔英〕傅兰雅译

镀金法四卷〔美〕金楷理口译（清）
徐华封笔述

电气镀金略法一卷〔英〕华特纂
〔英〕傅兰雅口译（清）周郇笔述

电气镀镍一卷〔英〕傅兰雅口译（清）
徐华封笔述

兵学

列国陆军制九卷〔美〕欧泼登撰
〔美〕林乐知译（清）瞿昂来译

英国水师考一卷〔英〕巴那比撰

〔美〕克里撰〔英〕傅兰雅译（清）
钟天纬译

法国水师考一卷〔美〕杜默能撰〔美〕
罗亨利译（清）瞿昂来译（清）钟
天纬校

美国水师考一卷〔英〕巴那比撰〔美〕
克理撰〔英〕傅兰雅译（清）钟天
纬译

临阵管见九卷〔布国〕斯拉弗司撰
〔美〕金楷理口译（清）赵元益笔述

前敌须知四卷附图〔英〕克利赖撰
（清）舒高第译（清）郑昌棪译

营城揭要二卷附图〔英〕储意比撰
〔英〕傅兰雅口译（清）徐寿笔述

海军调度要言四卷附图〔英〕掔核甫
撰（清）舒高第译（清）郑昌棪译

南北花旗战纪十八卷〔布国〕希理哈撰
〔英〕傅兰雅口译（清）华蘅芳笔述

轮船布阵十二卷首一卷附图〔英〕裴
路原书〔英〕贾密伦原书〔英〕傅
兰雅口译（清）徐建寅笔述

回特活德钢炮一卷〔英〕傅兰雅口译
（清）徐寿笔述

兵船炮法六卷〔美〕金楷理口译（清）
朱恩锡笔述（清）李凤苞删润

克虏伯炮准心法一卷附图〔美〕金楷
理口译（清）李凤苞笔述

克虏伯炮说四卷〔德〕军政局原书
〔美〕金楷理口译（清）李凤苞笔述

克虏伯炮操法四卷附表八卷〔德〕军
政局原书〔美〕金楷理口译（清）
李凤苞笔述

制火药法三卷附图〔英〕利稼孙辑
〔英〕华得斯辑〔英〕傅兰雅口译

（清）丁树棠笔述

船坞论略一卷附图［英］傅兰雅口译

（清）钟天纬笔述

潘刻三种

（清）南海潘衍桐编

清光绪十七年（1891）浙江书局刻本

子目

尔雅正郭三卷

论语训诂考二卷

缉雅堂诗话二卷

李氏五种

（清）李兆洛撰（清）顺德马贞榆编

（清）六承如绘

清光绪十四年（1888）上海扫叶山房刻本

子目

历代地理志韵编今释二十卷（清）李兆洛撰

皇朝舆地韵编二卷（清）李兆洛撰

校勘记二卷（清）顺德马贞榆撰

地志韵编唐志补阙正误考异一卷（清）顺德马贞榆撰

纪元编三卷（清）李兆洛撰

韵补一卷（清）李兆洛撰

历代地理沿革图一卷（清）六承如绘

舆地图一卷（清）六承如绘

拙盦丛稿十种

（清）朱一新撰

清光绪二十二年（1896）顺德龙氏葆真堂刻本

2015年广州出版社影印《广州大典》本

子目

无邪堂答问五卷

京师坊巷志稿二卷

汉书管见四卷

佩弦斋文存二卷首一卷

佩弦斋骈文存一卷

佩弦斋诗存一卷

佩弦斋试帖存一卷

佩弦斋律赋存一卷

佩弦斋杂存二卷

附录一卷

知服斋丛书二十五种

（清）顺德龙凤镳辑

清光绪二十二年（1896）刻本

2015年广州出版社影印《广州大典》本

子目

第一集

逸周书十卷（晋）孔晁注

汉礼器制度一卷（汉）叔孙通撰（清）孙星衍辑

汉官一卷（清）孙星衍辑

汉官解诂一卷（汉）王隆撰（汉）胡广注（清）孙星衍辑

汉旧仪二卷补遗二卷（汉）卫宏撰（清）孙星衍校并辑补遗

汉官仪二卷（汉）应劭撰（清）孙星衍辑

汉官典职仪式选用一卷（汉）蔡质撰（清）孙星衍辑

汉仪一卷（三国吴）丁孚撰（清）孙星衍辑

风俗通姓氏篇二卷（汉）应劭撰（清）张澍辑补注

第二集

十三州志一卷（北魏）阚骃撰（清）张澍辑

三秦记一卷（□）辛□撰（清）张澍辑

三辅决录二卷（汉）赵岐撰（晋）挚
　　虞注（清）张澍辑

南岳小录一卷（唐）李冲昭撰

金华赤松山志一卷（宋）倪守约撰

岛夷志略一卷（元）汪大渊撰

宁古塔纪略一卷（清）吴桭臣撰

元儒考略四卷（明）冯从吾撰

少阳集十卷（宋）陈东撰

第三集

双溪醉隐集六卷（元）耶律铸撰
　　（清）顺德李文田笺

杨忠愍公集五卷首一卷末一卷（明）
　　杨继盛撰

元亲征录一卷（清）何秋涛校正（清）
　　顺德李文田（清）沈曾植校注

第四集

陶庵集二十二卷首一卷（明）黄淳耀撰

谷帘学吟一卷（明）黄渊耀撰

第五集

崇祯五十宰相传一卷（清）曹溶撰

崇祯内阁行略一卷阁臣年表一卷（明）
　　陈盟撰

南园丛书十二种

佛山简照南辑

民国南海简氏刻本

子目

吾师录一卷（明）黄淳耀撰

繇己录二卷（明）黄淳耀撰

忏摩录一卷（清）彭兆荪撰

家矩一卷（明）陈龙正撰

刘屏山先生圣传论一卷（宋）刘子翚撰

耐俗轩新乐府一卷（清）申颋撰

孙钟元先生答问一卷（清）孙奇逢撰

人范六卷（清）蒋元辑

药言一卷剩稿一卷（清）李惺撰

铜狍馆郂书二卷补二卷附老学究语一
　　卷（清）李惺撰

冰言一卷补一卷（清）李惺撰

四美合编四种

（清）南海劳守慎辑

清光绪二十九年（1903）南海劳礼安
　　堂刻本

子目

济众录一卷

恶核良方释疑一卷

纪慎斋先生易学求雨图说一卷

蛊胀脚气两症经验良方一卷

翠琅玕馆丛书四集五十五种

（清）顺德冯兆年辑

清光绪十四年（1888）顺德冯氏刻本

民国五年（1916）南海黄氏刻本

2015年广州出版社影印《广州大典》本

子目

第一集

飞鸿堂印人传八卷（清）汪启淑撰

南汉金石志二卷（清）吴兰修撰

九曜石刻录一卷（清）周中孚撰

钱谱一卷（宋）董逌撰

漫堂墨品一卷（清）宋荦撰

水坑石记一卷（清）钱朝鼎撰

琴学八则一卷（清）程雄撰

观石录一卷（清）高兆撰

紫泥法一卷（清）汪镐京撰

阳羡茗壶系一卷（明）周高起撰

洞山岕茶系一卷（明）周高起撰

南村觞政一卷（清）张惣撰

桐楷副墨一卷（明）黎遂球撰

陶说六卷（清）朱琰撰

小山画谱二卷（清）邹一桂撰

苦瓜和尚画语录一卷（清）释道济撰

冬心画题记五种（清）金农撰

  冬心先生画竹题记一卷

  冬心画梅题记一卷

  冬心画马题记一卷

  冬心画佛题记一卷

  冬心自写真题记一卷

幽梦影二卷（清）张潮撰

兽经一卷（明）黄省曾撰

虎苑二卷（明）王穉登撰

第二集

夏小正传二卷（汉）戴德撰（清）孙
星衍校

大誓答问一卷（清）龚自珍撰

小学钩沉十九卷（清）任大椿辑
（清）王念孙校

  仓颉篇二卷附仓颉训诂仓颉解诂三
  仓二卷附三仓训诂三仓解诂

  凡将篇（汉）司马相如撰

  古文官书附古文奇字郭训　古文奇字
  （汉）卫宏撰　附（□）□□撰

  劝学篇（汉）蔡邕撰

  圣皇篇（汉）蔡邕撰　以上合一卷

  通俗文二卷（汉）服虔撰

  坤仓二卷（三国魏）张揖撰

  古今字诂（三国魏）张揖撰

  杂字(三国魏)张揖撰　以上合一卷

  声类一卷（三国魏）李登撰

  辨释名（三国吴）章昭撰

  韵集（晋）吕静撰　以上合一卷

  杂字解诂（三国魏）周成撰

  周成难字（三国魏）周成撰

  小学篇（晋）王义撰

字苑（晋）葛洪撰

字指（晋）李彤撰

音谱(南朝宋)李概撰　以上合一卷

纂文一卷（南朝宋）何承天撰

纂要　（南朝梁）元帝萧绎撰

文字集略（南朝梁）阮孝绪撰

字略（北魏）宋世良撰

广苍(三国魏)樊恭撰　以上合一卷

字统（北魏）杨承庆撰

韵略（北齐）阳休之撰

证俗音（北齐）顾之推撰

文字指归（隋）曹宪撰

切韵（隋）陆法言撰　以上合一卷

字书二卷

字体

异字苑

字类

字諟

古今字音

声谱

证俗文

异字音　以上合一卷

历代世系纪年编一卷（清）沈炳震撰

颜书编年录四卷（清）黄本骥撰

南海百咏续编四卷（清）樊封撰

艺舟双楫六卷（清）包世臣撰

第三集

说文管见三卷（清）胡秉虔撰

说文辨疑一卷条记一卷(清)顾广圻撰

说文释例二卷（清）江沅撰

印人传三卷（清）周亮工撰

丹溪朱氏脉因证治二卷（元）朱震亨撰

恽南田画跋四卷（清）恽格撰

雨窗漫笔一卷（清）王原祁撰

东庄论画一卷（清）王昱撰

二十四画品一卷（清）黄钺撰

浦山论画一卷（清）张庚撰

绘事津梁一卷（清）秦祖永撰

摹印传灯二卷（清）叶尔宽撰

第四集

诗氏族考六卷（清）李超孙撰

两汉刊误补遗十卷（宋）吴仁杰撰

晓庵新法六卷（清）王锡阐撰

脉药联珠四卷（清）龙柏撰

脉药联珠古方考四卷（清）龙柏撰

雪堂墨品一卷（清）张仁熙撰

画诀一卷（清）龚贤撰

板桥题画一卷（清）郑燮撰

山南论画一卷（清）王学浩撰

石村画诀一卷（清）孔衍栻撰

写竹杂记一卷（清）蒋和撰

薛涛诗一卷（唐）薛涛撰

螺树山房丛书五种

（清）顺德龙裕光辑

清光绪顺德龙氏刻本

2008 年广州出版社影印《广州大典》本

子目

钱仲文集十卷（唐）钱起撰

宫教集十二卷（宋）崔敦礼撰

元朝典故编年考十卷（清）孙承泽撰

静学文集三卷首一卷末一卷（明）王
叔英撰

嘉靖以来首辅传八卷（明）王世贞撰

求慊斋丛稿六种

三水黄荣康撰

清稿本

2007 年广东人民出版社影印《清代稿
钞本》本

2015 年广州出版社影印《广州大典》本

子目

求慊斋文集八卷

求慊斋骈文一卷

求慊斋诗集十四卷

击剑词一卷

求慊斋尺牍六卷

兰言搜玉集四卷

述寠杂纂四种

南海黄任恒撰

民国十四年（1925）南海黄氏铅印本

子目

辽痕五种

辽代年表一卷

补辽史艺文志一卷

辽代文学考二卷

辽代金石录四卷

辽文补录一卷

古谱纂例六卷

古孝汇传二卷

桂考一卷续一卷（清）张光裕撰　南
海黄任恒校并辑

信古阁小丛书八种

南海黄任恒辑

民国二十一年至二十三年（1932—
1934）南海黄氏铅印本

子目

周易黄氏注一卷（晋）黄颖撰（清）
马国翰辑

两汉书旧本考二卷（清）范公诒撰
南海黄任恒校补

毛本梁书校议一卷（清）陈澧撰　南
海黄任恒录

南海山水人物古迹记一卷（元）吴莱撰

新会修志条例一卷（清）黄培芳撰

肇庆修志章程一卷（清）陈澧撰

海东金石存考一卷待访目一卷（清）刘喜海撰

洁盦金石言一卷（清）范公诒撰

重编翠琅玕馆丛书七十四种

南海黄任恒重编

民国五年（1916）南海黄任恒据刘氏藏修堂丛书刻本

子目

经部

李氏易解剩义三卷（清）李富孙撰

尚书蔡注考误一卷（明）袁仁撰

诗氏族考六卷（清）李超孙撰

夏小正传二卷（汉）戴德撰（清）孙星衍校

春秋金锁匙三卷（元）赵汸撰

春秋胡传考误一卷（明）袁仁撰

史部

南唐书合刻四十八卷

南唐书三十卷（宋）马令撰

南唐书十八卷附音释一卷（宋）陆游撰（元）戚光撰音释

昭代名人尺牍小传二十四卷（清）吴修撰

金石文字跋尾六卷（清）朱彝尊撰

芳坚馆题跋四卷（清）郭尚先撰

南汉金石志二卷（清）吴兰修撰

九曜石刻录一卷（清）周中孚撰

子部

张仲景注解伤寒百证歌五卷（宋）许叔微撰

寿亲养老新书四卷（宋）陈直撰（元）邹铉续

伤寒六经定法一卷答问一卷（清）舒诏撰

丹溪朱氏脉因证治二卷（元）朱震亨撰

脉药联珠四卷（清）龙柏撰

脉药联珠古方考四卷（清）龙柏撰

药证忌宜一卷（清）陈澈撰

晓庵新法六卷（清）王锡阐撰

少广正负术内篇三卷外篇三卷（清）孔广森撰

灵棋经二卷（汉）东方朔撰（晋）颜幼明（南朝宋）何承天注（元）陈师凯（明）刘基解

月波洞中记一卷（三国吴）张仲远传本

御览书苑菁华二十卷（宋）陈思撰

张氏四种（明）张丑撰

法书名画见闻表一卷

南阳名画表一卷

南阳法书表一卷

清河秘箧书画表一卷

颜书编年录四卷（清）黄本骥撰

艺舟双楫六卷（清）包世臣撰

玉台书史一卷（清）厉鹗撰

苦瓜和尚画语录一卷（清）释道济撰

画诀一卷（清）龚贤撰

雨窗漫笔一卷（清）王原祁撰

东庄论画一卷（清）王昱撰

浦山论画一卷（清）张庚撰

山南论画一卷（清）王学浩撰

画诀一卷（清）孔衍拭撰

写竹杂记一卷（清）蒋和撰

绘事津梁一卷（清）秦祖永撰

二十四画品一卷（清）黄钺撰

画筌析览一卷（清）汤贻汾撰

广川画跋六卷（宋）董逌撰

南田画跋四卷（清）恽格撰

板桥题画一卷（清）郑燮撰

冬心画题记五种（清）金农撰

    冬心先生画竹题记一卷

    冬心先生画梅题记一卷

    冬心先生画马题记一卷

    冬心先生画佛题记一卷

    冬心先生自写真题记一卷

小山画谱二卷（清）邹一桂撰

无声诗史七卷（清）姜绍书撰

玉台画史五卷别录一卷（清）汤漱玉辑

周栎园印人传三卷（清）周亮工撰

飞鸿堂印人传八卷（清）汪启淑撰

摹印传灯二卷（清）叶尔宽撰

红术轩紫泥法定本一卷（清）汪镐京撰

琴学八则一卷（清）程雄撰

装潢志一卷（清）周嘉胄撰

桐埜副墨一卷（明）黎遂球撰

南村觞政一卷（清）张惣撰

钱谱一卷（宋）董逌撰

墨表四卷（清）万寿祺撰

雪堂墨品一卷（清）张仁熙撰

漫堂墨品一卷（清）宋荦撰

观石录一卷（清）高兆撰

水坑石记一卷（清）钱朝鼎撰

陶说六卷（清）朱琰撰

阳羡茗壶系一卷（明）周高起撰

兽经一卷（明）黄省曾撰

虎苑二卷（明）王穉登撰

洞山岕茶系一卷（明）周高起撰

幽梦影二卷（清）张潮撰

藏书纪要一卷（清）孙从添撰

清秘藏二卷（明）张应文撰

集部

薛涛诗一卷（唐）薛涛撰

诒晋斋集八卷后集一卷随笔一卷（清）
    永瑆撰

宝纶堂文钞八卷（清）齐召南撰

南海百咏续编四卷（清）樊封撰

辽诗话二卷（清）周春撰

凹园诗钞二卷词一卷　三水黄荣康撰

国粹丛书三集六十种

顺德邓实编

清光绪三十四年（1908）国学保存会
    铅印本

子目

第一集

说储一卷（清）包世臣撰

吕用晦文集八卷续集四卷附录一卷
    （清）吕留良撰

广阳杂记五卷（清）刘献廷撰

李氏焚书六卷（明）李贽撰

王阳明先生传习录五卷（明）王守仁撰

孟子字义疏证三卷（清）戴震撰

原善三卷（清）戴震撰

颜氏学记十卷（清）戴望撰

颜习斋先生（元）年谱二卷（清）李
    塨撰

瘳忘编二卷续论一卷附后一卷（清）
    李塨撰

李恕谷先生［李塨］年谱五卷（清）
    冯辰撰

第二集

张苍水全集十二卷补遗一卷附录四卷
    题咏二卷冰槎集题中人物考略一卷
    传略补一卷（明）张煌言撰

戴褐夫集一卷补遗一卷续补遗一卷附
    纪行一卷纪略一卷年谱一卷戴刻戴

褐夫集目录一卷（清）戴名世撰

吴长兴伯集五卷（明）吴易撰

附

　　唱酬余响一卷（明）史玄（明）赵
　　涣撰

　　袍泽遗音一卷　陈去病辑

叶天寥自撰年谱一卷续一卷（明）叶绍
袁撰

附

　　天寥年谱别记一卷半不轩留事附录
　　一卷（明）叶绍袁撰

禁书目录四卷　顺德邓实辑

　　销毁抽毁书目一卷

　　禁书总目一卷

　　违碍书目一卷

　　奏缴咨禁书目一卷

吾汶稿十卷补遗一卷（宋）王炎午撰

归玄恭先生文续钞七卷附录一卷（清）
归庄撰

三山郑菊山先生清隽集一卷（宋）郑
起撰

所南翁一百二十图诗集一卷锦钱余笑
一卷（宋）郑思肖撰

郑所南文集一卷（宋）郑思肖撰

伯牙琴一卷（宋）邓牧撰

张文烈公遗诗一卷（明）张家玉撰

真山民诗集一卷（宋）真山民撰

投笔集二卷（清）钱谦益撰

靖康孤臣泣血录二卷（宋）丁特起撰

吴赤溟先生文集一卷附录一卷（清）
吴炎撰

晞发集十卷晞发遗集二卷补一卷（宋）
谢翱撰

附

天地间集一卷（宋）谢翱辑

西台恸哭记注一卷附录一卷（宋）
谢翱撰（明）张丁注

冬青树引注一卷附录一卷（宋）谢
翱撰（明）张丁注

谢翱先生年谱一卷（清）徐沁撰

附

　　金华游录注二卷（清）徐沁撰

　　西台恸哭记注一卷（清）黄宗羲撰

　　谢翱墓录一卷（清）丁立辑

第三集

湖隐外史一卷（明）叶绍袁撰

行朝录六卷（清）黄宗羲撰

留都见闻录二卷（明）吴应箕撰

却灰录一卷（明）珠江寓舫撰

余生录一卷（清）张茂滋撰

明季复社纪略四卷（清）陆世仪撰

附

　　复社纪事一卷（清）吴伟业撰

辛巳泣蕲录一卷附录一卷（宋）赵与
褱撰

湖西遗事一卷（清）彭孙贻撰

东江始末一卷（明）柏起宗撰

虔台逸史一卷（清）彭孙贻撰

岭上纪行二卷（清）彭孙贻撰

甲申传信录十卷（明）钱𫓧撰

子遗录一卷（清）戴名世撰

烬余录二卷（元）徐大焯撰

南渡录四卷（宋）辛弃疾撰

　　南烬纪闻录二卷

　　窃愤录一卷续录一卷

金陵癸甲摭谈一卷（清）谢介鹤撰

草莽私乘一卷（元）陶宗仪辑

苏城纪变一卷（清）□□撰

陆右丞蹈海录一卷附录一卷（明）丁
　元吉辑

续甬上耆旧诗集一百四十卷（清）全
　祖望辑

政艺丛书十五种

顺德邓实编

清光绪三十三年（1907）铅印本

子目

上篇

政学文编六卷

政书通辑六卷

内政通纪五卷

外政通纪四卷

皇朝外交政史五卷

万国外交政史四卷

中国大事月史二卷

万国现世新史二卷

政治图表四卷

下篇

艺学文编四卷

艺书通辑四卷

艺事通纪二卷

艺学图表三卷

附录

　湖海青镫集二卷

　风雨鸡声集二卷

古学汇刊二集六十一种

顺德邓实等辑

民国上海国粹学报社铅印本

2006 年广陵书社影印本

子目

第一集

经学类

蜀石经校记一卷　缪荃孙撰

毛诗九谷考一卷（清）陈奂撰

国史儒林传二卷　缪荃孙撰

史学类

三垣笔记三卷补遗三卷（明）李清撰

太宗皇帝实录残八卷（宋）钱若水等撰

西辽立国本末考一卷疆域考一卷都城
　考一卷（清）丁谦撰

舆地类

岛夷志略广证二卷　沈曾植撰

仁恕堂笔记一卷（清）黎士弘撰

掌故类

永宪录一卷（清）萧奭龄撰

元婚礼贡举考一卷（元）□□撰

目录类

士礼居藏书题跋再续记二卷（清）黄
　丕烈撰　缪荃孙辑

清学部图书馆善本书目五卷　缪荃孙撰

敦煌石室经卷中未入藏经论著述目录一
　卷疑伪外道目录一卷（清）李翊灼撰

金石类

云台金石记一卷（清）□□撰

翠墨园语一卷（清）王懿荣辑

阳羡摩厓纪录一卷（清）吴骞等撰

附

　荆南游草一卷（清）吴骞撰

涪州石鱼文字所见录二卷（清）姚觐
　元（清）钱保塘撰

上谷访碑记一卷（清）邓嘉缉撰

杂记类

陆丽京雪罪云游记一卷（清）陆莘行撰

记桐城方戴两家书案一卷（清）□□撰

金粟逸人逸事一卷（清）朱琰撰

越缦堂日记钞二卷（清）李慈铭撰

蓬山密记一卷（清）高士奇撰

牧斋遗事一卷（清）□□撰

吴兔床日记一卷（清）吴骞撰

何蝯叟日记一卷（清）何绍基撰

郑鄤事迹五卷（清）汤猰石辑

羽琌山民逸事一卷（清）魏季子　缪荃孙撰

云自在堪笔记六卷　缪荃孙撰

诗文类

二顾先生遗诗二卷（清）顾杲（清）顾䌌撰

万年少遗诗一卷（清）万寿祺撰

今乐府不分卷（清）吴炎撰（清）潘柽章评

章实斋文钞四卷（清）章学诚撰

第二集

经学类

陈东塾先生读诗日录一卷（清）陈澧撰

经典文字考异三卷（清）钱大昕撰

史学类

海外恸哭记一卷（清）黄宗羲撰

申范一卷（清）陈澧撰

岁贡士寿臧府君［徐同柏］年谱一卷（清）徐士燕撰

舆地类

桂胜四卷（明）张鸣凤撰

长溪琐语一卷（明）谢肇淛撰

目录类

潜采堂宋金元人集目一卷（清）朱彝尊撰

静惕堂藏宋元人集目一卷（清）曹溶撰

庚子销夏记校文一卷附校勘记一卷（清）魏锡曾撰（清）何焯撰校勘记

清学部图书馆方志目一卷　缪荃孙撰

金石类

金石余论一卷（清）李遇孙撰

宝素室金石书画编年录二卷（清）释达受撰

金石学录四卷（清）李遇孙撰

泰山石刻记一卷（清）孙星衍撰

杂记类

纤言三卷（清）陆圻撰

元郭天锡手书日记真迹四卷附录一卷（元）郭畀撰

玉几山房听雨录二卷（清）陈撰撰

巾箱说一卷（清）金埴撰

纪善录一卷（明）杜琼撰

云自在龛笔记一卷　缪荃孙撰

诗文类

明何元朗徐阳初曲论一卷（明）何良俊（明）徐复祚撰

灵谷纪游稿一卷　顺德邓实辑

竹坨老人晚年手牍一卷（清）朱彝尊撰

亭林先生集外诗一卷附亭林诗集校文一卷（清）顾炎武撰（清）荀徽撰附

枣林诗集三卷（明）谈迁撰

吾炙集小传一卷　顺德邓实撰

风雨楼丛书二十六种

顺德邓实辑

清宣统顺德邓氏铅印本

子目

贯华堂才子书汇稿（清）金人瑞撰

圣叹外书

唱经堂杜诗解四卷

唱经堂古诗解一卷

唱经堂左传释一卷

唱经堂释小雅一卷

唱经堂释孟子四章一卷

唱经堂批欧阳永叔词十二首一卷

圣叹内书

    唱经堂通宗易论一卷

    唱经堂圣人千案一卷

    唱经堂语录纂二卷

圣叹杂篇

    唱经堂随手通一卷

    日知录之余四卷（清）顾炎武撰

    容甫先生遗诗五卷补遗一卷附录一
      卷（清）汪中撰

    信摭一卷（清）章学诚撰

    读画录四卷（清）周亮工撰

    印人传三卷（清）周亮工撰

    江邨销夏录三卷（清）高士奇撰

    龚定盦别集一卷（清）龚自珍撰

    定盦诗集定本二卷词定本一卷集外
      未刻诗一卷集外未刻词一卷（清）
      龚自珍撰

    吴越所见书画录六卷书画说铃一卷
      （清）陆时化撰

    松圆浪淘集十八卷偈庵集二卷（明）
      程嘉燧撰

    梅村文集二十卷（清）吴伟业撰

    天游阁集五卷诗补一卷附录一卷
      （清）顾太清撰

    谪麐堂遗集文二卷诗二卷补遗一卷
      （清）戴望撰

    庚子销夏记八卷闲者轩帖考一卷
      （清）孙承泽撰

    南雷余集一卷（清）黄宗羲撰

    秋笳集八卷补遗一卷（清）吴兆骞撰

    东庄吟稿七卷（清）吕留良撰

    带经堂书目四卷（清）陈树杓撰

    乙卯札记一卷丙辰札记一卷（清）
      章学诚撰

    清晖赠言十卷（清）徐永宣辑

    清晖阁赠贻尺牍二卷（清）王翚撰

    书画题跋记十二卷（明）郁逢庆撰

风雨楼秘籍留真十种

    顺德邓实辑

    清宣统至民国顺德邓氏风雨楼铅印本

    民国四年至六年（1915—1917）上海
      神州国光社铅印本

子目

    三吴旧语一卷（明）顾岑撰

    山居随笔一卷（清）孙承泽撰

    史馆稿传一卷（清）朱彝尊撰

    墨子经说解二卷（清）张惠言撰

    苇间诗稿一卷（清）姜宸英撰

    茗柯文稿一卷（清）张惠言撰

    苍润轩碑跋一卷（明）盛时泰撰

    曝书亭文稿一卷（清）朱彝尊撰

    清仪园古印附注一卷（清）徐同柏撰

    渊雅堂文稿一卷（清）王芑孙撰

自明诚楼丛书五种

    顺德龙官崇辑

    民国二十三年至二十六年（1934—
      1937）顺德龙氏中和园刻本

子目

    南越五主传三卷（清）顺德梁廷枏撰

    南越丛录二卷（清）顺德梁廷枏撰

    藤花亭镜谱八卷（清）顺德梁廷枏撰

    藤花亭书画跋四卷（清）顺德梁廷枏撰

    孙西庵集八卷（明）顺德孙蕡撰

芋园丛书一百六十九种

    南海黄肇沂辑

    民国二十四年（1935）南海黄氏芋园
      刻本

子目

经部

易经解五卷（宋）朱长文撰

李氏易解剩义三卷（清）李富孙撰

金氏尚书注十二卷（宋）金履祥撰

尚书注考一卷（明）陈泰交撰

尚书蔡注考误一卷（明）袁仁撰

泰誓答问一卷（清）龚自珍撰

诗经通义十二卷首一卷（清）朱鹤龄撰

诗经叶音辨讹八卷首一卷（清）刘维

　　谦撰

诗深二十六卷首二卷（清）许伯政撰

诗氏族考六卷（清）李超孙撰

礼经奥旨一卷（宋）郑樵撰

月令七十二候集解一卷（元）吴澄撰

夏小正传二卷（清）孙星衍校

轮舆私笺二卷附图一卷（清）郑珍撰

　　（清）郑知同绘

春秋会义十二卷（宋）杜谔撰

春秋金锁匙三卷（元）赵汸撰

春秋胡传考误一卷（明）袁仁撰

春秋左传服注存二卷（清）沈豫撰

论语郑氏注辑二卷（宋）王应麟撰

论语异文考证十卷（清）冯登府撰

小学钩沉十九卷（清）任大椿辑

　　仓颉篇二卷附仓颉训诂仓颉解诂

　　三仓二卷附三仓训诂三仓解诂

　　凡将篇（汉）司马相如撰

　　古文官书附古文奇字郭训　古文奇字

　　（汉）卫宏撰　（□）□□撰附

　　劝学篇（汉）蔡邕撰

　　圣皇篇（汉）蔡邕撰　以上合一卷

　　通俗文二卷（汉）服虔撰

　　埤仓二卷（三国魏）张揖撰

　　古今字诂（三国魏）张揖撰

杂字（三国魏）张揖撰　以上合一卷

声类一卷（三国魏）李登撰

辨释名（三国吴）章昭撰

韵集（晋）吕静撰　以上合一卷

杂字解诂（三国魏）周成撰

周成难字（三国魏）周成撰

小学篇（晋）王义撰

字苑（晋）葛洪撰

字指（晋）李彤撰

音谱（南朝宋）李概撰　以上合一卷

纂文一卷（南朝宋）何承天撰

纂要　（南朝梁）元帝撰

文字集略（南朝梁）阮孝绪撰

字略（北魏）宋世良撰

广苍（三国魏）樊恭撰　以上合一卷

字统（北魏）杨承庆撰

韵略（北齐）阳休之撰

证俗音（北齐）顾之推撰

文字指归（隋）曹宪撰

切韵（隋）陆法言撰　以上合一卷

字书二卷

字体

异字苑

字类

字諟

古今字音

声谱

证俗文

异字音　以上合一卷

说文管见三卷（清）胡秉虔撰

说文释例二卷（清）江沅撰

说文辨疑一卷（清）顾广圻撰

古文四声韵五卷（宋）夏竦撰

切韵指南一卷（元）刘鉴撰

史部

两汉刊误补遗十卷（宋）吴仁杰撰

两汉朔闰表二卷太初以前朔闰表一卷
（清）张其翷撰

全史日至源流三十卷首三卷（清）许
伯政撰

通鉴纲目释地纠缪六卷（清）张庚撰

通鉴纲目释地补注六卷（清）张庚撰

穆天子传注疏六卷首一卷末一卷（晋）
郭璞注（清）檀萃疏

南唐书三十卷（宋）马令撰

南唐书十八卷音释一卷（宋）陆游撰
（元）戚光撰音释

靖炎两朝见闻录二卷（宋）陈东撰

使金录一卷（宋）程卓撰

辛巳泣蕲录一卷（宋）赵与褰撰

平宋录三卷（元）刘敏中撰

今言四卷（明）郑晓撰

石渠纪余六卷（清）王庆云撰

宋南渡十将传十卷（宋）章颖撰

昭代名人尺牍小传二十四卷（清）吴
修撰

历代宅京记二十卷（清）顾炎武撰

岳阳风土记一卷（宋）范致明撰

岳阳纪胜汇编四卷（明）梅淳辑

南海百咏续编四卷（清）樊封撰

金德运图说一卷（金）贞祐中官撰

金石文字跋尾六卷（清）朱彝尊撰

九曜石刻录一卷（清）周中孚撰

南汉金石志二卷（清）吴兰修撰

子部

养蒙大训一卷（元）熊大年辑

樗庵日录一卷（明）王烨撰

素问入式运气论奥三卷（宋）刘温舒撰

黄帝内经素问遗篇一卷（宋）刘温舒
原本

张仲景注解伤寒百证歌五卷（宋）许
叔微撰

寿亲养老新书四卷（宋）陈直撰（元）
邹铉续

丹溪朱氏脉因证治二卷（元）朱震亨撰

伤寒六经定法一卷答问一卷（清）舒
诏撰

脉药联珠四卷（清）龙柏撰

脉药联珠古方考四卷（清）龙柏撰

药证忌宜一卷（清）陈澈撰

天文精义五卷（元）岳熙载撰

灵棋经二卷（汉）东方朔撰（晋）颜
幼明（南朝宋）何承天注（元）陈
师凯（明）刘基解

月波洞中记一卷（三国吴）张仲远传本

御览书苑菁华二十卷（宋）陈思撰

童学书程一卷（明）丰坊撰

颜书编年录四卷（清）黄本骥撰

艺舟双楫六卷（清）包世臣撰

芳坚馆题跋四卷（清）郭尚先撰

玉台书史一卷（清）厉鹗撰

张氏四种（明）张丑撰

　法书名画见闻表一卷

　南阳名画表一卷

　南阳法书表一卷

　清河秘箧书画表一卷

名画猎精录三卷（唐）张彦远撰

广川画跋六卷（宋）董逌撰

苦瓜和尚画语录一卷（清）释道济撰

南田画跋四卷（清）恽格撰

画诀一卷（清）龚贤撰

雨窗漫笔一卷（清）王原祁撰

东庄论画一卷（清）王昱撰

画诀一卷（清）孔衍拭撰

浦山论画一卷（清）张庚撰

冬心画题记五种（清）金农撰

冬心先生画竹题记一卷

冬心先生画梅题记一卷

冬心先生画马题记一卷

冬心先生画佛题记一卷

冬心先生自写真题记一卷

小山画谱二卷（清）邹一桂撰

写竹杂记一卷（清）蒋和撰

板桥题画一卷（清）郑燮撰

山南论画一卷（清）王学浩撰

二十四画品一卷（清）黄钺撰

画筌析览一卷（清）汤贻汾撰

绘事津梁一卷（清）秦祖永撰

无声诗史七卷（清）姜绍书撰

玉台画史五卷别录一卷（清）汤漱
玉辑

周栎园印人传三卷（清）周亮工撰

飞鸿堂印人传八卷（清）汪启淑撰

摹印传灯二卷（清）叶尔宽撰

红术轩紫泥法定本一卷（清）汪镐
京撰

琴学八则一卷（清）程雄撰

钱谱一卷（宋）董逌撰

墨表四卷（清）万寿祺撰

雪堂墨品一卷（清）张仁熙撰

漫堂墨品一卷（清）宋荦撰

观石录一卷（清）高兆撰

水坑石记一卷（清）钱朝鼎撰

陶说六卷（清）朱琰撰

阳羡茗壶系一卷（明）周高起撰

膳夫经一卷（唐）杨晔撰

云林堂饮食制度集一卷（元）倪瓒撰

洞山岕茶系一卷（明）周高起撰

兽经一卷（明）黄省曾撰

虎苑二卷（明）王穉登撰

清秘藏二卷（明）张应文撰

装潢志一卷（清）周嘉胄撰

藏书纪要一卷（清）孙从添撰

同书四卷（清）周亮工撰

文选编珠二卷（清）石韫玉撰

罗氏识遗十卷（宋）罗璧撰

醉翁谈录八卷（宋）金盈之撰

徐氏笔精八卷（明）徐燉撰

明语林十四卷（清）吴肃公撰

过庭记余三卷（清）陶樾撰

桐堦副墨一卷（明）黎遂球撰

南村觞政一卷（清）张惣撰

幽梦影二卷（清）张潮撰

集部

薛涛诗一卷（唐）薛涛撰

宝纶堂文钞八卷（清）齐召南撰

诒晋斋集八卷后集一卷随笔一卷（清）
永瑆撰

凹园诗钞二卷续钞三卷　三水黄荣康撰

清宫词本事一卷　三水黄荣康撰

击剑词一卷　三水黄荣康撰

文选纪闻三十卷（清）余萧客撰

尧山堂偶隽七卷（明）蒋一葵撰

辽诗话二卷（清）周春撰

新　学

史志类

日本维新史附三十年间国势进步表
[日] 东京博文馆编　顺德罗普译
清光绪二十八年（1902）铅印本
2015 年广州出版社影印《广州大典》本

当代名人轶事大观
（清）佛山吴趼人著
民国十四年（1925）上海世界书局铅
印本

欧洲财政史
[日] 小林丑三郎撰　顺德罗普译
清光绪二十八年（1902）上海广智书
局铅印本

日本维新三十年史十二篇
[日] 东京博文馆编　顺德罗普译
清光绪二十九年（1903）上海广智书
局铅印本

今世欧洲外交史二卷
[法] 德比缩儿撰　顺德麦鼎华译
清光绪三十一年（1905）上海广智书
局铅印本
2013 年北京瀚文典藏文化有限公司影
印《民国籍粹》本
2015 年广州出版社影印《广州大典》本

欧洲十九世纪史
[美] 轩利普格质顿撰　顺德麦鼎华译

清光绪二十八年（1902）上海广智书
局铅印本
2015 年广州出版社影印《广州大典》本

埃及近世史二十六章
[日] 柴四郎撰　顺德麦鼎华译
清光绪二十八年（1902）上海广智书
局铅印本
清光绪二十九年（1903）上海商务印
书馆铅印本
2015 年广州出版社影印《广州大典》本

俄罗斯史二卷
[日] 山本利喜雄撰　顺德麦鼎华译
清光绪二十九年（1903）上海广智书
局铅印本
2015 年广州出版社影印《广州大典》本

甘地自传
顺德吴耀宗译
民国二十四年（1935）上海青年协会
书局本
2012 年北京中献拓方科技发展有限公
司影印《民国籍粹》本

民众反帝之第一声：广州三元里事件辑录
南海杜定友辑
民国抄本

鸦片战争的爆发
南海杜定友著
民国南方通俗读物联合出版社印本

参观欧洲大战记

顺德黄慎图著

民国六年（1917）商务印书馆铅印本

广东史料杂钞

南海杜定友撰

民国三十七年（1948）印本

东西南沙群岛资料目录

南海杜定友撰

民国三十七年（1948）利达印务局印本

西南沙志资料提要

南海杜定友撰

民国三十六年（1947）西南沙群岛志

编纂委员会印本

最近十年的欧洲

［美］比尔著　三水胡庆育译

民国十八年（1929）上海太平洋书店

2012 年北京中献拓方科技发展有限公

司影印《民国籍粹》本

死守凡尔登

南海黄震遐编著　马震百校订

民国二十五年（1936）中央航空学校

《精神教育丛书》本

大上海的毁灭

南海黄震遐著

民国二十一年（1932）上海大晚报印本

1989 年上海书店影印《中国现代文学

史参考资料》本

苏俄救亡战史

南海黄震遐著

民国二十七年（1938）华中图书公司

铅印《军事史话丛书》本

十九世纪末世界之政治

［美］灵绶撰　顺德罗普译

清光绪二十八年（1902）上海广智书

局铅印本

政治法律类

（增订）广东省铁路合同成案要览续编

顺德梁敦彦撰

清光绪三十四年（1908）刻本

英国宪法史十编

［日］松平康国撰　顺德麦孟华译

清光绪二十三年（1897）上海广益书

局铅印本

清光绪二十九年（1903）上海广智书

局铅印本

2015 年广州出版社影印《广州大典》本

地方自治制要论

顺德黎庆恩编

民国印本

行政法大要

顺德黎庆恩编

民国印本

警察大意

顺德黎庆恩编

民国印本

谘议局章程要义

顺德黎庆恩编

民国粤东编译公司印本

梦蝶先生批评南京国民党中央宣传部告国人书

顺德伍宪子撰

民国印本

2015 年国家图书馆出版社影印《民国

文献类编》本

上海法权问题

南海孔昭焱撰

民国二十一年（1932）荣华印刷所铅
印本

美国宪法释义

顺德卢信译

民国二年（1913）上海商务印书馆印本

美国宪法志

顺德卢信译

清宣统三年（1911）印本

政治泛论二卷后编二卷

［美］威尔逊撰　顺德麦鼎华译

清光绪二十九年（1903）上海广智书
局铅印本

中国国民党政策

南海黎照寰编

民国铅印本

2013 年北京瀚文典藏文化有限公司影
印《民国籍粹》本

中山先生之革命政策

南海黎照寰编

民国十七年（1928）上海民智书局铅
印本

1992 年广东省中山图书馆影印《青年
丛书》本

中华民国破产法草案初稿

南海傅秉常等撰

民国二十四年（1935）南京立法院民
法委员会印本

五院政府研究集

南海孔宪铿编

民国十九年（1930）上海华通书局印本

近百年国际政治史略

顺德冯节编

民国十七年（1928）上海商务印书馆本

民国二十年（1931）印本

民国二十二年（1933）印本

民国二十四年（1935）印本

现代国际政治

顺德冯节编

民国十八年（1929）上海远东图书公
司本

比较法理学发凡

［美］巴得生著　三水胡庆育译

民国二十一年（1932）上海太平洋书
店铅印本

2017 年上海社会科学院出版社影印本

苏俄政治之现状

（英）巴拉尔斯福特著　三水胡庆育译

民国十八年（1929）上海太平洋书店
铅印本

2012 年北京中献拓方科技发展有限公
司影印《民国籍粹》本

苏俄十年来之外交

［英］亚斯特著　三水胡庆育译

民国十八年（1929）上海新生命书局
铅印本

2012 年北京中献拓方科技发展有限公
司影印《民国籍粹》本

中国外交年鉴：民国二十五年

三水胡庆育等编

民国二十五年（1936）正中书局铅印本

法学通论

三水胡庆育撰

民国二十二年（1933）上海太平洋书

店铅印本

2012 年北京中献拓方科技发展有限公司影印《民国籍粹》本

明治政党小史不分卷

［日］日本新闻社编纂（清）南海陈超译

清光绪二十八年（1902）上海广智书局铅印本

2015 年广州出版社影印《广州大典》本

丹灶乡自治会报告书

丹灶乡自治会编

民国十五年（1926）印本

南海县县政要览第一辑

南海县政府编

民国十九年（1930）铅印本

邓彦华先生建设言论集第一辑

三水邓彦华著

民国十九年（1930）铅印本

南海县政府规定租簿副本

南海县政府编

民国十九年（1930）铅印本

罢工权研究

［法］季特等著　南海孔宪铿译

民国十九年（1930）上海华通书局印本

2012 年北京中献拓方科技发展有限公司影印《民国籍粹》本

学校类

英语会话初编

（清）三水邓廷铿撰

清末广州开新公司铅印本

2015 年广州出版社影印《广州大典》本

顺潮

顺德潘学增编辑

民国十四年（1925）广东大学文理学院顺德同学会铅印本

中等学生

顺德潘学增编辑

民国十九年（1930）广东中等学生刊社铅印本

国立中山大学乡村服务实验区报告书

顺德郑彦棻编

民国二十五年（1936）中山大学出版社印本

2012 年北京中献拓方科技发展有限公司影印《民国籍粹》本

怎样才能使机关学校化

顺德郑彦棻编

民国三十二年（1943）重庆青年书店铅印本

2012 年北京中献拓方科技发展有限公司影印《民国籍粹》本

国际礼俗仪节

南海黄震遐著

民国二十年（1931）空军军官学校印本

河清乡事特辑保校年刊合刊

南海南胜乡河清市潘泽公　河清保校校刊编委会合编

1949 年印本

南海县教育会概览

南海县教育会编

民国二十一年（1932）印本

南海县立第一中学第一届毕业同学录

南海县立第一中学编

民国三十五年（1946）印本

［民国二十一年］南海中学校友会会员录

南海中学校出版委员会编

民国二十一年（1932）铅印本

增订英语发音基础三千字

顺德麦秩勤编著　南海区萃伦校订

民国二十一年（1932）广州大中中学

铅印本

南海县立联合中学校廿九年度毕业同学录

南海县立联合中学校编

民国二十九年（1940）印本

南海县立师范学校五周年纪念册

南海县立师范学校编

民国二十二年（1933）南海县立师范

学校印本

南海县立师范学校六周年纪念册

南海县立师范学校编

民国二十三年（1934）印本

南海县立师范学校民国卅七年度毕业同

学录

南海县立师范学校编

1949 年印本

南海中学校概览

南海县立中学编

民国十九年（1930）印本

南海中学校乡村师范班第一届毕业同学录

南海中学校乡村师范班第一届毕业同

学录编印委员会编

民国二十二年（1933）印本

南海青少年

中国青少年团南海县团部编

民国二十三年（1934）印本

广东高等学堂本科第一类地理科政治地

理学讲义不分卷

三水梁致祥撰

清末高等学堂铅印本

2015 年广州出版社影印《广州大典》本

广东高等学堂舆地课本六卷

三水梁致祥撰

清光绪三十二年（1906）广东文明书

局刻本

2015 年广州出版社影印《广州大典》本

东游考察学校记一卷

南海关赓麟撰

清光绪二十九年（1903）广州汉石楼

铅印本

2015 年广州出版社影印《广州大典》本

日本学校图论一卷

南海关赓麟撰

清光绪铅印本

2015 年广州出版社影印《广州大典》本

私立九江中学校征信录

九江中学编

民国三年（1914）铅印本

私立九江中学校征信录（廿三年份）

私立九江中学校编

民国二十四年（1935）铅印本

朱九江先生纪念堂落成特刊

九江中学校编

民国二十五年（1936）铅印本

九江中学校八周年纪念特刊

九江中学编

民国二十九年（1940）铅印本

九江中学修建校舍添置设备募捐册

九江中学董事会编

民国二十八年（1939）铅印本

西樵中学毕业特刊

西樵中学编

民国二十五年（1936）铅印本

南海中学校图览

南海中学编

民国二十五年（1936）铅印本

南海中学重建校舍暨校友会会所落成展
览游艺大会特刊

南海中学编

民国二十五年（1936）铅印本

南海中学战时乡村服务团工作纪实

南海中学战时乡村服务团

民国二十五年（1936）铅印本

广州南海中学三十五年度征信录

莫洪涛　曾乃乐合编

民国三十六年（1947）铅印本

广州南海中学三十六年度征信录

莫洪涛　曾乃乐合编

1949 年铅印本

广州南海中学三十七年度征信录

莫洪涛　曾乃乐合编

1949 年铅印本

南中校友会特刊

南中校友会编

民国十三年（1924）铅印本

南海中学校友同学录

南海中学校友会编

民国十四年（1925）铅印本

南海中学校友会改组特刊

南海中学编

民国二十一年（1932）铅印本

南海中学校校友会征信录

南海中学校校友会编

民国二十三年（1934）铅印本

［民国十四年］南海中学校友会会员录

南海中学校出版委员会编

民国十四年（1925）铅印本

新师范心理学

南海杜定友　王引民合编

民国二十三年（1934）中华书局印本

怎样写毕业论文

南海杜定友撰

民国广东印本

学校图书馆学

南海杜定友撰

民国二十一年（1932）商务印书馆印本

学校教育指导法

南海杜定友撰

民国二十一年（1932）中华书局印本

学生时代：一个苦学生

南海杜定友著

民国三十二年（1943）中山大学《青
年智识丛书》本

农政类

南海县森林调查

龙遇熙　陆裕洸合编

民国三十二年（1943）南海县政府印本

南海县造林概况调查

龙遇熙　陆裕洸合编

民国三十二年（1943）南海县政府抄本

南海县主要林木调查

　　龙遇熙　陆裕洸合编

　　民国三十二年（1943）南海县政府抄本

南海县农业调查表

　　□□编

　　民国三十年（1941）抄本

森林学

　　南海王寿昶述

　　民国六年（1917）铅印本

工艺类

京汉铁路同人会第一周年报告

　　南海关赓麟等编

　　民国铅印本

对于拟请改订暂行新刑律关于损害铁路
各条意见书之商榷不分卷

　　南海关赓麟撰

　　民国北京正蒙书局石印本

汉粤川铁路进行计划意见书

　　南海关赓麟撰

　　民国印本

　　2015 年凤凰出版社影印《中国近代铁
路史资料选辑》本

京汉铁路之现在及将来

　　南海关赓麟撰

　　民国三年（1914）京汉铁路管理局铅
印本

中国铁路史不分卷

　　南海关赓麟撰

　　民国广益印务局铅印本

　　民国油印本

中华工程师学会赴日参观团报告书

　　南海关赓麟撰

　　民国铅印本

川汉铁路过去及将来

　　南海詹文琮　邱鼎汾编辑

　　民国二十四年（1935）湘鄂路局工务
处铅印本

商务类

书总税务司赫德筹款节略后

　　南海何启撰

　　清稿本

　　2015 年广西师范大学出版社影印《西
樵历史文化文献丛书》本

南海九江旅省公会章程

　　南海九江旅省公会编

　　民国二十年（1931）印本

旅港南海商会特刊

　　旅港南海商会编

　　民国三十六年（1947）印本

侨港南海九江同乡会卅七年度会务报告书

　　侨港南海九江同乡会编

　　1949 年印本

算学类

中等教育几何学教科书

　　南海何崇礼编

　　民国二年（1913）科学会编译部铅印本

动植物学类

波路氏微菌学全书

〔英〕波路氏著 南海陈世华译

民国元年（1912）普益印务保业有限公司铅印本

报章类

新民丛报

（清）南海冯紫珊编辑

清光绪二十八年（1902）新民丛报社印本

壬寅新民丛报全编二十五卷

（清）南海冯紫珊主编

清光绪二十九年（1903）维新室石印本

特别新报

题（清）难删言苦编辑

清光绪三十四年（1908）萃波书社石印本

中华艺术杂志

南海冯千里编辑

民国二十一年（1932）铅印本

议论类

十九世纪欧洲文明进化论

〔日〕民友社原著 顺德陈国镛译述

清光绪二十八年（1902）上海广智书局铅印本

不彻底原理

顺德卢信著

民国十八年（1929）上海泰东图书局铅印本

1991年上海书店影印《民国丛书》本

2013年北京瀚文典藏文化有限公司影印《民国籍粹》本

革命真理

顺德卢信著

民国十年（1921）自由新报社影印本

人道

顺德卢信著

民国十八年（1929）上海泰东图书局铅印本

自由言论

顺德卢信著

民国自由新报社铅印本

中国青年出路问题

顺德吴耀宗著

民国二十四年（1935）上海青年协会书局印本

2012年北京中献拓方科技发展有限公司影印《民国籍粹》本

西洋战争思想评述

南海黄震遐编著

民国三十五年（1946）上海正中书局印本

人群进化论

〔日〕有贺长雄著 顺德麦仲华译

清光绪二十九年（1903）本

广东文化论丛

南海杜定友编

1949年广东省立图书馆印本

图书馆与成人教育不分卷

南海杜定友撰

民国三十七年（1948）刻本

2013 年北京瀚文典藏文化有限公司影
印《民国籍粹》本

2014 年凤凰出版社影印《近代图书馆
史料汇编》本

图书馆与市民教育：特别讲义

南海杜定友撰

民国十年（1921）市民大学出版部印本

中国检字问题

南海杜定友撰

民国影印本

杂著类

图书馆学集要

南海杜定友撰

民国十四年（1925）南京东南大学油
印本

三水疍民调查

伍锐麟著

民国三十七年（1948）岭南大学西南
社会经济研究所印本

1970 年台北东方文化书局影印《国立北
京大学中国民俗学会民俗丛书》本

2009 年大象出版社影印《民国史料丛
刊》本

三水河口疍民生活状况之调查

伍锐麟著

民国岭南社会研究所印本

科学的图书馆建筑法

南海杜定友译

民国复印本

图书管理学

南海杜定友撰

民国二十一年（1932）中华书局印本

汉字形位排检法

南海杜定友撰

民国二十一年（1932）中华书局印本

简明图书馆管理法图书表格与用品

吕绍虞　南海杜定友撰

民国二十四年（1935）商务印刷所图
书部印本

业余艺术

南海杜定友撰

民国三十二年（1943）时代图书服务
社印本

三民主义化图书分类法简本

南海杜定友编

民国三十二年（1943）广东省立图书
馆印本

民国三十五年（1946）广东省立图书
馆石印本

2013 年北京瀚文典藏文化有限公司影
印《民国籍粹》本

图书管理程序

南海杜定友撰

民国三十一年（1942）广东省图书馆
石印本

图书馆

南海杜定友撰

民国二十九年（1940）长沙商务印书
馆印本

图书馆通论

南海杜定友著

民国二十四年（1935）上海商务印书
馆影印《上海图书馆协会丛书》本

1988 年书目文献出版社影印《杜定友
图书馆学论文选集》本

三民主义化图书分类

南海杜定友著

民国三十二年（1943）广东省立图书
馆印本

1988 年书目文献出版社影印《杜定友
图书馆学论文选集》本

三民主义化世界图书分类法简本

南海杜定友著

民国三十五年（1946）广东省立图书
馆印本

图书馆学讲义合订本

南海杜定友撰

民国三十六年（1947）广东省图书馆
协会印本

国立中山大学图书馆工作报告

南海杜定友编

民国三十六年（1947）国立中山图书
馆印本

勤俭新村投形

南海杜定友撰

民国三十七年（1948）真善美半月刊
印本

孔子二千五百年祭

南海杜定友辑

1949 年广东省立图书馆油印本

书名索引

A

B

H

J

M

N

T

著者名索引

陈镒：188

陈应科：159

陈应润：183

陈莹达：140，162

陈渊：186

陈允平：189

陈藻：187

陈张翼：63

陈长方：186

陈钊镗：59

陈昭遇：90

陈兆兰：86

陈哲：66

陈贞慧：112

陈征文：172

陈直：198，205

陈志仪：64

陈智渊：163

陈仲鸿：129

陈著：187

陈卓莹：116，117

陈子玑：164

陈子清：143

陈宗侃：87

陈祖范：184

陈祖南：23

程川：183

程大昌：183

程大中：8

程端礼：188

程公说：191

程公许：187

程广章：30

程含章：145

程嘉燧：203

程钜夫：191

程康圃：92

程可则：69，129

程孔硕：70，159

程庭鹭：111

程雄：111，195，199，206

程瑶田：115

程瑜章：30

程哲：111

程卓：205

储意比：193

崔弼：162

崔登瀛：48

崔敦礼：197

崔鸿：184

崔俊良：162

崔龙文：16，75

崔师贯：43，75，156

崔舜球：49，131

崔泗荣：30

崔维亮：30

崔铣：183，185

崔与之：167

崔子方：184

D

笪重光：111

但传熺：61

代那：192

戴曾谋：64

戴德：196，198

戴复古：190

戴鸿慈：45，48，52，58，75，110，174

后　记

本书从 2014 年开始筹备，时至今日，历时八年，终将付梓，实属不易，是多方面共同努力的结果。

在本书的编纂过程中，有幸得到广东省立中山图书馆原副馆长倪俊明先生的宝贵建议，将原属南海县现属广州市的著者去掉。"南海"著者的现籍贯问题一直都很扑朔迷离，在学术界未曾得到过解决。倪俊明先生建议澄清著者的现籍贯，以利于广佛两地著者归属问题，这促使我们突破了学术上的一个难点，为日后两地的文献开发打下良好的基础。

感谢常熟理工学院教授、中国索引学会常务理事王雅戈先生为本书免费提供自主研发的索引软件，并多次抽出宝贵时间亲自为本书制作索引，不计回报。这种高风亮节值得我们敬重。

本书在申报"佛山市社会科学界联合会项目"时，得到了市委宣传部的积极肯定，加快了本书的编纂进度。

本书能够成功付梓，与广东人民出版社同仁认真负责的工作是分不开的。他们对本书进行了细致的编校，为本书的出版付出了辛勤的劳动。在此感谢责任编辑周惊涛博士兢兢业业、一丝不苟的工作。

本书得到佛山市图书馆领导班子的大力支持，为该项目解决了人力和物力不足问题，而且在申报项目和出版准备工作方面给予了积极指导。

在此，对以上诸位领导、前辈、同仁和有关单位的热忱支持和大力帮助一并致以深深的谢意！

本书虽已编纂完成，尚留有许多遗憾，例如无著者简介、未标明藏书地、未对每种书的版本优劣进行评价、未涉及佛山历史上佚失文献的整理。本书值得深入研究和挖掘，如能通过进一步整理研究形成《佛山历史文献书目提要》，当可弥补本书的缺憾。

刘淑萍

2022 年 11 月